Bibliothèque Pionnière Adventiste

Les prophéties de Daniel

Édition Originale

Uriah Smith

Copyright ©2023
LS COMPANY
ISBN: 978-1-0882-6035-7

Content

Chapitre 1—Un Captif À La Cour De Babylone 5

Chapitre 2—Le Roi Rêve Aux Empires Du Monde 11

Chapitre 3—L'intégrité Testée Par Le Feu 37

Chapitre 4—Le Plus Grand Royaume 43

Chapitre 5—L'écriture Sur Le Mur 50

Chapitre 6—Daniel Dans La Fosse Aux Lions 55

Chapitre 7—La Lutte Pour La Suprématie Mondiale 61

Chapitre 8—Le Monde Convoqué Devant Le Tribunal Céleste 92

Chapitre 9—Une Période Prophétique Traverse Les Siècles 120

Chapitre 10—Dieu Intervient Dans Les Affaires Du Monde 139

Chapitre 11—Le Panorama De L'avenir Dévoilé 145

Chapitre 12—Le Moment Crucial De L'histoire Approche 189

Chapitre 1—Un Captif À La Cour De Babylone

1-2: "1. La troisième année du règne de Jojakim, roi de Juda, Nébucadnetsar, roi de Babylone, marcha contre Jérusalem, et l'assiégea. 2 Le Seigneur livra entre ses mains Jojakim, roi de Juda, et une partie des ustensiles de la maison de Dieu. Nébucadnetsar emporta les ustensiles au pays de Schinear, dans la maison du trésor de son dieu."

Avec une franchise propre aux écrivains sacrés, Daniel entre tout de suite dans le vif du sujet. Il commence son livre dans un style historique simple. Les six premiers chapitres, excepté la prophétie du chapitre deux, ont un caractère narratif. Avec le chapitre sept, nous arrivons à la partie prophétique du livre.

Le siège de Jérusalem.

Comme toute personne consciente de proclamer une vérité bien connue, il va tout de suite présenter, une série de détails capables de prouver son exactitude. La chute de Jérusalem rapportée ici, et prédite par Jérémie, s'est accomplie en 606 av. J.-C. (Jérémie 25:8-11). Jérémie situe cette captivité lors de la quatrième année de Jojakim; Daniel durant la troisième année. Cette apparente contradiction est expliquée par le fait que Nébucadnetsar prépara son expédition vers la fin de la troisième année de Jojakim, année à partir de laquelle Daniel se base. Mais le roi n'acheva pas la soumission de Jérusalem avant le 9e mois de l'année suivante, année prise en compte par Jérémie. Jojakim, bien que lié pour être emmené à Babylone, s'humilia et fut autorisé à rester à Jérusalem en tant que souverain tributaire du roi de Babylone.

C'était la première fois que Jérusalem était prise par Nébucadnetsar. Par la suite, la ville se révolta deux fois, mais elle fut reprise par le même roi, et à chaque fois, il la traita avec plus de sévérité. La deuxième prise eut lieu sous le règne de Jojakin, fils de Jojakim, c'est alors que tous les ustensiles sacrés furent détruits ou pris, et les plus remarquables des habitants furent emmenés en captivité avec le roi. La troisième prise se produisit sous Sédéchias, quand la cité supporta un siège terrible. Pendant l'année et demie qu'il dura, les habitants de la ville endurèrent toutes les horreurs de la famine extrême. A la fin, la garnison et le roi tentèrent de s'échapper de la ville, mais ils furent capturés par les Chaldéens. Ceux-ci massacrèrent les fils du roi devant lui, et ses yeux furent crevés, puis il fut emmené à Babylone. Ainsi s'accomplit la prédiction d'Ezéchiel (Ezéchiel 12:13), selon laquelle le roi devait être conduit en captivité à Babylone, où il mourrait sans l'avoir vue. C'est à ce moment-là que la ville et le temple furent complètement détruits, et l'entière population de la campagne, à peu d'exception près, fut déportée à Babylone, en 586 av. J.-C.

Tel fut le témoignage de Dieu contre le péché -non pas que les Chaldéens aient été les favoris du Ciel, mais Dieu les utilisa pour punir les iniquités de Son peuple. Si les Israélites avaient été fidèles à Dieu, et s'ils avaient gardé Son Sabbat, Jérusalem aurait subsisté pour toujours. (Jérémie 17:24-27). Mais ils s'éloignèrent de Lui et l'abandonnèrent. Ils profanèrent les ustensiles sacrés en introduisant des idoles dans le temple; par conséquent, Dieu permit que ces ustensiles soient profanés davantage en les laissant emporter comme trophées dans les temples païens, à l'étranger.

Les captifs hébreux à Babylone.

Tandis que Jérusalem vivait des jours de trouble et de détresse, Daniel et ses compagnons étaient nourris et instruits dans le palais du roi de Babylone. Bien que captifs dans un pays inconnu, ils étaient probablement dans une situation beaucoup plus favorable que s'ils étaient restés dans leur pays natal.

3-5: "3 Le roi donna l'ordre à Aschpenaz, chef de ses eunuques, d'amener quelques-uns des enfants d'Israël de race royale ou de famille noble, 4 de jeunes garçons sans défaut corporel, beaux de figure, doués de sagesse, d'intelligence et d'instruction, capables de servir dans le palais du roi, et à qui l'on enseignerait les lettres et la langue des Chaldéens. 5 Le roi leur assigna pour chaque jour une portion des mets de sa table et du vin dont il buvait, voulant les élever pendant trois années, au bout desquelles ils seraient au service du roi."

Nous trouvons ici l'accomplissement probable des jugements prédits au roi Ezéchias par le prophète Esaïe, plus de cent ans auparavant. Quand ce roi montra, avec vanité, tous les trésors et les choses saintes de son palais et du royaume aux messagers du roi de Babylone, le prophète dit à Ezéchias que toutes ces belles choses seraient emportées comme trophées à la ville de Babylone, et que ses propres enfants, ses descendants, seraient emmenés comme eunuques, là-bas, dans le palais du roi (2 Rois 20:14-18).

Le mot "enfants" appliqué à ces captifs ne doit pas être restreint au sens où il est limité de nos jours. Il inclut aussi les adolescents. Nous apprenons par ces notes, que ces enfants étaient déjà "doués de sagesse, d'intelligence et d'instruction, capables de servir dans le palais du roi". En d'autres termes, ils avaient acquis un haut niveau d'éducation, et leurs forces physiques et intellectuelles étaient si développées qu'un connaisseur de la nature humaine pouvait se faire une idée précise de leurs capacités. On suppose qu'ils étaient âgés d'environ 18 ou 20 ans.

Le traitement que ces captifs hébreux reçurent, nous offre un exemple de la sage manière d'agir et de la libéralité du roi qui "monte", Nébucadnetsar. Au lieu de choisir des instruments pour satisfaire de bas et vils désirs, comme trop de rois le feront ultérieurement, il choisit de jeunes hommes devant être éduqués dans tous les sujets se rapportant au royaume, afin qu'ils lui soient une aide efficace pour l'administration de ses affaires. Il leur assigna chaque jour une partie de sa propre nourriture et de ses boissons. Au lieu d'un traitement vil que beaucoup auraient jugé suffisamment bon pour des captifs, il leur offrit de ses propres viandes royales. Durant une période de trois ans, ils purent bénéficier de tous les avantages du royaume. Bien que captifs, ils étaient des enfants royaux, et ils étaient traités en tant que tels par le roi compatissant des Chaldéens.

6-7: "6 Il y avait parmi eux, d'entre les enfants de Juda, Daniel, Hanania, Mischaël et Azaria. Le chef des eunuques leur donna des noms, 7 à Daniel celui de Beltschatsar, à Hanania celui de Schadrac, à Mischaël celui de Méschac, et à Azaria celui d'Abed-Négo."

Daniel et ses compagnon rebaptisés.

Ce changement de noms eut lieu probablement à cause de la signification de leurs noms. En Hébreux, Daniel signifie "Juge pour Dieu"; Hanania "Don du Seigneur"; Mischaël "Qui est ce que Dieu est" et Azaria "Celui que Jéhova aide". Puisque ces noms faisaient référence au vrai Dieu et avaient une signification en relation avec son culte, leurs noms furent remplacés par d'autres ayant une définition en relation avec les divinités païennes et le culte des Chaldéens. Ainsi, Beltschatsar, le nom destiné à Daniel, signifie "Prince de Bel"; Shadrac, "Serviteur de Sin" (le dieu de la lune); Méschac "Celui qui est ce que Aku est" (Aku est l'équivalant Sumérien de Sin, le nom du dieu de la lune); et Abed-Négo "Serviteur de Nébo".

8-16: "8 Daniel résolut de ne pas se souiller par les mets du roi et par le vin dont le roi buvait, et il pria le chef des eunuques de ne pas l'obliger à se souiller. 9 Dieu fit trouver à Daniel faveur et grâce devant le chef des eunuques. 10 Le chef des eunuques dit à Daniel: Je crains mon Seigneur le roi, qui a fixé ce que vous devez manger et boire; car pourquoi verrait-il votre visage plus abattu que celui des jeunes gens de votre âge? Vous exposeriez ma tête auprès du roi. 11 Alors Daniel dit à l'intendant à qui le chef des eunuques avait remis la surveillance de Daniel, de Hanania, de Mischaël et d'Azaria: 12 Eprouve tes serviteurs pendant dix jours, et qu'on nous donne des légumes à manger et de l'eau à boire; 13 tu regarderas ensuite notre visage et celui des jeunes gens qui mangent les mets du roi, et tu agiras avec tes serviteurs d'après ce que tu auras vu. 14 Il leur accorda ce qu'ils demandaient, et les éprouva pendant dix jours. 15 Au bout de dix jours, ils avaient meilleur visage et plus d'embonpoint que tous les jeunes gens qui mangeaient les mets du roi. 16 L'intendant emportait les mets et le vin qui leur étaient destinés, et il leur donnait des légumes."

Dans ce récit, Nébucadnetsar apparaît merveilleusement libre de fanatisme. Il ne semble pas avoir pris des mesures pour contraindre ses captifs royaux à changer de religion. Il lui suffisait qu'ils aient une religion, que ce soit celle qu'il professait ou non. Bien que leurs noms aient été remplacés par d'autres ayant une signification en relation avec un culte païen, il se peut que ce soit pour éviter l'usage de noms juifs par les Chaldéens, plutôt que pour indiquer un changement de sentiment ou de pratique de la part de ceux dont les noms ont été changés.

Le régime de Daniel.

Daniel décida de ne pas se souiller par la nourriture et le vin du roi. Daniel avait d'autres raisons pour faire cette démarche que le simple effet de ce régime sur son organisme, bien qu'il n'y avait aucun doute que ce domaine allait aussi bénéficier de l'alimentation qu'il se proposait d'adopter. Les rois et les princes des nations païennes étaient souvent de grands prêtres de leur religion, et il était très fréquent que leur nourriture fût d'abord offerte en sacrifice aux idoles, et le vin qu'ils utilisaient, versé comme libation devant leurs dieux. De plus, certaines des viandes consommées par les Chaldéens étaient déclarées impures par la loi juive. Quelles qu'en soient les raisons, Daniel ne pouvait pas, en accord avec sa religion, manger de ces aliments. Il dit donc respectueusement à l'officier correspondant, que par scrupules religieux, il ne voulait pas être obligé à se souiller.

Le prince des eunuques craignit d'accéder à la requête de Daniel, le roi lui-même ayant désigné la nourriture de Daniel et de ses compagnons. Ceci montre le grand intérêt personnel que le roi prit pour ces captifs. Il semble qu'il souhaitait sincèrement, leur assurer le meilleur développement physique et mental qu'il était possible d'atteindre. Il était loin du fanatisme et de la tyrannie qui habituellement ont un contrôle sur les coeurs de ceux qui sont investis de pouvoir absolu. Nous pouvons trouver dans le caractère de Nébucadnetsar beaucoup de choses dignes de notre plus grande admiration.

Il est intéressant de noter ce qui était inclus dans le régime réclamé par Daniel. La parole hébraïque zeroim, traduite par "légumineuses" ["légumes", dans la Bible Segond, en Français], est construite avec la même racine que le mot "semence" utilisé dans le récit de la création, où il est parlé de "toute herbe portant de la semence" et puis "tout arbre ayant en lui du fruit d'arbre portant de la semence" [Genèse 1:29]. Il est assez clair que la requête de Daniel incluait les graines, les légumineuses et les fruits. En plus, si nous comprenons correctement Genèse 9:3, "l'herbe verte" elle-même a dû aussi être incluse dans la diète demandée. En d'autres termes, le menu demandé et reçu par Daniel, était composé de céréales, de légumineuses, de fruits, de noix et de légumes -un régime végétarien bien varié- avec la boisson universelle des animaux et des hommes, l'eau claire.

La Bible de Cambridge contient la note suivante au mot zeroim: "nourriture végétale en générale; il n'y a pas de raison de penser que le mot hébreux utilisé se limite, aux légumineuses, telles que les haricots et les pois, qui est ce que le mot "semence" signifie correctement. Genesius donne cette définition: "herbe portant de la semence, de la verdure, des légumes, c'est-à-dire la nourriture végétale, telle qu'elle était mangée dans le demi-jeûne, en opposition aux viandes et aux nourritures les plus délicates."

Comme les dix jours d'essai de ce régime furent concluants, Daniel et ses compagnons furent autorisés à le poursuivre durant la totalité de leur instruction aux devoirs du palais.

17-21: "17 Dieu accorda à ces quatre jeunes gens de la science, de l'intelligence dans toutes les lettres, et de la sagesse; et Daniel expliquait toutes les visions et tous les songes. 18 Au terme fixé par le roi pour qu'on les amenât, le chef des eunuques les présenta à Nébucadnetsar. 19 Le roi s'entretint avec eux; et, parmi tous ces jeunes gens, il ne s'en trouva aucun comme Daniel, Hanania, Mischaël et Azaria. Ils furent donc admis au service du roi. 20 Sur tous les objets qui réclamaient de la sagesse et de l'intelligence, et sur lesquels le roi les interrogeait, il les trouvait dix fois supérieurs à tous les magiciens et astrologues qui étaient dans tout son royaume. 21 Ainsi fut Daniel jusqu'à la première année du roi Cyrus."

Après trois années d'études.

Il semble que l'interprétation des visions et des rêves ait été confiée seulement à Daniel. Mais la relation de Dieu avec Daniel à ce sujet ne prouve pas que ses compagnons aient été moins acceptés. Par leur sauvegarde au milieu de la fournaise ils eurent également la preuve de la faveur divine. Il est probable que Daniel avait des aptitudes naturelles qui le rendait particulièrement apte à ce travail spécial.

Le même intérêt personnel manifesté jusqu'ici par le roi à ces jeunes continua de se maintenir. Au bout de trois années, il les appela pour avoir un entretien personnel avec eux. Il voulait se rendre compte par lui-même, comment les choses s'étaient passées, et quel niveau ils avaient atteint. Cet entretien nous montre aussi que le roi était très versé dans tous les arts, les sciences des Chaldéens, autrement il n'aurait pas été qualifié pour les examiner. Comme il reconnaissait le mérite partout où il se trouvait, sans tenir compte de la nationalité ou de la religion, il les reconnut dix fois supérieurs à tous ceux de son propre pays.

Il est ajouté: "ainsi fut Daniel jusqu'à la première année du roi Cyrus".

Chapitre 2—Le Roi Rêve Aux Empires Du Monde

1: "La seconde année du règne de Nébucadnetsar, Nébucadnetsar eut des songes. Il avait l'esprit agité, et ne pouvait dormir."

Daniel fut emmené en captivité dans la première année de Nébucadnetsar. Durant trois ans il fut enseigné par des instructeurs, et naturellement, pendant cette période, il ne fut pas compté parmi les sages du royaume, et il ne prit pas part non plus aux affaires publiques. Cependant, les événements relatées dans ce chapitre se produisirent dans la deuxième année de Nébucadnetsar. Comment, alors, Daniel put-il être amené à interpréter le rêve du roi, lors de la deuxième année? L'explication repose sur le fait que Nébucadnetsar régna deux ans conjointement avec son père, Nabopolassar. Les Juifs comptaient à partir de ce moment, tandis que les Chaldéens prirent en compte le moment où il commença à régner seul, à la mort de son père. Donc, l'année dont il est question ici était la seconde année de son règne en accord avec la façon de compter des Chaldéens, mais la quatrième année selon les Juifs. Il semble donc que l'année suivant l'achèvement de la formation de Daniel, pour participer aux affaires de l'empire Chaldéen, Dieu, dans sa providence, l'amena à être remarqué dans tout le royaume d'une façon soudaine et extraordinaire.

2: "Le roi fit appeler les magiciens, les astrologues, les enchanteurs et les Chaldéens, pour qu'ils lui disent ses songes. Ils vinrent, et se présentèrent devant le roi."

Les sages du roi échouent.

Les magiciens pratiquaient la magie dans son sens le plus mauvais; ils accomplissaient tous les rites superstitieux et les cérémonies des devins, les jeteurs de sorts, et autres. Les astrologues étaient des hommes qui prétendaient prédire les événements par l'étude des astres. La science, ou la superstition de l'astrologie était extrêmement pratiquée dans l'antiquité par les nations orientales. Les sorciers prétendaient communiquer avec les morts. Nous croyons que le mot "sorcier" est toujours utilisé dans ce sens, dans les Ecritures. Les Chaldéens mentionnés ici, étaient une secte de philosophes semblables aux magiciens et aux astrologues, qui se dédiaient à l'étude des sciences naturelles et de la divination. Toutes ces sectes ou professions abondaient à Babylone. Le but recherché par chacune d'elles était le même: l'explication des mystères et la prédiction des événements. La principale différence qu'il y avait entre elles, résidaient dans les moyens utilisés pour atteindre leur objectif. L'explication que désirait le roi relevait de la compétence de chacun;

il les fit donc tous venir. Pour le roi, c'était un problème important. Il était très troublé, et par conséquent, il concentra tous les sages de son royaume sur la solution de son inquiétude.

3-4: "3 Le roi leur dit: J'ai eu un songe; mon esprit est agité, et je voudrais connaître ce songe. 4 Les Chaldéens répondirent au roi en langue araméenne: O roi, vis éternellement! dis le songe à tes serviteurs, et nous en donnerons l'explication."

Quelle que soit l'efficacité des vieux magiciens et des astrologues, ils semblent avoir été enseignés à fond dans l'art d'obtenir suffisamment d'informations pour se faire une base de calculs astucieux, ou formuler leurs réponses d'une façon si ambiguë qu'elles pourraient être interprétées quelle que soit la façon dont les événements tournaient. Dans le cas présent, fidèles à leur instinct rusé, ils demandèrent au roi de leur faire connaître son rêve. S'ils avaient obtenu cette information, il leur aurait été facile de trouver une interprétation qui n'aurait pas mis leur réputation en danger. Ils s'adressèrent eux-mêmes au roi en Syriaque [Langue sémitique, du groupe Araméen], un dialecte chaldéen utilisé par les classes éduquées et cultivées. A partir d'ici jusqu'à la fin du chapitre 7 de Daniel, le récit continue en chaldéen, la langue parlée par le roi.

5-13: "5 Le roi reprit la parole et dit aux Chaldéens: La chose m'a échappé; si vous ne me faites pas connaître le songe et son explication, vous serez mis en pièces, et vos maisons seront réduites en un tas d'immondices. 6 Mais si vous me dites le songe et son explication, vous recevrez de moi, des dons et des présents, et de grands honneurs. C'est pourquoi dites-moi le songe et son explication. 7 Ils répondirent pour la seconde fois: Que le roi dise le songe à ses serviteurs, et nous en donnerons l'explication. 8 Le roi reprit la parole et dit: Je m'aperçois, en vérité, que vous voulez gagner du temps, parce que vous voyez que la chose m'a échappé. 9 Si donc vous ne me faites pas connaître le songe, la même sentence vous enveloppera tous; vous voulez vous préparer à me dire des mensonges et des faussetés, en attendant que les temps soient changés. C'est pourquoi dites-moi le songe, et je saurai si vous êtes capables de m'en donner l'explication. 10 Les Chaldéens répondirent au roi: Il n'est personne sur la terre qui puisse dire ce que demande le roi; aussi jamais roi, quelque grand et puissant qu'il ait été, n'a exigé une pareille chose d'aucun magicien, astrologue ou Chaldéen. 11 Ce que le roi demande est difficile; il n'y a personne qui puisse le dire au roi, excepté les dieux dont la demeure n'est pas parmi les hommes. 12 Là-dessus le roi se mit en colère, et s'irrita violemment. Il ordonna qu'on fît périr tous les sages de Babylone. 13 La sentence fut publiée, les sages étaient mis à mort, et l'on cherchait Daniel et ses compagnons pour les faire périr."

Ces versets contiennent le récit de la lutte désespérée entre les mages et le roi. Les premiers cherchaient une issue de secours car ils étaient pris sur leur propre terrain. Le roi était déterminé à ce qu'ils lui fassent connaître son rêve, ce qui était le moins que l'on pouvait attendre de leur profession.

Quelques-uns ont sévèrement censuré Nébucadnetsar sur ce sujet, et lui attribue le rôle d'un tyran cruel et déraisonnable. Mais ces magiciens ne professaient-ils pas être capables de révéler les choses cachées, de prédire les événements, et de faire connaître tous les mystères de la prévoyance humaine et de la pénétration, et de faire cela avec l'aide des agents surnaturels? Il n'y avait donc rien d'injuste dans la demande de Nébucadnetsar de lui faire connaître son rêve. Quand ils avaient déclaré que personne sauf les dieux dont la demeure n'était pas parmi les hommes ne pouvait connaître le problème du roi, c'était la reconnaissance tacite qu'ils n'avaient aucune communication avec ces dieux, et qu'ils ne connaissaient rien de plus que ce que la sagesse humaine et le discernement pouvaient révéler. "Là-dessus le roi se mit en colère, et s'irrita violemment". Il vit que lui et tout le peuple étaient les victimes de leurs supercheries. Si nous ne pouvons pas justifier ces mesures extrêmes auxquelles il eut recours, en décrétant leur mort et la destruction de leurs maisons, nous ne pouvons que sentir une cordiale sympathie pour lui dans sa condamnation de la classe de ces misérables imposteurs. Le roi ne voulut pas être du côté de la malhonnêteté ou de la supercherie.

14-18: "14 Alors Daniel s'adressa d'une manière prudente et sensée à Arjoc, chef des gardes du roi, qui était sorti pour mettre à mort les sages de Babylone. 15 Il prit la parole et dit à Arjoc, commandant du roi: Pourquoi la sentence du roi est-elle si sévère? Arjoc exposa la chose à Daniel. 16 Et Daniel se rendit vers le roi, et le pria de lui accorder du temps pour donner au roi l'explication. 17 Ensuite Daniel alla dans sa maison, et il instruisit de cette affaire Hanania, Mischaël et Azaria, ses compagnons, 18 les engageant à implorer la miséricorde du Dieu des cieux, afin qu'on ne fît pas périr Daniel et ses compagnons avec le reste des sages de Babylone."

Dans ce récit, nous voyons comment la providence de Dieu agit dans plusieurs détails remarquables. Grâce à elle, le rêve du roi laissa une impression si puissante sur son esprit, qu'il le plongea dans une angoisse extrême, et cependant, il disparu ensuite de sa mémoire. Ceci permis de démasquer complètement le faux système des magiciens et des autres maîtres païens. Quand ils furent mis à l'épreuve pour faire connaître le rêve, ils furent dans l'impossibilité de le faire, bien qu'ils aient professé en être capables.

Il est à noter que Daniel et ses compagnons, déclarés antérieurement par le roi dix fois supérieurs à tous ses magiciens et astrologues, ne furent pas consultés sur ce problème.

Mais ce fut providentiel. De la même façon que le rêve avait été oublié par le roi, il se vit inexplicablement empêché d'appeler Daniel en premier, pour qu'il lui révèle la solution du mystère. S'il avait d'abord appelé Daniel pour qu'il lui fasse connaître son problème, les magiciens n'auraient pas été mis à l'épreuve. Mais Dieu voulait d'abord donner une chance au système païen des Chaldéens. Il voulait les laisser faire leur preuve et échouer ignominieusement, et confesser leur complète incompétence, même sous la peine de mort, pour qu'ils puissent être mieux préparés à reconnaître Son intervention quand Il manifesterait finalement Son pouvoir par Ses serviteurs captifs, pour l'honneur de Son nom.

Il semble que le premier renseignement que Daniel ait eu du problème fut lorsque les bourreaux vinrent pour l'arrêter. Sa propre vie étant donc en jeu, il se sentit poussé à rechercher Dieu de tout son coeur jusqu'à ce qu'Il agisse pour la délivrance de Ses serviteurs. La demande de Daniel fut acceptée par le roi qui lui accorda du temps pour considérer le problème -un privilège que probablement aucun magicien n'aurait pu obtenir, puisque le roi les avait accusés de préparer des paroles fausses et malhonnêtes, et de chercher à gagner du temps dans ce but. Daniel alla tout de suite vers ses trois compagnons, et il leur demanda de s'unir à lui pour demander la miséricorde du Dieu des cieux sur ce secret. Il aurait pu prier seul, et sans doute il aurait été entendu. Mais à cette époque, comme aujourd'hui, la force du peuple de Dieu est dans son union. La promesse est faite, aux deux ou trois personnes qui se mettent d'accord pour demander quelque chose, qu'elle leur sera accordée (Matthieu 18:19, 20).

19-23: "19 Alors le secret fut révélé à Daniel dans une vision pendant la nuit. Et Daniel bénit le Dieu des cieux. 20 Daniel prit la parole et dit: Béni soit le nom de Dieu, d'éternité en éternité! A lui appartiennent la sagesse et la force. 21 C'est lui qui change les temps et les circonstances, qui renverse et qui établit les rois, qui donne la sagesse aux sages et la science à ceux qui ont de l'intelligence. 22 Il révèle ce qui est profond et caché, il connaît ce qui est dans les ténèbres, et la lumière demeure avec lui. 23 Dieu de mes pères, je te glorifie et je te loue de ce que tu m'as fait connaître ce que nous t'avons demandé, de ce que tu nous as révélé le secret du roi."

Nous ne savons pas si la réponse vint pendant que Daniel et ses compagnons faisaient encore monter leur requête ou bien si elle vint après, mais ce fut dans une vision pendant la nuit que Dieu se révéla lui-même en leur faveur. "Une vision pendant la nuit" signifie quelque chose qui est vu, en rêve ou en vision.

Daniel fit monter immédiatement une prière à Dieu pour sa miséricorde, et bien que sa prière n'est pas été conservée, son action de grâce reconnaissante est entièrement relatée.

Dieu est honoré par les louanges que nous lui adressons pour les choses qu'Il a faites pour nous, aussi bien que par nos appels à l'aide. Que la ligne de conduite de Daniel soit un exemple pour nous dans ce domaine. Ne laissons pas Dieu manquer des louanges et des prières qu'il mérite pour toutes les miséricordes que nous recevons de sa main. Pendant le ministère de Christ sur la terre, ne purifia-t-il pas dix lépreux, et un seul ne revint-il pour le remercier? "Et les neuf autres, où sont-ils ?" demanda tristement Jésus (Luc 17:17).

Daniel eut la certitude que le secret lui avait été révélé. Il n'alla pas d'abord chez le roi pour vérifier si ce qui lui avait été révélé était réellement le rêve du roi; mais il loua immédiatement Dieu d'avoir répondu à sa prière.

Bien que le secret ait été révélé à Daniel, il ne reçut pas cela comme un honneur personnel, comme si c'était par sa seule prière que la réponse avait été obtenue; mais il y associa immédiatement ses compagnons, et il reconnut que la réponse était due aussi bien à leurs prières qu'à la sienne. Il dit: "nous t'avons demandé" et "tu nous a révélé".

24: "Après cela, Daniel se rendit auprès d'Arjoc, à qui le roi avait ordonné de faire périr les sages de Babylone; il alla, et lui parla ainsi: Ne fais pas périr les sages de Babylone! Conduis-moi devant le roi, et je donnerai au roi l'explication."

La première requête de Daniel fut pour les sages de Babylone. "Ne les détruis pas, car le secret du roi est révélé", implora-t-il. En fait, ce n'était pas par leurs mérites ou leur système païen de divination que cette révélation avait été donnée. Ils n'étaient dignes que de la condamnation du roi. Mais leur propre confession de leur totale impuissance en la matière était une humiliation suffisante pour eux, et Daniel était désireux de les voir partager les bénéfices de ce qui lui avait été montré, et voir leurs vies épargnées. Ils furent sauvés parce qu'il y avait un homme de Dieu parmi eux. Il en est toujours ainsi. A cause de Paul et Silas, tous les prisonniers furent libérés (Actes 16:26). A cause de Paul, la vie de tous ceux qui naviguèrent avec lui fut préservée (Actes 27:24). Bien souvent les méchants bénéficient de la présence du juste! Comme il serait bon qu'ils se souviennent des obligations que cela implique.

Qu'est-ce qui sauve le monde aujourd'hui? Pourquoi est-il encore épargné? A cause de quelques personnes justes. Si elles sont ôtées, quelle sera la durée de leur méchante coupable? Pas plus longue que celle des antédiluviens après l'entrée de Noé dans l'arche, ou que celle des Sodomites après que Lot fût sorti du milieu de leur présence souillée et corrompue. S'il s'était trouvé seulement dix justes, la multitude de ses méchants habitants aurait été épargnée à cause d'eux. Pourtant les méchants méprisent, ridiculisent et oppriment ceux grâce auxquels il leur est encore permis de jouir de la vie et de toutes ses bénédictions.

25: "Arjoc conduisit promptement Daniel devant le roi, et lui parla ainsi: J'ai trouvé parmi les captifs de Juda un homme qui donnera l'explication au roi."

C'est toujours une particularité des ministres et des courtisans que d'essayer d'obtenir les bonnes grâces de leur souverain. C'est pour cette raison, qu'Arjoc se présenta comme ayant trouvé lui-même un homme qui ferait connaître l'interprétation désirée, comme si par intérêt pour le roi il était allé à la recherche d'une personne qui résoudrait le problème, personne qu'il finit par trouver. Pour démasquer le mensonge de son bourreau principal, il suffisait au roi de rappeler, comme il le fit probablement, son entrevue avec Daniel et la promesse de celui-ci, de lui montrer l'interprétation du rêve, si le temps lui était accordé (vers. 16).

26-28: "26 Le roi prit la parole et dit à Daniel, qu'on nommait Beltschatsar: Es-tu capable de me faire connaître le songe que j'ai eu et son explication? 27 Daniel répondit en présence du roi et dit: Ce que le roi demande est un secret que les sages, les astrologues, les magiciens et les devins, ne sont pas capables de découvrir au roi. 28 Mais il y a dans les cieux un Dieu qui révèle les secrets, et qui a fait connaître au roi Nébucadnetsar ce qui arrivera dans la suite des temps. Voici ton songe et les visions que tu as eues sur ta couche."

"Es-tu capable de me faire connaître le songe que j'ai eu et son explication?" fut la salutation du roi à Daniel alors qu'il entrait dans la présence du roi. Bien qu'il connaissait déjà cet Hébreux, le roi semblait mettre en doute la capacité d'une personne si jeune et si inexpérimentée, de faire connaître le problème que les magiciens et les devins plus âgés et vénérés n'avaient pu trouver. Daniel déclara avec franchise que la sagesse des hommes, des astrologues, des devins et des magiciens ne peut lui faire connaître son secret. C'était hors de leur pouvoir. Par conséquent, le roi ne devait pas être en colère contre eux, ni mettre sa confiance dans leurs vaines superstitions. Le prophète va faire connaître le vrai Dieu, qui règne dans les cieux, et qui est le seul qui révèle les secrets. Daniel dit qu'Il est celui qui "fait connaître au roi Nébucadnetsar ce qui arrivera dans la suite des temps".

29-30: "29 Sur ta couche, ô roi, il t'est montré des pensées touchant ce qui sera après ce temps-ci; celui qui révèle les secrets t'a fait connaître ce qui arrivera. 30 Si ce secret m'a été révélé, ce n'est point qu'il y ait en moi une sagesse supérieure à celle de tous les vivants; mais c'est afin que l'explication soit donnée au roi, et que tu connaisses les pensées de ton coeur."

Ici, un autre trait louable du caractère de Nébucadnetsar apparaît. Beaucoup de gouverneurs remplissent le présent de folies et de débauches sans penser au futur, le roi pensait aux jours à venir, avec un désir anxieux de connaître les événements qui les rempliraient. C'était en partie pour cette raison que Dieu lui donna ce rêve, que nous devons considérer comme une marque de la faveur divine envers le roi. Néanmoins, Dieu ne voulut pas travailler pour le roi indépendamment de son peuple. Bien qu'Il donna le rêve au roi, il envoya l'interprétation par l'un de ses fidèles serviteurs.

Tout d'abord, Daniel nia tout mérite pour l'interprétation, et il chercha ainsi à modifier les sentiments naturels d'orgueil du roi en attirant son attention sur le Dieu des cieux. Il l'informa que bien que le rêve lui ait été donné, ce n'était pas à cause de lui seule que l'interprétation était envoyée, mais aussi à cause d'eux. Dieu avait des serviteurs ici, et c'était pour eux qu'Il agissait. Ils avaient une plus grande valeur à ses yeux que le plus grand des rois et des souverains de la terre.

Combien l'oeuvre de Dieu était compréhensive dans ce cas! Par cette révélation du rêve du roi à Daniel, Il montra au roi les choses qu'il désirait, Il sauva ses serviteurs qui se confiaient en lui, Il amena la nation Chaldéenne à la connaissance de Celui qui connaît la fin dès le commencement, Il confondit les faux systèmes des devins et des magiciens, et devant leurs yeux Il honora son propre nom et exalta ses serviteurs.

Daniel raconte le rêve.

Après avoir bien fait comprendre au roi que le but du "Dieu des cieux" en lui donnant le rêve, était de "faire connaître ce qui arrivera", Daniel relata le rêve lui-même.

31-35: "31 O roi, tu regardais, et tu voyais une grande statue; cette statue était immense, et d'une splendeur extraordinaire; elle était debout devant toi, et son aspect était terrible. 32 La tête de cette statue était d'or pur; sa poitrine et ses bras étaient d'argent; son ventre et ses cuisses étaient d'airain; 33 ses jambes, de fer; ses pieds, en partie de fer et en partie d'argile. 34 Tu regardais, lorsqu'une pierre se détacha sans le secours d'aucune main, frappa les pieds de fer et d'argile de la statue, et les mit en pièces. 35 Alors le fer, l'argile, l'airain, l'argent et l'or furent brisés ensemble, et devinrent comme la balle qui s'échappe d'une aire en été; le vent les emporta, et nulle trace n'en fut retrouvée. Mais la pierre qui avait frappé la statue devint une grande montagne, et remplit toute la terre."

Nébucadnetsar, adorateur des dieux Chaldéens, était un idolâtre. Une statue était donc un objet qui attirait immédiatement son attention et son respect. En outre, les royaumes terrestres, qui, comme nous le verrons plus loin, étaient représentés par cette statue, étaient des choses d'estime et de valeur à ses yeux.

Cette représentation faite dans le but de transmettre une vérité importante et nécessaire, était admirablement adaptée à l'esprit de Nébucadnetsar. De plus, en esquissant le déroulement des événements à travers toutes les époques au bénéfice de Son peuple, Dieu montrait à Nébucadnetsar le vide absolu et le peu de valeur de la pompe et de la gloire terrestres. Pouvait-il le lui transmettre d'une façon plus impressionnante que par une statue dont la tête était en or? Au-dessous de cette tête il y avait un corps composé de métaux de valeur décroissante jusqu'à parvenir au plus vil, le fer mêlé à l'argile qui formaient les pieds et les orteils. L'ensemble fut alors mis en pièce, et rendu semblable à la balle. Elle fut finalement emportée au loin et aucune trace n'en fut retrouvée, puis quelque chose de durable, de céleste et de valeur occupa sa place. Dieu voulu aussi montrer aux enfants des hommes que les royaumes terrestres arrivent à leur terme, et que les puissances et la gloire terrestres, sont comme une bulle brillante qui éclatera et disparaîtra. A cette place, si longtemps usurpée par ceux-ci, le royaume de Dieu sera établi et il n'aura pas de fin, et tous ceux qui auront un intérêt pour ce royaume reposeront à l'ombre de ses ailes paisibles pour toujours. Mais nous anticipons.

36-38: "36 Voilà le songe. Nous en donnerons l'explication devant le roi. 37 O roi, tu es le roi des rois, car le Dieu des cieux t'a donné l'empire, la puissance, la force et la gloire; 38 il a remis entre tes mains, en quelque lieu qu'ils habitent, les enfants des hommes, les bêtes des champs et les oiseaux du ciel, et il t'a fait dominer sur eux tous: c'est toi qui es la tête d'or."

Daniel interprète le rêve.

Maintenant l'histoire la plus complète de l'empire mondial commence. En huit courts versets, le récit inspiré nous relate toute l'histoire, récit qui embrasse l'histoire de la pompe et de la puissance de ce monde. Quelques instants suffisent pour l'apprendre par coeur, pourtant la période qui est couverte débute il y a plus de vingt cinq siècles, et s'étend au-delà de l'apogée et de la chute des royaumes, au-delà de l'établissement et du renversement des empires, au-delà des cycles des événements et des époques, au-delà de notre époque, pour parvenir au royaume éternel. Le récit est si vaste qu'il embrasse tout cela, et cependant il est si détaillé qu'il nous donne les grands traits des royaumes terrestres depuis cette époque jusqu'à la nôtre. La sagesse humaine n'a jamais inventé un si court récit qui contient autant. Le langage humain n'a jamais décrit en si peu de mots une telle quantité de vérités historiques. Le doigt de Dieu est là. Prenons bien garde à la leçon.

Avec quel intérêt et étonnement le roi a-t-il dû écouter tandis qu'il était informé par le prophète que son royaume était la tête d'or de la magnifique statue. Daniel informa le roi que le Dieu du ciel lui avait donné ce royaume, et l'avait fait souverain de toutes choses.

Cela pour l'empêcher de penser qu'il était parvenu seul à sa position grâce à son propre pouvoir et à sa sagesse, et pour que la gratitude de son coeur soit dirigée vers le vrai Dieu.

Le royaume de Babylone qui finalement donna la nation représentée par la tête d'or de la grande statue, fut fondée par Nimrod, l'arrière petit-fils de Noé, plus de deux mille ans avant Jésus-Christ. "Kouch engendra aussi Nimrod; c'est lui qui le premier, fut un vaillant chasseur devant l'Eternel; c'est pourquoi l'on dit: Comme Nimrod, vaillant chasseur devant l'Eternel. Il régna d'abord sur Babel [Babylone], Erec Accad et Calné, au pays de Schinear" (Genèse 10:8-10). Il semble que Nimrod fonda aussi la cité de Ninive, qui devint plus tard la capitale de l'Assyrie (Voir Genèse 10:11).

Accomplissement du rêve.

L'empire Babylonien fut établi par le général Nabopolassar qui devint aussi roi. Quand il mourut en 604 av. J.-C. son fils Nébucadnetsar devint roi. Campbell Thompson déclare: "Les événements ont déjà montré que Nébucadnetsar était un commandant énergique et brillant, et un homme physiquement fort, pleinement digne de succéder à son père. Il était devenu le plus grand homme de son époque et du Proche Orient, comme soldat, homme d'état et architecte. Si ses successeurs avaient été comme lui au lieu d'être des garçons inexpérimentés ou des dilettantes sans vigueur, les Perses auraient rencontré un sérieux problème à Babylone. 'Toutes les nations lui seront soumises, à lui, à son fils, et au fils de son fils, jusqu'à ce que le temps de son pays arrive' (Jérémie 27:7)."

Jérusalem fut prise par Nébucadnetsar dans la première année de son règne, et la troisième année de Jojakim, roi de Juda (Daniel 1:1), en 606 av. J.-C. Nébucadnetsar régna deux ans avec son père, Nabopolassar. C'est sur cette base que les Juifs calculèrent son règne, mais les Chaldéens se basèrent sur la date où il commença à régner seul, en 604 av. J.-C., comme mentionné ci-dessus. Quant aux successeurs de Nébucadnetsar, l'autorité citée ajoute: "Nébucadnetsar mourut en Août ou Septembre de l'année 562 av. J.-C., et son fils Amel-Marduk, que Jérémie appelle Evil-Merodach [Jérémie 52:31; 2 Rois 25:27], lui succéda (562-560 av. J.-C.). Il ne lui a été accordé que peu de temps pour prouver sa valeur; et les deux années de son court règne sont suffisantes pour montrer que les conditions politiques étaient à nouveau hostiles à la maison royale."

Plus tard, les souverains Babyloniens, au pouvoir faible, ne parvinrent pas à égaler le règne de Nébucadnetsar. Cyrus roi de Perse, assiégea Babylone, et la prit par stratagème.

La caractéristique de l'empire Babylonien est indiquée par la tête d'or. Il fut le royaume doré de l'âge d'or. Babylone, sa métropole, s'éleva à une hauteur jamais atteinte par aucun de ses successeurs. Située dans le jardin de l'Orient, elle formait un carré parfait, qui avait, dit-on, 60 milles [environ 96 kilomètres] de périmètre, chaque côté étant de 15 milles [24 kilomètres], entourée par une muraille estimée à 200 ou 300 pieds de haut [60 ou 90 mètres] et épaisse de 87 pieds [25 mètres], entourée d'une douve ou fossé, d'une capacité cubique égale à la muraille elle-même; divisée en carrés par ses nombreuses rues, chacune de 150 pieds de large [45 mètres], se croisant à angle droit, toutes rectilignes et bien nivelées; ses 225 milles carrés [576 kilomètres carrés] de superficie occupaient des terrains et des jardins luxuriants, parsemés de magnifiques demeures -cette citée avec ses 60 milles [96 kilomètres] de douves, ses 60 milles [96 kilomètres] de murailles extérieures; avec dans son centre, 30 milles [48 kilomètres] de fleuve canalisé; ses portes de cuivre solide, ses jardins suspendus s'élevant de terrasses en terrasses jusqu'à atteindre en hauteur les murs eux-mêmes, son temple de Bel de 3 milles [5 kilomètres] de circonférence, ses deux palais royaux, l'un de 3 milles et demi [6 kilomètres] et l'autre de 8 milles [un peu plus de 12 kilomètres]de circonférence, avec son tunnel sous l'Euphrate reliant ces deux palais; ses arrangements parfaits et confortables, ses ornements, ses défenses, et ses ressources illimitées- cette citée, qui contenait beaucoup de merveilles du monde, était elle-même une autre merveille encore plus prodigieuse. Là, avec la terre entière prosternée à ses pieds, comme une reine d'une grandeur sans égale, qui reçut de la plume inspirée le titre brillant de: "gloire des royaumes, la beauté de l'excellence Chaldéenne" se dressa cette cité, capitale de ce royaume représenté par la tête d'or de la grande statue de l'histoire.

Telle était Babylone, avec Nébucadnetsar dans la force de l'âge, audacieux, vigoureux, et émérite, siégeant sur son trône, quand Daniel franchit ses murs pour servir comme captif dans ses palais splendides pour soixante-dix ans. Là, les enfants de Dieu, plus opprimés que réconfortés par la gloire et la prospérité du pays de leur captivité, suspendirent leurs harpes aux saules pleureurs des rives de l'Euphrate, et pleurèrent au souvenir de Sion.

Là, commença la captivité de l'église dans le sens le plus large; c'est à partir de ce moment là, que le peuple de Dieu a été soumis aux pouvoirs terrestres, et fut plus ou moins opprimé par eux. Ainsi en sera-t-il jusqu'à ce que toutes les puissances de la terre se rendent finalement à Celui qui a le droit de régner. Et voici que ce jour de délivrance approche rapidement.

Non seulement Daniel, mais tous les enfants de Dieu, du plus petit au plus grand, du plus humble au plus élevé rentreront bientôt dans une autre ville. Ce n'est pas seulement une cité de 60 milles [96 kilomètres], mais de 15 000 milles [2400 kilomètres] de périmètre; une citée dont les murs ne sont pas de bitume et de brique, mais de pierres précieuses et de jaspe; dont les rues ne sont pas pavées, lisses et belles comme celles de Babylone, mais d'or transparent; dont le fleuve n'est pas l'Euphrate mais le fleuve de la vie;

dont la musique n'est pas celle des soupirs et des lamentations du coeur brisé des captifs, mais l'émouvant hymne de victoire sur la mort et le tombeau des multitudes rachetées qui s'élèvera; dont la lumière n'est pas la lumière intermittente de la terre, mais l'incessante et ineffable gloire de Dieu et de l'Agneau. Ils viendront dans cette cité non comme des captifs entrant dans un pays étranger, mais comme des exilés retournant à la maison de leur père; pas comme dans un lieu où leur courage sera atteint par des mots tels que "esclavage", "servitude" et "oppression" mais les douces paroles de, "foyer", "liberté", "paix", "pureté", "inexprimable félicité", et "vie éternelle", qui feront tressaillir leurs âmes avec délice et pour toujours. Oui, nos bouches seront remplies de rires et nos langues de chants, lorsque Dieu ramènera Sion de la captivité (Psaume 126:1,2; Apocalypse 21:1-27).

39: "Après toi, il s'élèvera un autre royaume, moindre que le tien; puis un troisième royaume qui sera d'airain, et qui dominera sur toute la terre."

Nébucadnetsar régna quarante trois ans, et les souverains suivants lui succédèrent: Son fils, Evil-Merodach, deux ans; Neriglissar, son gendre, quatre ans; Laborosoarchod, fils de Neriglissar, neuf mois, qui n'est pas pris en compte dans le canon de Ptolémé car il n'a pas régné une année; et finalement, Nabonide, dont le fils, Belschatsar, petit-fils de Nébucadnetsar, était associé avec lui sur le trône.

"La preuve de cette association est contenue dans les cylindres de Nabonide trouvés à Mugheir, où la protection des dieux est demandée sur Nabu-nadid et son fils Bel-shar-uzur, dont l'association impliquait que le second régnerait plus tard. (British Museum Series, Vol. I, pl. 68, №.1) Cette association eut lieu, au plus tard, en 540 av. J.-C., la quinzième année de Nabonide, puisque la troisième année de Belschatsar est mentionnée dans Daniel 8:1. Si Belschatsar était un fils de la fille de Nébucadnetsar mariée à Nabonide après qu'il devint roi, il ne pouvait avoir plus de quatorze ans la quinzième année du règne de son père."

La chute de Babylone.

Lors de la première année de Neriglissar, seulement deux ans après la mort de Nébucadnetsar, la guerre fatale éclata entre les Babyloniens et les Mèdes, et aboutit à la défaite du royaume Babylonien. Cyaxare, roi des Mèdes, qui est appelé "Darius" dans Daniel 5: 31, appela à son aide son neveu Cyrus d'origine Perse. La guerre fut une suite de succès ininterrompus pour les Mèdes et les Perses, jusqu'à la dix-huitième année de Nabonide (la troisième année de son fils Belschatsar), Cyrus mit le siège devant Babylone, la seule citée de tout l'Orient qui lui résistait encore. Les Babyloniens se rassemblèrent à l'intérieur de leurs murs apparemment imprenables, avec des provisions à leur portée pour vingt ans et, dans les limites de leur grande cité, suffisamment de terres cultivables pour nourrir les habitants et la garnison durant une période indéfinie. Ils se moquaient de Cyrus depuis leurs hautes murailles, et tournaient en dérision leurs efforts apparemment vains pour les soumettre. Selon toute probabilité humaine, ils avaient de bonnes raisons pour se croire en sécurité. A vues humaines, jamais cette cité ne pourrait être prise par les méthodes de guerre de cette époque. En conséquence, ils respiraient aussi librement et dormaient aussi profondément que s'il n'y avait aucun ennemi autour de leurs murailles assiégées. Mais Dieu avait décrété que l'orgueilleuse et méchante cité allait tomber de son trône glorieux. Et lorsqu'Il parle, quel est le bras mortel capable de mettre en échec Sa parole?

Dans leur sentiment de sécurité, repose la source de leur danger. Cyrus résolut de prendre par un stratagème ce qu'il n'avait pas pu obtenir par la force. Apprenant qu'une fête annuelle approchait, fête durant laquelle toute la cité s'adonnait à l'hilarité et aux festivités, il choisit cette date pour mettre son projet à exécution.

Il n'y avait pour lui aucune façon d'entrer dans la cité, à moins qu'il puisse trouver l'endroit où l'Euphrate entrait et sortait sous les murailles. Il résolu de faire du lit du fleuve son chemin pour pénétrer à l'intérieur du bastion de son ennemi. Pour cela, l'eau dut être détournée du canal traversant la cité. Dans ce but, dans la soirée du jour de fête mentionné plus haut, il détacha un corps de soldats pour détourner la rivière, à une heure donnée, dans le lac artificiel, à une courte distance en amont de la cité; un autre corps de soldats prit position à l'endroit où la rivière entrait dans la cité; et un troisième se positionna à 15 milles [24 kilomètres] en aval, là où le fleuve ressort de la cité. Les deux derniers corps avaient reçu l'instruction d'entrer dans le canal dès que le fleuve pourrait être passé à gué, et dans les ténèbres de la nuit, trouver leur chemin sous les murailles, et presser le pas jusqu'au palais du roi où ils surprendraient et tueraient les gardes, et captureraient ou massacreraient le roi. Quand l'eau fut détournée dans le lac, le fleuve fut bientôt suffisamment bas pour être passé à gué, et les soldats suivirent son canal jusque dans le coeur de la cité de Babylone.

Mais, tout cela aurait été en vain si la ville entière ne s'était pas laissée aller, durant cette nuit fatidique, à la négligence, à l'abandon, et la présomption, conditions sur lesquelles Cyrus comptait en grande mesure pour l'exécution de son dessein. De chaque côté du fleuve, à travers toute la ville, il y avait de hautes murailles d'une épaisseur égale à celle des murs extérieurs. Dans ces murailles il y avait des portes de bronze énormes, qui lorsqu'elles étaient fermées et gardées, empêchaient toute entrée, depuis le lit du fleuve, dans l'une des rues qui croisaient le fleuve. Si les portes avaient été fermées à ce moment-là, les soldats de Cyrus auraient pu traverser la ville par le lit du fleuve et ils en seraient ressortis, sans pouvoir la soumettre.

Mais dans l'ivresse et les orgies de cette nuit fatale, les portes qui donnaient sur le fleuve furent laissées ouvertes, comme le prophète Esaïe l'avait prédit longtemps à l'avance, par ces mots: "Ainsi parle l'Eternel à son oint, à Cyrus, qu'il tient par la main pour terrasser les nations devant lui, et pour relâcher la ceinture des rois, pour lui ouvrir les portes, afin qu'elles ne soient plus fermées" (Esaïe 45:1). L'entrée des soldats perses ne fut pas perçue. Beaucoup de joues auraient pâli de terreur si la subite baisse du fleuve avait été remarquée et son effrayante signification comprise. Bien des langues auraient donné l'alarme à travers la ville si les silhouettes noires des armées ennemies avaient été aperçues parcourant furtivement leur chemin vers la citadelle de leur supposée sécurité. Mais pas un ne vit la soudaine baisse des eaux; pas un ne remarqua l'entrée des guerriers perses; pas un ne veilla à ce que les portes qui donnaient sur le fleuve soient fermées et gardées; pas un ne se préoccupa d'autre chose que de voir comment plonger plus profondément et avec plus de témérité dans la débauche bestiale. La luxure de cette nuit coûta aux Babyloniens leur royaume et leur liberté. Ils entrèrent dans leur bestiales festivités, soumis au roi de Babylone; ils se réveillèrent esclaves du roi de Perse.

Les soldats de Cyrus firent d'abord connaître leur présence dans la cité par l'attaque des gardes royaux dans le vestibule du palais du roi. Belschatsar ne tarda pas à connaître la cause du tapage, et il mourut en combattant pour sa vie. Ce festin est décrit dans le cinquième chapitre du livre de Daniel, et la scène se termine par le simple rapport: "Cette même nuit, Belschatsar, roi des Chaldéens, fut tué. Et Darius le Mède s'empara du royaume, étant âgé de soixante-deux ans".

L'historien Prideaux dit: "Darius le Mède, c'est-à-dire Cyaxare, l'oncle de Cyrus, prit le royaume, parce que Cyrus lui concéda le titre de toutes ses conquêtes aussi longtemps qu'il vivrait."

Le premier empire symbolisé par la tête d'or de la grande statue eut une fin infâme. Il est naturel de supposer que le conquérant, devenant possesseur d'une cité aussi majestueuse que Babylone, surpassant de loin tout autre chose dans le monde, voudrait la prendre comme siège de son empire, et la maintenir dans toute sa splendeur. Mais Dieu avait dit que cette cité deviendrait un tas de décombres, et une habitation pour les animaux du désert; que ces maisons seraient pleines de chacals; que les bêtes sauvages des îles hurleraient dans ses habitations désolées, et qu'il y aurait des chiens sauvages dans ses palais. (Voir Esaïe 13:19-22). Elle devait d'abord être laissée déserte. Cyrus établit sa seconde capitale à Suse, une ville célèbre dans la province d'Elam, à l'est de Babylone, sur la rive du fleuve Choaspes, un affluent du Tigre. Cela se fit probablement dans la première année où il régna seul.

Comme l'orgueil des Babyloniens fut profondément blessé par cet acte, dans la cinquième année de Darius Hystaspe, en 517 av. J. C., ils se rebellèrent et attirèrent à nouveau sur eux-mêmes toute les forces de l'empire Perse. La ville fut prise une fois de plus par stratagème. Darius emporta les portes d'airain de la ville et abattit les murs de deux cent coudées à cinquante coudées. Ce fut le début de sa destruction. Cet acte, la laissa exposée aux ravages de toute bande hostile. Xerxès [Assuérus] à son retour de Grèce, pilla le temple de Bel de ses immenses richesses, et réduisit sa structure élevée en une ruine. Alexandre le Grand essaya de le reconstruire, mais après avoir employé dix mille hommes pendant deux mois pour nettoyer les décombres, il mourut à la suite d'une ivresse excessive et de la débauche, et les travaux furent suspendus. En l'an 294 av. J. C., Séleucos Nicator bâtit la ville de la Nouvelle Babylone à proximité de l'ancienne cité, et il employa une grande partie des matériaux et de nombreux habitants de la vieille ville, pour bâtir et peupler la nouvelle. A présent, presque vidée de ses habitants, la négligence et le délabrement parlaient d'une façon terrible de la vielle ville. La violence des princes Parthes hâta sa ruine. Vers la fin du quatrième siècle, elle était utilisée par les rois Perses comme enclos pour les bêtes sauvages. A la fin du douzième siècle, selon un célèbre voyageur, les nombreuses ruines restantes du palais de Nébucadnetsar étaient si pleines de serpents et de reptiles venimeux qu'elles ne pouvaient pas être inspectées attentivement sans grand danger. Et aujourd'hui, il ne reste presque plus assez de ruines pour marquer l'endroit où, autrefois, s'élevait la plus grande, la plus riche et la plus orgueilleuse cité de l'ancien monde.

Ainsi, les ruines de la grande Babylone nous montrent comment Dieu exécute avec précision Sa Parole, et fait apparaître les doutes du scepticisme comme une cécité volontaire.

"Après toi, il s'élèvera un autre royaume, moindre que le tien". Ici, l'emploi du mot "royaume", montre que les différentes parties de cette statue représentent des royaumes, et pas des rois particuliers. Il s'ensuit que, lorsqu'il est dit de Nébucadnetsar: "C'est toi qui est la tête d'or", bien que le pronom personnel soit utilisé, c'est du royaume et non du roi dont il est question.

L'empire médo-perse.

L'empire suivant, celui des Mèdes et des Perses, correspond à la poitrine et aux bras d'argent de la grande statue. Il devait être inférieur au royaume précédent. Dans quel aspect fut-il inférieur? Pas en pouvoir puisqu'il conquit Babylone. Pas en extension, car Cyrus asservit tout l'Orient depuis la mer Egée jusqu'au fleuve Indus, et ainsi, il battit un empire plus étendu. Mais il était inférieur en richesses, en luxe et en magnificence.

Du point de vue des Saintes Ecritures, le principal événement qui eut lieu sous l'empire Babylonien fut la captivité d'Israël; sous l'empire médo-perse ce fut la restauration d'Israël dans son propre pays. A la prise de Babylone, Cyrus, dans un geste de courtoisie, assigna la première place du royaume à son oncle Darius, en 538 av. J. C. Mais deux ans plus tard, Darius mourut, laissant Cyrus seul monarque de tout l'empire. Cette année là, où les soixante-dix années de captivité prenaient fin, Cyrus publia son fameux décret pour le retour des Juifs et la reconstruction de leur temple. C'était la première partie du grand décret pour la restauration et la reconstruction de Jérusalem (Esdras 6:14), qui fut complété dans la septième année du règne d'Artaxerxès, en 457 av. J. C., une date très importante, comme nous le verrons plus loin.

Après un règne de sept ans, Cyrus laissa le royaume à son fils Cambyse, qui régnera sept ans et cinq mois, jusqu'en 522 av. J. C. Dix monarques régnèrent entre cette date et l'année 336 av. J. C. L'année 335 av. J. C. est consignée comme la première année de Darius Codoman, le dernier des rois Perses. Cet homme, selon Prideaux, était de stature noble, il était grand, d'une grande bravoure et de bonne et généreuse disposition. Il eut la mauvaise fortune d'avoir à faire face à quelqu'un qui était un agent de l'accomplissement de la prophétie, et il n'avait aucune qualification, naturelle ou acquise qui pût lui donner le succès dans cette lutte inégale. A peine était-il sur le trône qu'il dut faire face à son formidable ennemi, Alexandre, à la tête des soldats grecs, se préparant à le renverser.

Nous laissons aux historiens, spécialistes en la matière, la cause et les détails de la lutte entre les Grecs et les Perses. Il suffit de dire que le moment décisif eut lieu dans la plaine d'Arbèles en 331 av. J. C., où les Grecs, bien qu'à un contre vingt, remportèrent la victoire décisive. Alexandre devint le maître absolu de l'empire Perse avec une extension jamais atteinte par aucun de ses propres rois.

L'empire grec.

"Puis un troisième royaume, qui sera d'airain,... dominera sur toute la terre", avait dit le prophète. Les paroles inspirées qui impliquèrent dans leur accomplissement une succession de gouvernements mondiaux sont brèves et rares. Dans le kaléidoscope politique toujours changeant, la Grèce entra dans le champ visuel pour être, durant un temps, le seul objet d'attention, en tant que troisième empire universel de la terre.

Après la bataille qui décida du sort de l'empire, Darius essaya de rallier les restes anéantis de son armée, pour défendre son royaume et ses droits. Mais de toute son armée, au début si nombreuse et bien équipée, il ne put réunir une force suffisante avec laquelle envisager de risquer un autre engagement avec les Grecs victorieux. Alexandre le poursuivit sur les ailes du vent. A plusieurs reprises, Darius échappa de justesse à son ennemi qui le traquait avec rapidité. Finalement, trois traîtres, Bessus, Nabarzane, et Barsaente, saisirent le prince infortuné, l'enfermèrent dans une charrette, et s'enfuirent avec leur prisonnier vers la Bactriane. Leur dessein était de sauver leurs propres vies en livrant leur roi, si Alexandre les poursuivaient. Celui-ci, apprenant la dangereuse position de Darius entre les mains des traîtres, se mit lui-même immédiatement à leur poursuite avec la partie la plus légère de son armée. Après plusieurs jours d'une marche forcée, ils atteignirent les traîtres. Ceux-ci, obligèrent Darius à monter à cheval pour aller plus vite. Devant son refus de le faire, ils lui infligèrent plusieurs blessures mortelles, puis ils abandonnèrent le moribond dans le char, et s'enfuirent à cheval.

Lorsqu'Alexandre arriva, il ne put que contempler la forme inerte du roi Perse, qui quelques mois auparavant s'asseyait sur le trône de l'empire universel. Le désastre, la défaite, et la désertion s'étaient abattus soudainement sur Darius. Son royaume fut conquis, ses trésors saisis, et sa famille réduite à la captivité. Maintenant, sauvagement tué par les mains des traîtres, son corps gisait ensanglanté dans un char rustique. La vue du spectacle mélancolique amenèrent des larmes dans les yeux d'Alexandre, pourtant accoutumé à toutes les horribles vicissitudes et les scènes sanglantes de la guerre. Lançant son manteau sur le corps, il ordonna qu'il soit convoyé jusqu'aux dames de la famille royale qui étaient captives à Suse, et il utilisa une partir de son trésor personnel pour lui offrir des funérailles royales.

Lorsque Darius mourut, Alexandre vit la place libérée de son formidable ennemi. Dès lors, il put passer son temps à sa façon, parfois jouissant du repos et du plaisir, d'autres fois partant à nouveau à la poursuite de quelques petites conquêtes. Il entreprit une grandiose campagne contre l'Inde, parce que se souvenant de la légende Grecque, Bacchus et Hercule, deux fils de Jupiter, dont il prétendait être aussi le fils, avaient fait de même. Avec une arrogance méprisable, il réclama des honneurs divins pour sa personne. Librement et sans aucune provocation, il abandonnait les villes conquises à la merci de ses troupes militaires sanguinaires et licencieuses. Il tuait fréquemment ses amis et ses favoris dans la frénésie de ses beuveries. Il encourageait tellement les soûleries parmi ses partisans que durant l'une d'elles, vingt d'entre eux moururent comme résultat de leur ivresse. Pour rentrer dans le détail, après être resté longtemps assis, buvant continuellement, il fut immédiatement invité à une autre orgie, durant laquelle, après avoir bu en l'honneur de chacun des vingt invités présents, l'histoire nous dit, bien qu'elle puisse paraître incroyable, qu'il but deux fois le contenu total de la coupe d'Hercule, d'une contenance approximative de six litres. Il fut pris d'une violente fièvre, de laquelle il mourut onze jours plus tard, le 13 Juin 323 av. J. C., alors qu'il était au seuil de l'âge mûr, dans sa trente-deuxième année.

40: "Il y aura un quatrième royaume, fort comme du fer; de même que le fer brise et rompt tout, il brisera et rompra tout, comme le fer qui met tout en pièces."

La monarchie de fer de Rome.

Jusqu'ici, tous les commentateurs sont en général d'accord quant à l'application de cette prophétie. Tous reconnaissent que Babylone, l'empire Médo-Perse et la Grèce sont représentés respectivement par la tête d'or, le thorax et les bras d'argent, les flancs d'airain. Mais alors qu'il n'y a jusque là aucun motif pour une diversité de vues, il existe cependant une différence d'interprétation quant au royaume symbolisé par la quatrième partie de la grande statue: les jambes de fer. Quel royaume succéda à la Grèce dans l'empire mondial, puisque les jambes de fer représente le quatrième empire de la série? Le témoignage de l'histoire est vaste et explicite sur ce point. Un royaume concorde, et un seul, à savoir Rome. Il conquit la Grèce; il asservit toutes les choses; comme le fer, il mit tout en pièces et blessa tout.

Newton Bishop dit: "Les quatre différents métaux doivent représenter quatre nations différentes: et comme l'or représente les Babyloniens, l'argent les Perses, et l'airain les Macédoniens; aussi, le fer ne peut représenter encore les Macédoniens, mais il doit nécessairement indiquer une autre nation: et nous nous risquons à dire qu'il n'y a pas une nation sur la terre, à laquelle appliquer cette description, si ce n'est celle des Romains."

Gibbon, reprenant les images symboliques de Daniel, décrit cet empire de cette façon:

"Les armées de la République, parfois vaincues dans la bataille, toujours victorieuses dans la guerre, avancèrent à marche rapide vers l'Euphrate, le Danube, le Rhin, et l'océan; et les parties de la statue en or, ou en argent, ou en airain, qui purent servir à représenter les nations et leurs rois, furent successivement brisées par la monarchie de fer de Rome."

Au début de l'ère chrétienne, cet empire comprenait tout le sud de l'Europe, la France, l'Angleterre, la plus grande partie des Pays-Bas, la Suisse, le sud de l'Allemagne, la Hongrie, la Turquie, et la Grèce, sans parler de ses possessions en Asie et en Afrique. Par conséquent, Gibbon peut dire de cela:

"L'empire Romain remplissait le monde, et quand cet empire tomba aux mains d'une seule personne, le monde devint une sûre et triste prison pour ses ennemis... Résister était fatal, et il était impossible de fuir."

Il faut remarquer, qu'au début, le royaume est décrit comme étant totalement aussi fort que le fer. Ce fut la période de sa force, durant laquelle il a été comparé à un colosse puissant se jetant sur les nations, les conquérant toutes, et donnant des lois au monde. Mais cela ne pouvait continuer ainsi.

41: "Et comme tu as vu les pieds et les orteils en partie d'argile de potier et en partie de fer, ce royaume sera divisé; mais il y aura en lui quelque chose de la force du fer, parce que tu as vu le fer mêlé avec l'argile. Et comme les doigts des pieds étaient en partie de fer et en partie d'argile, ce royaume sera en partie fort et en partie fragile."

Rome divisée.

La fragilité symbolisée par l'argile, appartient aussi bien aux pieds qu'aux orteils. Rome, avant sa division en dix royaumes, perdit de cette force du fer qu'elle possédait à un degré important pendant les premiers siècles de son avance rapide. Le luxe, accompagné de l'effémination et de la dégénérescence, qui détruisent aussi bien les nations que les individus, commencèrent à corroder et à affaiblir ses nerfs de fer, et prépara ainsi le chemin à sa désintégration en dix royaumes.

Les jambes de fer de la statue se terminent par les pieds et les orteils. Notre attention est attirée sur les orteils, au nombre de dix bien sûr, par leur mention précise dans la prophétie. Le royaume représenté par cette partie de la statue, à laquelle les orteils appartenaient, était finalement divisé en dix parties. Par conséquent, la question qui nous vient naturellement à l'esprit est la suivante: les dix orteils de la statue représentent-ils les dix divisions finales de l'empire romain? Nous répondons, oui.

La statue de Daniel 2 est en parallèle exact avec les quatre bêtes de la vision de Daniel 7. La quatrième bête représente le même royaume que les jambes de la statue. Les dix cornes de la bête correspondent naturellement aux dix orteils de la statue. Ces cornes sont clairement identifiées comme étant dix rois qui s'élèveront. Ils sont des royaumes aussi indépendants que le sont les bêtes elles-mêmes, car il est parlé précisément des bêtes de la même manière: "Ces quatre grands animaux, ce sont quatre rois qui s'élèveront" (Daniel 7:17). Ils ne représentent pas une lignée de rois successifs, mais des rois ou des royaumes qui existèrent à la même époque, car trois d'entre eux sont renversés par la petite corne. Les dix cornes, sans l'ombre d'un doute, représentent les dix royaumes de la Rome divisée.

Nous avons vu que dans l'interprétation de la statue que Daniel donne, il utilise le mot "roi" et "royaume" de façon interchangeable, le premier signifiant la même chose que le dernier. Dans le verset 44 il dit "dans le temps de ces rois, le Dieu des cieux suscitera un royaume". Ceci prouve qu'au moment où le royaume de Dieu sera installé, il existera plusieurs rois. Il ne peut s'agir des quatre royaumes précédents, car il serait absurde d'utiliser un tel langage en référence à une dynastie de rois, puisque ce sera à l'époque du dernier roi seulement, et pas à une des époques précédentes, que le royaume de Dieu sera installé.

Les dix royaumes.

Ici, une division de dix nous est donc présentée; et que doit-elle nous indiquer symboliquement? Rien que les orteils de la statue. A moins que ce soit leur seule signification, nous sommes laissés complètement dans le noir quant à la nature et à l'étendue de la division que la prophétie révèle. Ce serait jeter un sérieux doute sur la prophétie elle-même que d'admettre cela. Nous sommes donc amenés à conclure que les dix orteils de la statue désignent les dix parties de l'empire romain divisé.

Cette division eut lieu entre les années 351 et 476 de notre ère. Cette dissolution couvrit donc une période de 125 ans, depuis le milieu du quatrième siècle jusqu'au dernier quart du cinquième siècle. Aucun des historiens que nous connaissons ne place le commencement du démembrement de l'empire romain avant 351, et il y a un accord général pour fixer sa fin en 476 ap. J.-C. Quant aux dates intermédiaires, c'est-à-dire, le moment précis où chacun des dix royaumes s'élève sur les ruines de l'empire romain, il y a une certaine différence d'opinion parmi les historiens. Cela n'a rien d'étrange si nous considérons que ce fut une époque de grande confusion et que la carte de l'empire romain subit de nombreux changements brusques et violents, pendant que la trajectoire des nations hostiles qui se précipitaient sur son territoire le traversait et le retraversait dans un labyrinthe de confusion. Mais tous les historiens s'accordent pour reconnaître que dix royaumes distincts surgirent du territoire de la Rome occidentale; et nous pouvons en toute sécurité leur fixer la période entre les dates citées plus haut; à savoir, 351 et 476 ap. J.-C.

Les dix nations qui contribuèrent le plus à la destruction de l'empire romain, et qui à un certain moment de leur histoire occupèrent respectivement des portions du territoire romain en tant que royaumes séparés et indépendants, peuvent être énumérées (sans tenir compte de la date de leur établissement) comme suit: les Huns, les Ostrogoths, les Wisigoths, les Francs, les Vandales, les Suèves, les Burgondes, les Hérules, les Anglo-Saxons, et les Lombards. La connexion entre ceux-ci et quelques nations modernes de l'Europe, est encore décelable dans les noms: Angleterre, Bourgogne, Lombardie, France, etc.

Mais on peut se demander: Pourquoi les deux jambes n'indiquent-elles pas, elles aussi, une division comme les orteils? N'est-il pas illogique de dire que les orteils désignent une division et pas les jambes, ou bien que les jambes indiquent une division et pas les orteils?

Nous répondons que la prophétie doit elle-même diriger nos conclusions sur ce sujet; car si elle ne dit rien d'une division en relation avec les jambes, elle introduit le thème de la division en arrivant aux pieds et aux orteils. Le récit dit: "Et comme tu as vu les pieds et les orteils en partie d'argile de potier et en partie de fer, ce royaume sera divisé". Aucune division ne pouvait avoir lieu, ou du moins elle n'est pas mentionnée, jusqu'à ce que l'élément débilitant soit introduit; et nous ne la trouvons qu'en arrivant aux pieds et aux orteils. Mais nous ne devons pas comprendre que l'argile désigne une division et le fer une autre, parce qu'après le fractionnement du royaume qui existait depuis longtemps, aucun des fragments ne fut aussi fort que le fer originel, mais tous étaient dans un état de faiblesse représenté par le mélange du fer et de l'argile.

Par conséquent, il est inévitable de conclure que le prophète a formulé ici le rapport de cause à effet. L'introduction de la faiblesse de l'argile, quand nous arrivons aux pieds, aboutit à la division du royaume en dix parties, représentées par les dix orteils; et ce résultat, ou cette division, est suggéré par l'allusion subite de la pluralité des rois contemporains. Donc, tant que nous ne trouvons pas d'évidence que les jambes représentent une division, mais plutôt de sérieuses objections contre une telle opinion, nous avons de bonnes raisons de supposer que les orteils représentent une division, telle qu'elle est soutenue ici.

En outre, chacune des quatre monarchies avait son territoire particulier, qui était celui de son royaume, et où nous devons chercher les événements principaux de son histoire annoncée par le symbole. Nous ne devons donc pas chercher ces divisions de l'empire Romain dans le territoire anciennement occupé par Babylone, par la Perse, ou la Grèce, mais dans le territoire de l'empire Romain, qui fut connu comme l'empire de l'Occident. Rome conquit le monde, mais le royaume de Rome, à proprement parlé, se trouvait à l'ouest de la Grèce. Ce royaume était celui représenté par les jambes de fer. C'est donc là qu'il nous faut chercher ces dix royaumes, et là, nous les trouverons. Nous ne sommes pas obligés de mutiler ou de déformer le symbole pour qu'il représente, avec exactitude, les événements historiques.

43: "Tu as vu le fer mêlé avec l'argile, parce qu'ils se mêleront par des alliances humaines; mais ils ne seront point unis l'un à l'autre, de même que le fer ne s'allie point avec l'argile."

Rome, dernier empire universel.

Avec Rome, le dernier empire universel est tombé. Jusqu'alors il était possible qu'une nation, après avoir atteint la supériorité sur ses voisins par ses prouesses, sa bravoure, et sa science de la guerre, consolide ses conquêtes en un vaste empire. Mais quand Rome tomba, ces possibilités disparurent pour toujours. Le fer, mêlé à l'argile, perdit sa force de cohésion. Aucun homme, ni aucune association d'hommes ne peut consolider les fragments. Ce point a été tellement repris par d'autres écrivains que nous citerons leurs paroles:

"Dès lors, son état divisé, la force première de l'empire disparut -mais pas de la même façon que cela était arrivé aux autres. Aucun autre royaume ne devait lui succéder, comme ce fut le cas des trois précédents. Il devait continuer, dans cette division en dix royaumes, jusqu'à ce que le royaume de la petite pierre le touche aux pieds pour le briser et en disperser les fragments comme le vent emporte la balle de l'aire en été. Cependant, durant tout ce temps, une partie de sa force devait subsister. Le prophète dit: "Et comme les doigts des pieds étaient en partie de fer et en partie d'argile, ce royaume sera en partie fort et en partie fragile" (verset 42)... Maintes fois les hommes ont rêvé d'élever au-dessus des dominations un royaume puissant. Charlemagne essaya. Charles Quint, Louis XIV et Napoléon également. Mais aucun n'y parvint. Un simple verset de la prophétie était plus fort que toutes leurs armées... 'En partie fort et en partie fragile' disait la prophétie. Telle a été aussi l'histoire les concernant... Dix royaumes sortirent de lui; et ils étaient 'fragiles', et ils continuèrent à l'être (en partie fragile)... Et "en partie fort", c'est-à-dire, qu'il garde encore dans sa fragilité suffisamment de fer pour résister aux tentatives de modelage de la part des autres. 'Cela n'arrivera pas', dit l'Eternel. 'Cela n'a pas eu lieu' dit le livre d'histoire.

"Mais alors, les hommes peuvent dire: 'Il reste un autre plan. Si la force ni parvient pas, la diplomatie et la raison d'état le peuvent -nous essaierons'. Et comme la prophétie l'annonce quand elle dit: 'ils se mêleront par des alliances humaines' des alliances se feront, dans l'espoir de consolider leur pouvoir, et pour finalement unir leurs royaumes divisés en un seul.

"Et y parviendront-ils? Non. Le prophète répond: 'Ils ne seront point unis l'un à l'autre, de même que le fer ne s'allie point avec l'argile.' Et l'histoire de l'Europe, n'est rien d'autre qu'un reportage suivi de l'accomplissement de ces mots. De l'époque de Canute à nos jours, ce fut la politique des monarchies régnantes, le sentier battu qu'elles ont parcouru, pour atteindre un sceptre plus puissant et un empire plus grand... Napoléon... chercha à obtenir par une alliance ce qu'il n'avait pu obtenir par la force, à savoir, édifier un puissant empire consolidé. Et y parvint-il? Non. La très grande puissance avec laquelle il s'était allié, causa sa destruction, par les troupes de Blücher, dans la campagne de Waterloo! Le fer ne peut pas s'allier avec l'argile."

Mais Napoléon ne fut pas le dernier à tenter l'expérience. De nombreuses guerres européennes suivirent les efforts du Petit Caporal. Pour éviter de futurs conflits, des dirigeants bienveillants recoururent à des expédients d'alliances pour préserver la paix, à tel point, qu'au début du vingtième siècle, n'importe quel héritier de haut rang d'Europe était apparenté à la famille royale Britannique. La première guerre mondiale démontra la futilité de ces tentatives.

Des horreurs de cette lutte titanesque un idéal naquit, exprimé par le Président Woodrow Wilson, en ces mots: "le monde a été fait pour la démocratie!" Avec la conviction qu'une guerre avait été menée afin d'en finir avec les guerres, on annonçait les droits naturels des minorités, et les principes de l'autodétermination, garantis par une ligue mondiale des nations qui saurait réfréner les dictateurs et punir les agresseurs.

Déjà, à l'ombre même du palais de la Société des Nations, des dirigeants s'élevaient pour détruire la paix mondiale et anéantir l'idéal d'une union mondiale, tout en prêchant une nouvelle révolution sociale. Ils promettaient le triomphe de la culture et d'une union basée sur la supériorité raciale qui assureraient mille ans de paix à la "partie forte" et à la "partie fragile" des nations de l'Europe.

Au milieu de la confusion, du naufrage des nations, de la destruction des institutions, de la perte des trésors accumulés par plusieurs siècles de sacrifices, à travers les yeux obscurcis par le chagrin de la perte de la fleur de sa jeunesse et le viol de ses jeunes filles, le massacre de ses enfants et de ses anciens, à travers les nuages de vapeur du sang humain, un monde affolé regarde anxieusement les signes d'un dénouement. Le mirage insaisissable d'un monde de paix basé sur la confiance d'une solidarité européenne, résultat de désirs irrationnels, reviendra-t-il pour pousser encore les hommes à oublier la déclaration de la parole de Dieu: "ils ne seront point unis l'un à l'autre".

Des alliances seront faites, et il peut paraître que le fer et l'argile fangeuse des pieds et des orteils de la grande statue ont finalement fusionné, mais Dieu a dit: "ils ne seront point unis l'un à l'autre. Les vieilles animosités peuvent sembler avoir disparu, et les dix rois avoir parcouru le chemin de toute la terre, mais "l'Ecriture ne peut être anéantie", (Jean 10:35).

Nous conclurons avec une parole de William Newton: "Et si cependant, comme résultat de ces alliances, ou de toute autre cause, ce nombre est parfois changé, cela ne doit pas nous surprendre. C'est, en effet, précisément ce que la prophétie semble annoncer. Le fer était mêlé à l'argile. Pendant une période, dans la statue, vous ne pouviez pas les distinguer l'un de l'autre. Mais ils n'allaient pas rester dans cet état. "Ils ne seront pas unis l'un à l'autre". La nature des substances le leur interdit et les paroles de la prophétie aussi. Pourtant, ils ont tenté de s'amalgamer -et souvent, il y eut une apparence de mélange des deux éléments.

Mais il n'aboutit pas. Et avec quelle emphase marquée l'histoire affirme cette déclaration de la parole de Dieu!"

44: "Dans le temps de ces rois, le Dieu des cieux suscitera un royaume qui ne sera jamais détruit, et qui ne passera point sous la domination d'un autre peuple; il brisera et anéantira tous ces royaumes-là, et lui-même subsistera éternellement. C'est ce qu'indique la pierre que tu as vue se détacher de la montagne sans le secours d'aucune main, et qui a brisé le fer, l'airain, l'argile, l'argent et l'or. Le grand Dieu a fait connaître au roi ce qui doit arriver après cela. Le songe est véritable, et son explication est certaine."

Le Dieu des cieux établit son royaume.

Ici nous atteignons le sommet de cette prophétie formidable. Quand le temps, dans sa trajectoire en avant, nous amènera à la scène sublime prédite ici, nous aurons atteint la fin de l'histoire humaine. Le royaume de Dieu! Quelle grandiose provision pour une dispensation nouvelle et glorieuse, dans laquelle Son peuple trouvera l'heureuse fin de la tristesse et du cours changeant de ce monde. Quel changement joyeux pour tous les justes, des ténèbres à la gloire, des conflits à la paix, du péché à un monde saint, de la mort à la vie, de la tyrannie et l'oppression à la liberté et aux privilèges bénis du royaume céleste! Quelle glorieuse transition, de la faiblesse à la force, du variable et décadent à l'immuable et l'éternel!

Mais quand ce royaume sera-t-il établi? Pouvons-nous espérer une réponse à une question si importante pour notre race? Ce sont des interrogations au sujet desquelles la Parole de Dieu ne nous laisse pas dans l'ignorance, et dans sa réponse nous voyons la valeur suprême de ce don céleste.

La Bible affirme clairement que le royaume de Dieu était dans le futur à l'époque de la Pâque de notre Seigneur (Matthieu 26:29). Christ n'a pas établi son royaume avant son ascension (Actes 1:6). Il déclara aussi que la chair et le sang ne peuvent hériter le royaume de Dieu (1 Corinthiens 15:50). Ce fut le sujet d'une promesse faite aux apôtres, et à tous qui aiment Dieu (Jacques 2:5). Il est promis dans le futur au petit troupeau (Luc 12:32). C'est par beaucoup de tribulations que les saints entreront dans le royaume à venir (Actes 14:22). Il sera établi lorsque Christ aura jugé les vivants et les morts (2 Timothée 4:1). Ceci arrivera lorsqu'il viendra dans sa gloire (Matthieu 25:31-34). Nous ne voulons pas dire que le moment exact a été révélé (nous insistons sur le fait qu'il n'a pas été révélé) dans cette prophétie de Daniel 2 ou dans n'importe quelle autre prophétie; mais beaucoup d'indices de sa proximité allaient être présentés, si bien que la génération destinée à voir l'établissement de ce royaume pourrait savoir de façon certaine quand il s'approcherait et faire les préparatifs qui incombent aux enfants de Dieu pour qu'ils participent à toute sa gloire.

Le temps a développé complètement cette grande statue dans toutes ses parties. Elle représente avec la plus grande exactitude les événements politiques importants qu'elle était destinée à symboliser. Elle a été complète durant plus de quatorze siècles. Elle attend d'être brisée par la pierre qui se détache de la montagne sans le secours d'aucune main, c'est-à-dire, le royaume de Christ. Ceci s'accomplira lorsque le Seigneur se révélera au milieu d'une flamme de feu, "pour punir ceux qui ne connaissent pas Dieu et ceux qui n'obéissent pas à l'Evangile de notre Seigneur Jésus-Christ" (2 Thessaloniciens 1:8; voir aussi Psaumes 2:8, 9). A l'époque de ces rois, le Dieu du ciel établira un royaume. Durant plusieurs siècles, et aujourd'hui encore, nous vivons à l'époque de ces rois. Si l'on se réfère aux prophéties, le prochain événement sera l'établissement du royaume éternel de Dieu. D'autres prophéties et de nombreux signes montrent de façon évidente que la venue de Christ est proche.

L'église chrétienne primitive interprétait les prophéties de Daniel 2, 7 et 8 comme nous aujourd'hui. Hippolyte, qui vécut entre 160 et 236 de notre ère, et fut, croit-on, disciple d'Irénée, l'un des quatre théologiens les plus grands de son époque, dit dans son exposé sur Daniel 2 et Daniel 7:

"La tête d'or de la statue et le lion représentaient les Babyloniens; la poitrine et les bras d'argent, et l'ours symbolisaient les Mèdes et les Perses; le ventre et les cuisses d'airain, et le léopard représentaient les Grecs, qui exercèrent la suprématie depuis l'époque d'Alexandre le Grand; les jambes de fer, et l'animal terrible et épouvantable, représentaient les Romains, qui conservent actuellement leur supériorité; les doigts de pieds qui étaient en partie de fer et en partie d'argile, et les dix cornes, étaient des emblèmes des royaumes qui ne se sont pas encore élevés; l'autre petite corne qui sort au milieu des autres représente l'antéchrist; la pierre qui frappe la terre et amène un jugement sur le monde était Christ."

"Parle moi, oh bienheureux Daniel. Donne-moi, je te prie, une pleine assurance. Toi qui prophétisa sur le lion à Babylone où tu fus captif. Toi qui as révélé le futur de l'ours; parce que tu étais encore dans le monde et que tu vis les choses s'accomplir. Ensuite tu me parles du léopard; comment as-tu pu le savoir puisque tu étais au repos? Qui t'instruisit afin d'annoncer ces choses, sinon Celui qui te forma dans le sein de ta mère? Tu dis que c'est Dieu. Tu as parlé avec véracité, et pas faussement. Le léopard s'est élevé; le bouc est venu; il a blessé le bélier, lui a brisé ses cornes et il l'a foulé. Il a été élevé par sa chute. Les quatre cornes se sont dressées sur sa grande corne. Réjouis-toi, bienheureux Daniel! Tu n'as pas été dans l'erreur: toutes ces choses sont arrivées.

"Après cela, tu m'as aussi parlé de l'animal épouvantable et terrible. 'Il avait de grandes dents de fer et des griffes de cuivre: il mangeait, brisait, et il foulait aux pieds ce qui restait'. Déjà, le fer règne; déjà, il asservit et met tout en pièces; déjà il soumet tous les récalcitrants; déjà nous pouvons voir ces choses nous-mêmes. Maintenant, nous glorifions Dieu d'avoir été instruits par toi."

La partie de la prophétie qui s'était accomplie à cette époque était claire pour les chrétiens primitifs. Ils voyaient aussi que dix royaumes allaient surgir de l'empire Romain, et que l'antéchrist apparaîtrait parmi lui. Ils attendaient avec impatience et espérance la grande consommation, quand la seconde venue de Christ mettrait un terme à tous les royaumes terrestres, et que le royaume de justice serait établi.

Le royaume à venir! Ceci devrait être le thème de la génération présente. Lecteurs, êtes-vous prêts à vivre ce dénouement? Celui qui entre dans ce royaume n'y demeurera pas simplement durant une vie comme celle que les hommes vivent dans cet état présent. Il ne le verra pas dégénérer, ou vaincu par un royaume plus puissant. Non, il y entre pour participer à tous les privilèges et toutes les bénédictions, et partager ses gloires à tout jamais, parce que ce royaume "ne passera point sous la domination d'un autre peuple."

Encore une fois, nous te demandons, es-tu prêt? Les conditions pour l'hériter sont très libérales: "Si vous êtes à Christ, vous êtes donc la postérité d'Abraham, héritiers selon la promesse" (Galates 3:29). Avez-vous des rapports amicaux avec Christ, le Roi qui vient? Aimez-vous son caractère? Tentez-vous de marcher humblement dans ses pas, et d'obéir à son enseignement? Dans le cas contraire, lisez quel sera votre sort dans le cas des personnages de la parabole, desquels il est dit: "Au reste, amenez ici mes ennemis, qui n'ont pas voulu que je régnasse sur eux, et tuez-les en ma présence" (Luc 19:27). Il n'existera aucun royaume rival où vous pourrez trouver un asile si vous restez son ennemi, car le royaume de Dieu occupera tout le territoire jamais possédé par tous les royaumes de ce monde, passés ou présents. Il occupera toute la terre. Heureux seront ceux à qui le Souverain légitime, le Grand Roi Conquérant, dira à la fin: "Venez, vous qui êtes bénis de mon Père; prenez possession du royaume, qui vous a été préparé dès la fondation du monde" (Matthieu 25:34).

46-49: "46 Alors le roi Nébucadnetsar tomba sur sa face et se prosterna devant Daniel, et il ordonna qu'on lui offrît des sacrifices et des parfums. 47 Le roi adressa la parole à Daniel et dit: En vérité, votre Dieu est le Dieu des dieux et le Seigneur des rois, et il révèle les secrets, puisque tu as pu découvrir ce secret. 48 Ensuite le roi éleva Daniel, et lui fit de nombreux et riches présents; il lui donna le commandement de toute la province de Babylone, et l'établit chef suprême de tous les sages de Babylone. 49 Daniel pria le roi de remettre l'intendance de la province de Babylone à Schadrac, Méschac et Abed-Nego. Et Daniel était à la cour du roi."

Nous devons retourner au palais de Nébucadnetsar, vers Daniel, en présence du roi. Il a fait connaître au monarque le rêve et son interprétation, tandis que les courtisans et les devins et les astrologues déconcertés attendent émerveillés, en silence et dans la crainte.

Nébucadnetsar loue Daniel.

En accomplissement de sa promesse, le roi fit de Daniel un grand homme. Il y a deux choses dans cette vie qui sont supposées faire un grand homme, et ces deux choses furent données par le roi à Daniel: Un homme est considéré grand s'il est très riche; et nous lisons que le roi lui donna de nombreux et riches présents. Si conjointement aux richesses un homme a du pouvoir, certainement du point de vue populaire il est considéré comme un grand homme; et le pouvoir fut octroyé à Daniel dans une grande mesure. Il fut fait gouverneur de la province de Babylone, et chef suprême de tous les sages de Babylone. De manière que Daniel reçut promptement et abondamment sa récompense pour sa fidélité à sa propre conscience et aux commandements de Dieu.

Daniel ne se laissa pas désorienter ou griser par ce signal de victoire et son merveilleux avancement. En premier lieu, il se souvint de ses trois compagnons qui l'assistèrent dans son inquiétude au sujet de l'affaire du roi. Comme ils l'aidèrent par leurs prières, il résolut de les faire participer à ses honneurs. A sa demande, les affaires de Babylone leur furent confiées, tandis que Daniel s'asseyait à la porte du roi. La porte était le lieu où se tenaient les réunions et où les sujets de grande importance étaient traités. Le récit nous déclare simplement que Daniel devint le principal conseiller du roi.

Chapitre 3—L'intégrité Testée Par Le Feu

1: "Le roi Nébucadnetsar fit une statue d'or, haute de soixante coudées et large de six coudées. Il la dressa dans la vallée de Dura, dans la province de Babylone."

Nous pouvons penser que cette statue devait avoir une certaine relation avec celle du rêve du roi, décrite dans le chapitre précédent. Dans ce rêve, la tête était en or et représentait le royaume de Nébucadnetsar. Des métaux de qualité inférieure, qui symbolisaient une succession de royaumes, lui succédaient. Nébucadnetsar se sentit très probablement satisfait que son royaume fût représenté par l'or; mais être suivi par d'autres royaumes ne lui plaisait pas trop. Aussi, au lieu d'avoir simplement la tête de sa statue en or, il la fit entièrement d'or, dans le but de montrer que son royaume ne serait jamais remplacé par un autre, mais qu'il se perpétuerait.

2-7: "2 Le roi Nébucadnetsar fit convoquer les satrapes, les intendants et les gouverneurs, les grands juges, les trésoriers, les jurisconsultes, les juges et tous les magistrats des provinces, pour qu'ils se rendissent à la dédicace de la statue qu'avait élevée le roi Nébucadnetsar. 3 Alors les satrapes, les intendants et les gouverneurs, les grands juges, les trésoriers, les jurisconsultes, les juges, et tous les magistrats des provinces, s'assemblèrent pour la dédicace de la statue qu'avait élevée le roi Nébucadnetsar. Ils se placèrent devant la statue qu'avait élevée Nébucadnetsar. 4 Un héraut cria à haute voix: Voici ce qu'on vous ordonne, peuples, nations, hommes et toutes langues! 5 Au moment où vous entendrez le son de la trompette, du chalumeau, de la guitare, de la sambuque, du psaltérion, de la cornemuse, et de toutes sortes d'instruments de musique, vous vous prosternerez et vous adorerez la statue d'or qu'a élevée le roi Nébucadnetsar. 6 Quiconque ne se prosternera pas et n'adorera pas sera jeté à l'instant même au milieu d'une fournaise ardente. 7 C'est pourquoi, au moment où tous les peuples entendirent le son de la trompette, du chalumeau, de la guitare, de la sambuque, du psaltérion, et de toutes sortes d'instruments de musique, tous les peuples, les nations, les hommes de toutes langues se prosternèrent et adorèrent la statue d'or qu'avait élevée le roi Nébucadnetsar."

La dédicace de la statue.

La dédicace de cette statue devait être une grande occasion, car tous les responsables du royaume furent convoqués. Les hommes sont disposés à faire des efforts et des dépenses extrêmes pour soutenir les systèmes de culte idolâtres et païens. Comme il est triste que ceux qui ont la vraie religion soient dépassés dans ce domaine par ceux qui soutiennent le faux et la contrefaçon. L'adoration était accompagnée de musique; et quiconque n'y participait pas se voyait menacé d'être jeté dans la fournaise ardente. Les plus grands motifs toujours utilisés, pour pousser les hommes dans une direction sont, le plaisir d'un côté, la douleur de l'autre.

8-12: "8 A cette occasion, et dans le même temps, quelques Chaldéens s'approchèrent et accusèrent les Juifs. 9 Ils prirent la parole et dirent au roi Nébucadnetsar: O roi, vis éternellement! 10 Tu as donné un ordre d'après lequel tous ceux qui entendraient le son de la trompette, du chalumeau, de la guitare, de la sambuque, du psaltérion, de la cornemuse, et de toutes sortes d'instruments, devraient se prosterner et adorer la statue d'or, 11 et d'après lequel quiconque ne se prosternerait pas et n'adorerait pas serait jeté au milieu d'une fournaise ardente. 12 Or, il y a des Juifs à qui tu as remis l'intendance de la province de Babylone, Schadrac, Méschac et Abed-Nego, hommes qui ne tiennent aucun compte de toi, ô roi; ils ne servent pas tes dieux, et ils n'adorent point la statue d'or que tu as élevée."

Trois Hébreux mis à l'épreuve.

Les Chaldéens qui accusèrent les Juifs étaient probablement de la secte des philosophes; ils étaient encore agités par la douleur cuisante de leur incapacité à interpréter le songe du roi, relaté dans Daniel 2. Ils étaient fermement décidés à profiter de n'importe quel prétexte pour accuser les Juifs devant le roi, afin d'obtenir leur disgrâce et leur destruction. Ils encouragèrent les préjugés du roi par de fortes insinuations sur leur ingratitude. "Tu les as établis sur toutes les affaires de Babylone, et ils t'ont déjà désobéi", dirent-ils. Où se trouvait Daniel à ce moment-là, nous ne le savons pas. Il était probablement absent pour régler une affaire du royaume. Mais pourquoi, Schadrac, Méschac et Abed-Nego, qui ne pouvaient pas adorer la statue étaient-ils présents à cette occasion? Etait-ce parce qu'ils étaient bien disposés à accomplir la bonne volonté du roi tant que leurs principes religieux n'étaient pas compromis? Le roi exigeait leur présence. Devant une telle exigence, ils devaient s'y conformer, il le fallait. Il exigeait d'eux l'adoration de la statue. Mais leur religion le leur interdisait, aussi refusèrent-ils de le faire.

13-18: "13 Alors Nébucadnetsar, irrité et furieux, donna l'ordre qu'on amenât Schadrac, Méschac et Abed-Nego. Et ces hommes furent amenés devant le roi. 14 Nébucadnetsar prit la parole et leur dit: Est-ce de propos délibéré, Schadrac, Méschac et Abed-Nego, que vous ne servez pas mes dieux, et que vous n'adorez pas la statue d'or que j'ai élevée? 15 Maintenant tenez-vous prêts, et au moment où vous entendrez le son de la trompette, du chalumeau, de la guitare, de la sambuque, du psaltérion, de la cornemuse, et de toutes sortes d'instruments, vous vous prosternerez et vous adorerez la statue que j'ai faite; si vous ne l'adorez pas, vous serez jetés à l'instant même au milieu d'une fournaise ardente. Et quel est le dieu qui vous délivrera de ma main? 16 Schadrac, Méschac et Abed-Nego répliquèrent au roi Nébucadnetsar: Nous n'avons pas besoin de te répondre là-dessus. 17 Voici, notre Dieu que nous servons peut nous délivrer de la fournaise ardente, et il nous délivrera de ta main, ô roi. 18 Sinon, sache, ô roi, que nous ne servirons pas tes dieux, et que nous n'adorerons pas la statue d'or que tu as élevée."

La patience du roi est montrée par le fait qu'il accorde à Schadrac, Méschac et à Abed-Nego une autre opportunité après leur première désobéissance à accomplir ses requêtes. Peut-être que la demande n'était pas tout à fait comprise. Ils ne pouvaient pas plaider en faveur de l'ignorance. Ils savaient ce que le roi voulait, et leur manquement à son commandement était un refus intentionnel et délibéré de lui désobéir. Pour beaucoup de rois ceci aurait été suffisant pour sceller leur sort. Mais non, Nébucadnetsar dit: je veux fermer les yeux sur cette offense si à la seconde épreuve vous accomplissez la loi. Mais ils informèrent le roi qu'il n'était pas nécessaire qu'il se dérange à renouveler le test.

Leur réponse était à la fois honnête et décisive. "Nous ne craignons pas de te répondre là-dessus", dirent-ils. C'est-à-dire, tu n'as pas besoin de nous accorder une autre épreuve; notre décision est prise. Nous pouvons répondre aussi bien maintenant qu'à n'importe quel autre moment; et notre réponse est que nous ne servirons pas tes dieux, et nous n'adorerons pas la statue d'or que tu as élevée. Notre Dieu peut nous délivrer de toi s'il le désire; mais s'il ne le veut pas, nous ne nous plaindrons pas. Nous connaissons sa volonté, et nous lui rendons une obéissance inconditionnelle.

19-25: "19 Sur quoi Nébucadnetsar fut rempli de fureur, et il changea de visage en tournant ses regards contre Schadrac, Méschac et Abed-Nego. Il reprit la parole et ordonna de chauffer la fournaise sept fois plus qu'il ne convenait de la chauffer. 20 Puis il commanda à quelques-uns des plus vigoureux soldats de son armée de lier Schadrac, Méschac et Abed-Nego, et de les jeter dans la fournaise ardente. 21 Ces hommes furent liés avec leurs caleçons, leurs tuniques, leurs manteaux et leurs autres vêtements, et jetés au milieu de la fournaise ardente. 22 Comme l'ordre du roi était sévère, et que la fournaise était extraordinairement chauffée, la flamme tua les hommes qui y avaient jeté Schadrac, Méschac et Abed-Nego. 23 Et ces trois hommes, Schadrac, Méschac et Abed-Nego, tombèrent liés au milieu de la fournaise ardente. 24 Alors le roi Nébucadnetsar fut effrayé, et se leva précipitamment. Il prit la parole, et dit à ses conseillers: N'avons-nous pas jeté au milieu du feu trois hommes liés? 25 Ils répondirent au roi: Certainement, ô roi! Il reprit et dit: Eh bien, je vois quatre hommes sans liens, qui marchent au milieu du feu, et qui n'ont point de mal; et la figure du quatrième est semblable à celle d'un fils des dieux."

Nébucadnetsar n'était pas totalement exempt des fautes et des folies dans lesquelles il est si facile, pour un monarque absolu, de tomber. Grisé par son pouvoir illimité, il ne pouvait pas supporter la désobéissance ou la contradiction. Si quelqu'un résistait à son autorité, même si c'était pour de bonnes raisons, il manifestait la faiblesse qui, en de telles circonstance, est commune à toute la race déchue, et il se mettait en rage folle. Bien que gouvernant le monde, il n'était pas capable d'accomplir le difficile devoir de dominer son propre esprit. Même l'aspect de son visage était changé. Au lieu du calme, de la dignité et de la maîtrise de soi qu'il aurait dû conserver, il laissa voir dans son expression et ses actes qu'il était l'esclave d'une passion ingouvernable.

Jetés dans la fournaise ardente.

La fournaise fut chauffée sept fois plus que d'habitude; en d'autres mots, à l'extrême. Le roi fit du zèle car même si la fournaise surchauffée avait eut l'effet espéré sur ceux qui y étaient jetées, les victimes auraient été détruites instantanément. Le roi n'avait rien à gagner avec sa fureur. Mais en voyant leur délivrance, la cause de Dieu et la vérité, y gagneraient beaucoup; aussi, plus intense serait la chaleur, plus grand et plus impressionnant serait le miracle lorsque les jeunes hommes en seraient délivrés.

Chaque circonstance révélait le pouvoir direct de Dieu. Les Hébreux furent attachés avec tous leurs vêtements, mais ils sortirent de la fournaise sans même que l'on remarquât l'odeur du feu. Les hommes les plus forts de l'armée avaient été choisis pour les y jeter, mais le feu les brûla sans qu'ils aient été en contact avec lui. Par contre, il n'eut aucun effet sur les Hébreux, bien qu'ils soient au coeur des flammes. Il est évident que le feu était sous le contrôle d'une intelligence surnaturelle, pourtant il consuma les cordes avec lesquelles ils furent attachés, aussi furent-ils libres de marcher au milieu du feu, qui ne brûla même pas leurs vêtements. Ils ne coururent pas hors du feu dès qu'ils furent libres, mais ils y restèrent, car il revenait au roi qui les avait fait jeter dans la fournaise de leur dire d'en sortir. De plus, il y avait une quatrième personne avec eux, et en Sa présence ils pouvaient être aussi joyeux et satisfaits au milieu du feu de la fournaise que dans les délices et le luxe du palais. Acceptons que dans toutes nos épreuves, nos afflictions, nos persécutions, et nos situations difficiles la présence de la "quatrième personne" nous accompagne, et cela nous suffira!

Le roi reçoit une nouvelle vision.

Le roi dit, "la figure du quatrième ressemble à celle du Fils de Dieu". Pour certains, ce langage est supposé se référer à Christ. La traduction plus littérale, en accord avec "The Revised Version", et d'autres autorités, serait "comme un fils des dieux", il a l'apparence d'un être divin. Bien que c'était sans doute la façon habituelle de Nébucadnetsar de parler des dieux qu'il adorait (Voir le commentaire sur Daniel 4:18), cela n'empêche pas son allusion à Christ, vu que le mot elahin, utilisé ici dans sa forme chaldéenne, bien qu'étant au pluriel, est régulièrement traduit par "Dieu" à travers tout l'Ancien Testament.

Quel cinglant reproche pour la folie et l'égarement du roi que cette délivrance de la fournaise ardente de ces notables! Un pouvoir supérieur à n'importe quel autre sur la terre défendit ceux qui étaient restés fermes devant l'idolâtrie, et avaient méprisé le culte et les commandements du roi. Aucun des dieux païens n'avait pu effectuer une telle délivrance, et il ne le pourrait jamais.

26-30: "26 Ensuite Nébucadnetsar s'approcha de l'entrée de la fournaise ardente, et prenant la parole, il dit: "Schadrac, Méschac et Abed-Nego, serviteurs du Dieu suprême, sortez et venez! Et Schadrac, Méschac et Abed-Nego, sortirent du milieu du feu. 27 Les satrapes, les intendants, les gouverneurs, et les conseillers du roi s'assemblèrent; ils virent que le feu n'avait eu aucun pouvoir sur le corps de ces hommes, que les cheveux de leur tête n'avaient pas été brûlés, que leurs caleçons n'étaient point endommagés, et que l'odeur du feu ne les avait pas atteints. 28 Nébucadnetsar prit la parole et dit: Béni soit le Dieu de Schadrac, de Méschac et d'Abed-Nego, lequel a envoyé son ange et délivré ses serviteurs qui ont eu confiance en lui, et qui ont violé l'ordre du roi et livré leurs corps plutôt que de servir et d'adorer aucun autre dieu que leur Dieu! 29 Voici maintenant l'ordre que je donne: tout homme, à quelque peuple, nation ou langue qu'il appartienne, qui parlera mal du Dieu de Schadrac, Méschac et Abed-Nego, sera mis en pièces, et sa maison sera réduite en un tas d'immondices, parce qu'il n'y a aucun autre dieu qui puisse délivrer comme lui. 30 Après cela, le roi fit prospérer Schadrac, Méschac et Abed-Nego, dans la province de Babylone."

Quand ils en reçurent l'ordre, ces trois hommes sortirent de la fournaise. Puis les princes, les gouverneurs, et les conseillers du roi, sur le conseil et l'assentiment desquels ils avaient été jetés dans la fournaise (car le roi leur avait dit: "N'avons-nous pas jeté au milieu du feu trois hommes liés? vers. 24), s'assemblèrent pour regarder ces hommes, et ils eurent la preuve tangible de leur protection miraculeuse. L'adoration de la grande statue était oubliée. L'intérêt de cette vaste foule de gens était concentré sur ces trois hommes remarquables. Comme elle a dû vite se répandre à travers tout l'empire la connaissance de cette délivrance, quand les gens rentrèrent dans leur province respective! Quel exemple remarquable de Dieu provoquant le courroux de l'homme pour en recevoir sa louange!

Le roi reconnaît le vrai Dieu.

Alors le roi bénit le Dieu de Schadrac, Méschac et Abed-Nego, et il fit un décret afin que personne ne parle mal de leur Dieu; ce que les Chaldéens avaient certainement fait. A cette époque, chaque nation avait son dieu ou ses dieux, parce qu'il y avait beaucoup de dieux et beaucoup de seigneurs. La victoire d'une nation sur une autre était considérée comme étant due au fait que les dieux de la nation vaincue n'avaient pas réussi à la libérer de ses conquérants. Les Juifs avaient été complètement conquis par les Babyloniens, et ceux-ci avaient sans doute parlé en termes peu flatteurs ou avec mépris du Dieu des Juifs. Maintenant le roi l'interdisait, parce qu'il comprenait clairement que son succès contre les Hébreux était le résultat de leurs péchés et non parce que leur Dieu manquait de pouvoir. Ceci plaçait le Dieu des Hébreux dans une position remarquable et exaltée en comparaison aux dieux des nations! C'était reconnaître qu'il imposait aux hommes une norme élevée de caractère moral, et donc, qu'il ne regardait pas leurs actions avec indifférence. Nébucadnetsar fit bien d'exalter publiquement le Dieu du ciel au-dessus de tous les autres dieux. Mais il n'avait pas plus le droit civil ou moral d'imposer à ses sujets une telle confession et un tel respect, ni de menacer de mort les hommes pour ne pas adorer le vrai Dieu, que d'avoir menacé de mort tous ceux qui refuseraient d'adorer sa statue d'or. Dieu ne force jamais la conscience.

Trois Hébreux reçoivent de l'avancement.

Le roi éleva les jeunes captifs, c'est-à-dire qu'il leur rendit les responsabilités qu'ils avaient avant d'être accusés de désobéissance et de trahison. A la fin du verset 30, la Septante, ou version grecque de l'Ancien Testament, ajoute le texte hébreux suivant: "Il les éleva comme gouverneurs de tous les Juifs qu'il y avait dans son royaume". Il est probable qu'il n'insista pas davantage à adorer sa statue.

Chapitre 4—Le Plus Grand Royaume

1-3: "1 Nébucadnetsar, roi, à tous les peuples, aux nations, aux hommes de toutes langues, qui habitent sur toute la terre. Que la paix vous soit donnée avec abondance! 2 Il m'a semblé bon de faire connaître les signes et les prodiges que le Dieu suprême a opérés à mon égard. 3 Que ses signes sont grands! que ses prodiges sont puissants! Son règne est un règne éternel, et sa domination subsiste de génération en génération."

Ce chapitre, dit Adam Clarke, "est un décret dans les règles, et l'un des plus anciens récits; et il n'y a pas de doute qu'il fut copié des documents de l'état de Babylone. Daniel l'a conservé dans la langue originale."

Le roi loue le vrai Dieu.

Ce décret de Nébucadnetsar fut promulgué de la façon habituelle. Il désirait faire connaître, non pas à quelques hommes seulement, mais à tous les peuples et à toutes les nations, la façon admirable dont Dieu avait agi avec lui. Les gens sont toujours disposés à raconter ce que Dieu a fait pour eux lorsqu'il s'agit de bénéfices ou de bénédictions. Nous devrions être également disposés à raconter ce qu'Il a fait pour nous humilier et nous châtier. Nébucadnetsar est un bon exemple dans ce domaine, comme nous le verrons plus loin dans ce chapitre. Il confessa avec franchise, la vanité et l'orgueil de son coeur, et il parle librement des méthodes employées par Dieu pour l'humilier. Avec un esprit sincère de repentance et d'humiliation, il considéra comme une bonne chose de révéler ces choses pour que la souveraineté de Dieu soit exaltée et son nom adoré. Déjà, Nébucadnetsar ne demandait plus l'immutabilité de son royaume, mais il s'en remit totalement à Dieu, reconnaissant que seul Son royaume sera éternel, et Sa domination de génération en génération.

4-18: "4 Moi, Nébucadnetsar, je vivais tranquille dans ma maison, et heureux dans mon palais. 5 J'ai eu un songe qui m'a effrayé; les pensées dont j'étais poursuivi sur ma couche et les visions de mon esprit me remplissaient d'épouvante. 6 J'ordonnai qu'on fît venir devant moi tous les sages de Babylone, afin qu'ils me donnassent l'explication du songe. 7 Alors vinrent les magiciens, les astrologues, les Chaldéens et les devins. Je leur dis le songe, et ils ne m'en donnèrent point l'explication. 8 En dernier lieu, se présenta devant moi Daniel, nommé Beltschatsar d'après le nom de mon dieu, et qui a en lui l'esprit des dieux saints. Je lui dis le songe: 9 -Beltschatsar, chef des magiciens, qui as en toi, je le sais, l'esprit des dieux saints, et pour qui aucun secret n'est difficile, donne-moi l'explication des visions que j'ai eues en songe. 10 Voici les visions de mon esprit, pendant que j'étais sur ma couche. Je regardais, et voici, il y avait au milieu de la terre un arbre d'une grande hauteur. 11 Cet arbre était devenu grand et fort, sa cime s'élevait jusqu'aux cieux, et on le voyait de toute la terre. 12 Son feuillage était beau, et ses fruits abondants; il portait de la nourriture pour tous; les bêtes des champs s'abritaient sous son ombre, les oiseaux du ciel faisaient leur demeure parmi ses branches, et tout être vivant tirait de lui sa nourriture. 13 Dans les visions de mon esprit, que j'avais sur ma couche, je regardais, et voici, un de ceux qui veillent et qui sont saints descendit des cieux. 14 Il cria avec force et parla ainsi: Abattez l'arbre, et coupez ses branches; secouez le feuillage, et dispersez les fruits; que les bêtes fuient de dessous, et les oiseaux du milieu de ses branches! 15 Mais laissez en terre le tronc où se trouvent les racines, et liez-le avec des chaînes de fer et d'airain, parmi l'herbe des champs. Qu'il soit trempé de la rosée du ciel, et qu'il ait, comme les bêtes, l'herbe de la terre pour partage. 16 Son coeur d'homme lui sera ôté, et un coeur de bête lui sera donné; et sept temps passeront sur lui. 17 Cette sentence est un décret de ceux qui veillent, cette résolution est un ordre des saints, afin que les vivants sachent que le Très-Haut domine sur le règne des hommes, qu'Il le donne à qui il lui plaît, et qu'il y élève le plus vil des hommes. 18 Voilà le songe que j'ai eu, moi, le roi Nébucadnetsar. Toi, Beltschatsar, donnes-en l'explication, puisque tous les sages de mon royaume ne peuvent me la donner; toi, tu le peux, car tu as en toi l'esprit des dieux saints."

Cette partie du récit commence lorsque Nébucadnetsar a obtenu la victoire sur tous ses ennemis. Il a exécuté avec succès toutes ses entreprises militaires. Il avait asservi l'Assyrie, la Phénicie, la Judée, l'Egypte et l'Arabie. Ces grandes conquêtes le poussèrent probablement à la vanité et à la confiance en soi. C'est au moment où il se sentit le plus sûr, et alors qu'il était très improbable que quelque chose vienne perturber sa propre satisfaction tranquille, que Dieu choisit de l'affliger par des craintes et des pressentiments.

Le roi troublé par un autre rêve.

Mais qu'est-ce qui pouvait bien apporter des craintes dans le coeur d'un monarque comme Nébucadnetsar? Il avait guerroyé dès sa jeunesse. Il avait souvent affronté les périls de la bataille, les terreurs des massacres et des carnages, et au milieu de ces scènes il était resté impassible. Qu'est-ce qui pouvait bien l'effrayer maintenant? Aucun ennemi ne le menaçait, aucun nuage néfaste était visible! Ses propres pensées et visions étaient utilisées pour lui enseigner ce qu'aucune autre chose ne pouvait lui apprendre: une leçon salutaire de dépendance et d'humilité. Celui qui avait terrifié les autres, mais que les autres n'avaient pu terroriser, était terrifié par lui-même.

Les magiciens souffrirent une plus grande humiliation que celle relatée dans le deuxième chapitre. A ce moment-là, ils s'étaient vantés que s'ils connaissaient seulement le rêve ils pourraient en faire connaître l'interprétation. Cette fois, Nébucadnetsar se souvenait très bien de son rêve et il le leur raconta, mais les magiciens échouèrent à nouveau lamentablement. Ils furent incapable d'en donner l'explication, et une fois de plus le roi se tourna vers le prophète de Dieu.

Le royaume de Nébucadnetsar était symbolisé par un arbre au milieu de la terre. Babylone, la cité où régnait Nébucadnetsar, était approximativement au centre du monde connu. L'arbre s'élevait jusqu'aux cieux, son feuillage était beau. Sa gloire extérieure et sa splendeur étaient grandes. Ses fruits étaient abondants, et il portait de la nourriture pour tous. Les bêtes des champs s'abritaient sous son ombre; et les oiseaux du ciel faisaient leurs demeures dans ses branches. De quelle autre façon pouvait-on représenter avec plus de force et de clarté le fait que Nébucadnetsar gouvernait sur son royaume avec tant d'efficacité qu'il offrait une totale protection, le soutien et la prospérité à tous ses sujets? Quand l'ordre fut donné d'abattre l'arbre, il fut ordonné que la souche soit laissée en terre. Il fut protégé par des chaînes de fer et d'airain, afin qu'il ne pourrisse pas mais qu'il fût une source de croissance et de grandeur futures.

Le jour vient où les méchants seront abattus et il n'en restera rien. La miséricorde ne sera pas mélangée à leur châtiment. Il ne leur sera laissé ni racine ni rameau [Malachie 3:19].

Le décret disait: "Sept temps passeront sur lui". Il est évident que cette simple expression doit être comprise littéralement. Mais quelle est la durée de la période indiquée par les mots "sept temps"? Elle peut être déterminée par la durée pendant laquelle Nébucadnetsar, en accomplissement de la prédiction, fut conduit à faire sa demeure avec les bêtes des champs. Joseph nous dit qu'elle fut de sept années. Ici, un "temps" signifie donc une année.

Quel intérêt les saints, ou les anges, ont pour les affaires humaines! Ils regardent, comme aucun mortel ne peut le faire, combien l'orgueil du coeur humain est une chose inconvenante. En tant que ministres de Dieu, ils exécutent joyeusement Ses décrets pour corriger le mal. L'homme doit savoir qu'il n'est pas l'architecte de sa propre fortune, parce qu'il y a quelqu'Un qui gouverne le royaume des hommes et c'est de Lui que les homme devraient dépendre humblement. Un homme peut avoir beaucoup de succès en tant que monarque, mais il ne doit pas s'enorgueillir, car si Dieu ne lui avait pas permis de gouverner, il n'aurait jamais pu accéder à cette position honorable.

Nébucadnetsar reconnut la suprématie du vrai Dieu sur les oracles païens. Il demanda à Daniel de résoudre le mystère. "Toi, tu le peux", dit-il "car tu as en toi l'esprit des dieux saints".

Comme nous l'avons vu dans Daniel 3:25, Nébucadnetsar utilise ici encore sa manière habituelle de mentionner les "dieux" au pluriel, bien que la Septante traduise cette phrase de cette façon: "le Saint-Esprit de Dieu est en toi".

19-27. "19 Alors Daniel, nommé Beltschatsar, fut un moment stupéfait, et ses pensées le troublaient. Le roi reprit et dit: Beltschatsar, que le songe et l'explication ne te troublent pas! Et Beltschatsar répondit: Mon seigneur, que le songe soit pour tes ennemis, et son explication pour tes adversaires! 20 L'arbre que tu as vu, qui était devenu fort, et dont la cime s'élevait jusqu'aux cieux, et qu'on voyait de tous les points de la terre; 21 cet arbre, dont le feuillage était beau et les fruits abondants, qui portait de la nourriture pour tous, sous lequel s'abritaient les bêtes des champs, et parmi les branches duquel les oiseaux du ciel faisaient leur demeure, 22 c'est toi, ô roi, qui es devenu grand et fort, dont la grandeur s'est accrue et s'est élevée jusqu'aux cieux, et dont la domination s'étend jusqu'aux extrémités de la terre. 23 Le roi a vu l'un de ceux qui veillent et qui sont saints descendre des cieux et dire: Abattez l'arbre, et détruisez-le; mais laissez en terre le tronc où se trouvent les racines, et liez-le avec des chaînes de fer et d'airain, parmi l'herbe des champs; qu'il soit trempé de la rosé du ciel, et que son partage soit avec les bêtes des champs, jusqu'à ce que sept temps soient passés sur lui. 24 Voici l'explication, ô roi, voici le décret du Très-Haut, qui s'accomplira sur mon Seigneur le roi. 25 On te chassera du milieu des hommes, tu auras ta demeure avec les bêtes des champs, et l'on te donnera comme aux boeufs de l'herbe à manger; tu seras trempé de la rosée du ciel, et sept temps passeront sur toi, jusqu'à ce que tu saches que le Très-Haut domine sur le règne des hommes et qu'il le donne à qui il lui plaît. 26 L'ordre de laisser le tronc où se trouvent les racines de l'arbre signifie que ton royaume te restera quand tu reconnaîtras que celui qui domine est dans les cieux. 27 C'est pourquoi, ô roi, puisse mon conseil te plaire! mets un terme à tes péchés en pratiquant la justice, et à tes iniquités en usant de compassion envers les malheureux, et ton bonheur pourra se prolonger."

L'hésitation de Daniel, qui resta assis, frappé de stupeur pendant une heure, n'était pas due à une difficulté à interpréter le rêve, mais au sujet délicat qu'il devait faire connaître au roi. Daniel avait reçu des faveurs du roi, seulement des faveurs autant que nous sachions, et il lui coûtait d'être le porteur de la terrible menace d'un jugement contre lui telle qu'elle était contenue dans le rêve. Le prophète était troublé par la nécessité de décider quelle serait la meilleure façon de le lui faire connaître. Il semble que le roi s'attendait à recevoir quelque chose de ce style, aussi rassura-t-il le prophète en lui disant de ne pas se laisser troubler par le rêve ou son interprétation. C'était comme s'il avait dit: N'hésite pas à me le faire connaître, quelle que soit sa signification pour moi.

Daniel interprète le songe.

Ainsi rassuré, Daniel parla avec puissance et courtoisie: "Mon seigneur, que le songe soit pour tes ennemis, et son explication pour tes adversaires." Ce rêve annonçait une calamité que Daniel aurait voulu voir s'abattre sur les ennemis du roi plutôt que sur lui.

Nébucadnetsar avait fait un exposé minutieux de son rêve, et aussitôt Daniel l'informa que le rêve s'appliquait à lui, qu'il était évident que le roi avait prononcé sa propre sentence. L'interprétation qui suivit était si claire qu'elle ne nécessita aucune explication. Les menaces de jugements étaient conditionnelles. Elles devaient enseigner au roi "que les Cieux gouvernent", le mot "Cieux" est utilisé ici pour Dieu, le gouverneur des cieux. Daniel profita de l'occasion pour donner au roi des conseils quant au jugement qui le menaçait. Mais il ne l'accusa pas avec un esprit dur et critique. La bonté et la persuasion furent les armes qu'il décida d'employer: "Puisse mon conseil te plaire!" De la même façon, l'apôtre Paul prient les hommes "de supporter ces paroles d'exhortation" (Hébreux 13: 22). Si le roi voulait mettre un terme à ses "péchés en pratiquant la justice" et à ses "iniquités en usant de compassion envers les malheureux", le résultat pourrait en être une prolongation de sa tranquillité, ou comme le dit une note dans la marge de certaines versions: "Par la repentance il aurait pu éviter le châtiment que le Seigneur se proposait de faire tomber sur lui".

28-33: "28 Toutes ces choses se sont accomplies sur le roi Nébucadnetsar. 29 Au bout de douze mois, comme il se promenait dans le palais royal à Babylone, 30 le roi prit la parole et dit: N'est-ce pas ici Babylone la grande, que j'ai bâtie, comme résidence royale, par la puissance de ma force et pour la gloire de ma magnificence? 31 La parole était encore dans la bouche du roi, qu'une voix descendit du ciel: Apprends, roi Nébucadnetsar, qu'on va t'enlever le royaume. 32 On te chassera du milieu des hommes, tu auras ta demeure avec les bêtes des champs, on te donnera comme aux boeufs de l'herbe à manger; et sept temps passeront sur toi, jusqu'à ce que tu saches que le Très-Haut domine sur le règne des hommes et qu'il le donne à qui il lui plaît. 33 Au même instant la parole s'accomplit sur Nébucadnetsar. Il fut chassé du milieu des hommes, il mangea de l'herbe comme les boeufs, son corps fut trempé de la rosée du ciel; jusqu'à ce que ses cheveux crussent comme les plumes des aigles, et ses ongles comme ceux des oiseaux."

L'orgueil et l'humiliation du roi.

Nébucadnetsar ne tira pas profit de l'avertissement reçu, mais Dieu patienta douze mois avant de laisser tomber le châtiment. Durant tout ce temps, le roi continua à caresser l'orgueil dans son coeur, et finalement il atteint le point culminant que Dieu ne pouvait lui permettre de dépasser. Le roi était en train de marcher dans son palais, et comme il regardait les splendeurs de cette merveille du monde, la grande Babylone, la beauté des royaumes, il oublia la source de toute sa force et de sa grandeur et il s'exclama: "N'est-ce par ici Babylone la grande, que j'ai bâtie?" Les archéologues ont découvert les ruines de cette antique cité, que sir Frédéric Kenyon décrit comme suit:

"Ces ruines confirmèrent le caractère généralement dévasté du site, mais elles révèlent aussi beaucoup de son plan, de son architecture et de son ornementation. Les édifices trouvés étaient presque tous l'oeuvre de Nébucadnetsar, qui reconstruisit considérablement la ville antérieure, son propre palais énorme (Babylone la grande, que j'ai bâtie, comme résidence royale, par la puissance de ma force et pour la gloire de ma magnificence) étant le plus remarquable de tous."

Le moment où Nébucadnetsar devait être humilié était arrivé. Une voix du ciel vint lui annoncer à nouveau le jugement menaçant, et la divine providence procéda immédiatement à son exécution. Il perdit la raison. La pompe et la gloire de sa grande cité ne l'enchantaient déjà plus. Dieu, par le contact de son doigt, lui enleva la capacité de l'apprécier et d'en jouir. Il abandonna la demeure des hommes, et chercha un refuge et la compagnie entre les bêtes des champs.

34-37: "34 Après le temps marqué, moi, Nébucadnetsar, je levai les yeux vers le ciel, et la raison me revint. J'ai béni le Très-Haut, j'ai loué et glorifié celui qui vit éternellement, celui dont la domination est une domination éternelle, et dont le règne subsiste de génération en génération. 35 Tous les habitants de la terre ne sont à ses yeux que néant: il agit comme il lui plaît avec l'armée des cieux et avec les habitants de la terre, et il n'y a personne qui résiste à sa main et qui lui dise: 36 Que fais-tu? En ce temps, la raison me revint; la gloire de mon royaume, ma magnificence et ma splendeur me furent rendues; mes conseillers et mes grands me redemandèrent; je fus rétabli dans mon royaume, et ma puissance ne fit que s'accroître. 37 Maintenant, moi, Nébucadnetsar, je loue, j'exalte et je glorifie le roi des cieux, dont toutes les oeuvres sont vraies et les voies justes, et qui peut abaisser ceux qui marchent avec orgueil."

Nébucadnetsar loue le Dieu des cieux.

A la fin des sept ans, la main de Dieu cessa d'affliger le roi, et il retrouva la raison et l'intelligence. Son premier geste fut de bénir le Très-Haut. A ce sujet, Matthew Henry nota avec beaucoup d'à propos: "On peut en toute justice considérer ceux qui ne bénissent ni ne louent Dieu comme privés de leur intelligence; et tant qu'ils ne commencent pas à être religieux, les hommes n'utilisent pas correctement leur raison, ni ne vivent comme des hommes jusqu'à ce qu'ils vivent pour la gloire de Dieu."

L'honneur et l'intelligence lui furent rendus, ses conseillers le redemandèrent et il fut rétabli dans son royaume. Il reçut la promesse que son règne lui serait assuré (vers. 26). On dit que durant sa folie, son fils Evil-Merodach régna à sa place. L'interprétation que Daniel donna du rêve fut sans l'ombre d'un doute comprise au palais, et il fut probablement le sujet des conversations. Le retour de Nébucadnetsar dans son royaume dut être attendu avec intérêt. Nous n'avons pas d'information au sujet du pourquoi il lui fut permis de vivre dans les champs et dans des conditions si déplorables au lieu d'être confortablement assisté par les employés du palais.

L'affliction eut l'effet désiré. La leçon d'humilité fut apprise. Le roi ne l'oublia pas lorsqu'il retrouva sa prospérité. Il était prêt à reconnaître que le Très-Haut gouverne les royaumes des hommes, et il les donne à qui il veut. Il envoya à travers tout son royaume un avis royal dans lequel il reconnaissait son orgueil et un manifeste de louange et d'adoration du Roi des cieux.

C'est la dernière mention que nous avons de Nébucadnetsar. Ce décret est daté de 563 av. J. C., soit, d'après la chronologie adoptée par Adam Clarke, un an avant la mort de Nébucadnetsar, mais d'autres lui attribue une date qui précède sa mort de dix-sept ans. Il n'existe aucune indication que le roi soit retombé dans l'idolâtrie. Nous pouvons donc en conclure qu'il est mort en croyant au Dieu d'Israël.

Ainsi prit fin la vie de cet homme remarquable. Au milieu de toutes les tentations qui accompagnaient sa haute position de roi, nous pouvons supposer que Dieu vit en lui un coeur sincère, intègre, et des desseins purs, qu'Il pouvait utiliser pour la gloire de son nom. Il s'ensuit qu'Il oeuvra de façon admirable avec lui, dans le but apparent de le séparer de sa fausse religion, et de lui faire servir le vrai Dieu. Nous avons son rêve de la grande statue, qui contient une leçon de courage pour les hommes des générations futures. Nous nous souvenons de son expérience avec Schadrac, Méschac et Abed-Nego lorsqu'ils refusèrent d'adorer sa statue d'or, lors de laquelle il dut à nouveau reconnaître la suprématie du vrai Dieu. Pour finir, nous avons les admirables incidents enregistrés dans ce chapitre, qui nous montrent les efforts incessants du Seigneur pour amener Nébucadnetsar à reconnaître entièrement le Créateur. Ne nous est-il pas permis d'espérer que le plus illustre roi de Babylone, la tête d'or, aura finalement part à ce royaume devant lequel tous les royaumes de la terre seront comme la balle, et dont la gloire ne se flétrira jamais?

Chapitre 5—L'écriture Sur Le Mur

1: "Le roi Belschatsar donna un grand festin à ses grands au nombre de mille, et il but du vin en leur présence."

Ce chapitre décrit les dernières scènes de l'empire Babylonien, la transition entre l'or et l'argent de la grande statue de Daniel 2, et du lion à l'ours de la vision de Daniel 7. Certains pensent que ce festin était une fête annuelle en l'honneur de l'une des divinités païennes. Cyrus, qui était alors en train d'assiéger Babylone, eut connaissance de la fête et la prit en compte lorsqu'il fit ses plans pour prendre la ville. Notre traduction dit que Belschatsar, ayant invité mille de ses seigneurs, "il but... en leur présence". Certains traduisent cette expression de la façon suivante: "il buvait... contre les mille", ce qui laisse à entendre qu'en plus de n'importe quelle autre faiblesse, il était aussi un grand buveur.

2-4: "2 Belschatsar, quand il eut goûté au vin, fit apporter les vases d'or et d'argent que son père Nébucadnetsar avait enlevés du temple de Jérusalem, afin que le roi et ses grands, ses femmes et ses concubines, s'en servissent pour boire. 3 Alors on apporta les vases d'or qui avaient été enlevés du temple, de la maison de Dieu à Jérusalem; et le roi et ses grands, ses femmes et ses concubines, s'en servirent pour boire. 4 Ils burent du vin, et ils louèrent les dieux d'or, d'argent, d'airain, de fer, de bois et de pierre."

Le fait que, lorsque le roi commença à sentir les effets du vin il demanda qu'on lui apportât la vaisselle sacrée qui avait été prise à Jérusalem, semble indiquer que la fête avait un caractère en rapport avec les victoires antérieures obtenues sur les Juifs. On pouvait certainement s'attendre à ce que le roi l'utilise pour célébrer la victoire qui avait permis aux Babyloniens de les obtenir. Probablement qu'aucun autre roi n'était allé si loin dans son impiété. Et tandis qu'ils buvaient du vin dans la vaisselle dédiée au vrai Dieu, ils priaient leurs dieux d'or, d'argent, d'airain, de bois et de pierre. Peut-être, comme nous l'avons noté dans les commentaires sur Daniel 3:29, célébraient-ils la supériorité du pouvoir de leurs dieux sur celui du Dieu des Juifs, dans la vaisselle desquels ils buvaient maintenant en l'honneur de leurs divinités païennes.

5-9: "5 En ce moment, apparurent les doigts d'une main d'homme, et ils écrivirent, en face du chandelier, sur la chaux de la muraille du palais royal. Le roi vit cette extrémité de main qui écrivait. 6 Alors le roi changea de couleur, et ses pensées le troublèrent; les jointures de ses reins se relâchèrent, et ses genoux se heurtèrent l'un contre l'autre. 7 Le roi cria avec force qu'on fit venir les astrologues, les Chaldéens et les devins; et le roi prit la parole et dit aux sages de Babylone: Quiconque lira cette écriture et m'en donnera l'explication sera revêtu de pourpre, portera un collier d'or à son cou, et aura la troisième place dans le gouvernement du royaume. 8 Tous les sages du roi entrèrent; mais ils ne purent pas lire l'écriture et en donner au roi l'explication. 9 Sur quoi le roi Belschatsar fut très effrayé, il changea de couleur, et ses grands furent consternés."

L'écriture sur le mur.

Aucun éclair de lumière surnaturelle, aucun tonnerre assourdissant ne retentit pour annoncer l'intervention de Dieu dans leur orgie impie. Une main apparut silencieusement, et traça des caractères mystiques sur le mur. Elle écrivit en face du chandelier. La terreur s'empara du roi, car sa conscience l'accusait. Bien qu'il ne put lire l'écriture, il savait que ce n'était pas un message de paix et de bénédiction qui était tracé dans ces caractères resplendissants sur le mur du palais. La description donnée par le prophète de l'effet que la peur produisit sur le roi est insurpassable. Le visage du roi fut changé, son coeur lui manqua , des douleurs s'emparèrent de lui, et ses tremblements étaient si violents que ses genoux se heurtèrent l'un contre l'autre. Il oublia sa vantardise et son orgie. Il oublia sa dignité. Et il hurla que ses astrologues et ses devins viennent lui révéler la signification de l'inscription mystérieuse.

10-16: "10 La reine, à cause des paroles du roi et de ses grands, entra dans la salle du festin, et prit ainsi la parole: O roi, vis éternellement! Que tes pensées ne te troublent pas, et que ton visage ne change pas de couleur! 11 Il y a dans ton royaume un homme qui a en lui l'esprit des dieux saints; et du temps de ton père, on trouva chez lui des lumières, de l'intelligence, et une sagesse semblable à la sagesse des dieux. Aussi le roi Nébucadnetsar, ton père, le roi, ton père, l'établit chef des magiciens, des astrologues, des Chaldéens, des devins, 12 parce qu'on trouva chez lui, chez Daniel, nommé par le roi Beltschatsar, un esprit supérieur, de la science et de l'intelligence, la faculté d'interpréter les songes, d'expliquer les énigmes, et de résoudre les questions difficiles. Que Daniel soit donc appelé, et il donnera l'explication. 13 Alors Daniel fut introduit devant le roi. Le roi prit la parole et dit à Daniel: Es-tu ce Daniel, l'un des captifs de Juda, que le roi, mon père, a amenés de Juda? 14 J'ai appris sur ton compte que tu as en toi l'esprit des dieux, et qu'on trouve chez toi des lumières, de l'intelligence, et une sagesse extraordinaire. 15 On vient d'amener devant moi les sages et les astrologues, afin qu'ils lussent cette écriture et m'en donnassent l'explication; mais ils n'ont pas pu donner l'explication des mots. 16 J'ai appris que tu peux donner des explications et résoudre des questions difficiles; maintenant, si tu peux lire cette écriture et m'en donner l'explication, tu seras revêtu de pourpre, tu porteras un collier d'or à ton cou, et tu auras la troisième place dans le gouvernement du royaume."

Il semble, d'après les circonstances racontées ici, que Daniel en tant que prophète de Dieu ait été oublié de la cour et du palais. Ceci, peut-être parce qu'il dut s'absenter à Suse, la capitale de la province d'Elam, pour régler un problème du royaume (Daniel 8: 1, 2, 27). Il est probable que l'invasion du pays par les armées Perses l'avait obligé à revenir à Babylone. La reine, qui fit savoir au roi qu'il y avait une personne à laquelle il pouvait se confier pour obtenir la connaissance des choses surnaturelles, devait être la reine mère, fille de Nébucadnetsar. Elle devait se souvenir du conseil admirable que Daniel avait donné durant le règne de son père.

Ici, Nébucadnetsar est appelé père de Belschatsar, en accord avec la coutume alors commune d'appeler père n'importe lequel des ancêtres paternels, et fils n'importe lequel des descendants masculins. En réalité, Nébucadnetsar était le grand-père de Belschatsar. Lorsque Daniel entra, le roi demanda si le prophète était un des enfants des captifs de Juda. Il sembla donc, qu'un ordre avait été donné, tandis que les princes célébraient leur fête impie en l'honneur de leurs faux dieux, pour qu'un serviteur du vrai Dieu, un de ceux qu'ils retenaient en captivité, fût appelé à prononcer le jugement mérité de leur conduite impie.

17-24: "17 Daniel répondit en présence du roi: Garde tes dons, et accorde à un autre tes présents; je lirai néanmoins l'écriture au roi, et je lui en donnerai l'explication. 18 O roi, le Dieu suprême avait donné à Nébucadnetsar, ton père, l'empire, la grandeur, la gloire et la magnificence; 19 et à cause de la grandeur qu'il lui avait donnée, tous les peuples, les nations, les hommes de toutes langues étaient dans la crainte et tremblaient devant lui. Le roi faisait mourir ceux qu'il voulait, et il laissait la vie à ceux qu'il voulait; il élevait ceux qu'il voulait, et il abaissait ceux qu'il voulait. 20 Mais lorsque son coeur s'éleva et que son esprit s'endurcit jusqu'à l'arrogance, il fut précipité de son trône royal et dépouillé de sa gloire; 21 il fut chassé du milieu des enfants des hommes, son coeur devint semblable à celui des bêtes, et sa demeure fut avec les ânes sauvages; on lui donna comme aux boeufs de l'herbe à manger, et son corps fut trempé de la rosée du ciel, jusqu'à ce qu'il reconnût que le Dieu suprême domine sur le règne des hommes et qu'il le donne à qui il lui plaît. 22 Et toi, Belschatsar, son fils, tu n'as pas humilié ton coeur, quoique tu susses toutes ces choses. 23 Tu t'es élevé contre le Seigneur des cieux; les vases de sa maison ont été apportés devant toi, et vous vous en êtes servis pour boire du vin, toi et tes grands, tes femmes et tes concubines; tu as loué les dieux d'argent, d'or d'airain, de fer, de bois et de pierre, qui ne voient point, qui n'entendent point, et qui ne savent rien, et tu n'as pas glorifié le Dieu qui a dans sa main ton souffle et toutes tes voies. 24 C'est pourquoi il a envoyé cette extrémité de main qui a tracé cette écriture."

Daniel reprend Belschatsar.

Daniel tenta d'abord de détruire l'idée qu'il aurait pu être influencé par des intentions telles que celles qui motivaient les devins et les astrologues. Il dit: "accorde à un autre tes présents". Il voulait que tous tiennent pour un fait certain qu'il n'interpréterait pas cette écriture en vue de recevoir les dons et les récompenses offertes. Puis il raconta l'expérience du grand-père du roi, Nébucadnetsar, telle qu'elle est relatée dans le chapitre précédent. Il reprocha à Belschatsar, bien que sachant toutes ces choses, de ne pas avoir humilié son coeur, mais de s'être exalté contre le Dieu du ciel. Il avait même poussé son impiété au point de profaner les vases sacrés, en louant des dieux insensibles, de création humaine, et en refusant de glorifier le Dieu duquel dépendait son souffle. C'est pour cette raison que Daniel lui dit que la main avait été envoyée par Dieu, qu'il avait défié et insulté hardiment, pour tracer ces caractères terribles bien que leur signification en soit cachée. Ensuite il passa à l'explication de l'écriture.

25-29: "25 Voici l'écriture qui a été tracée: Compté, compté, pesé, et divisé. 26 Et voici l'explication de ces mots. Compté: Dieu a compté ton règne, et y a mis fin. 27 Pesé: Tu as été pesé dans la balance, et tu as été trouvé léger. 28 Divisé: Ton royaume sera divisé, et donné aux Mèdes et aux Perses. 29 Aussitôt Belschatsar donna des ordres, et l'on revêtit Daniel de pourpre, on lui mit un collier d'or, et on publia qu'il aurait la troisième place dans le gouvernement du royaume."

Daniel interprète l'écriture.

Chaque parole de cette inscription représente une phrase. Men:, "compté"; téqel: "pesé"; parsîn, du radical peres: "divisé". Dieu, que tu as défié, a ton règne entre ses mains, et il a compté ses jours et sa course s'achève précisément au moment où tu pensais qu'il était à l'apogée de sa prospérité. Toi, qui a exalté ton coeur par l'orgueil le plus grand de la terre, tu as été pesé et tu as été trouvé plus léger que la vanité. Ton royaume, que tu rêvais de voir subsister pour toujours, restera divisé entre les ennemis qui attendent déjà à tes portes.

Malgré cette terrible accusation, Belschatsar n'oublia pas sa promesse, mais il revêtit immédiatement Daniel d'un manteau pourpre, d'une chaîne d'or, et il le proclama troisième gouverneur du royaume. Ce que Daniel accepta probablement pour être dans une meilleure situation afin de veiller sur les intérêts de son peuple pendant la transition du royaume suivant.

30-31: "30 Cette même nuit, Belschatsar, roi des Chaldéens, fut tué. 31 Et Darius, le Mède, s'empara du royaume, étant âgé de soixante-deux ans."

Cette scène, si brièvement mentionnée ici, a été décrite dans les observations que nous avons faites sur Daniel 2:39. Tandis que Belschatsar s'adonnait à son orgie présomptueuse, tandis que la main de l'ange traçait la sentence de l'empire sur les murs du palais, tandis que Daniel faisait connaître la terrible signification de l'écriture céleste, les soldats Perses entraient par le lit vide de l'Euphrate jusqu'au coeur de la ville, et s'approchaient rapidement du palais du roi avec les épées dégainées. On ne peut presque pas dire qu'ils le surprirent, parce que Dieu achevait de l'avertir de la fin qui l'attendait. Mais ils le trouvèrent et le tuèrent, et à cette heure-ci, l'empire de Babylone cessa d'exister.

Chapitre 6—Daniel Dans La Fosse Aux Lions

1-5: "1 Darius trouva bon d'établir sur le royaume cent vingt satrapes, qui devaient être dans tout le royaume. 2 Il mit à leur tête trois chefs, au nombre desquels était Daniel, afin que ces satrapes leur rendissent compte, et que le roi ne souffrît aucun dommage. 3 Daniel surpassait les chefs et les satrapes, parce qu'il y avait en lui un esprit supérieur; et le roi pensait à l'établir sur tout le royaume. 4 Alors les chefs et les satrapes cherchèrent une occasion d'accuser Daniel en ce qui concernait les affaires du royaume. Mais ils ne purent trouver aucune occasion, ni aucune chose à reprendre, parce qu'il était fidèle, et qu'on n'apercevait chez lui ni faute, ni rien de mauvais. 5 Et ces hommes dirent: Nous ne trouvons aucune occasion contre ce Daniel, à moins que nous n'en trouvions une dans la loi de son Dieu."

Babylone fut prise par les Perses, et Darius le Mède fut intronisé en 538 av. J.-C. Lorsque Darius mourut deux ans plus tard, Cyrus monta sur le trône. L'événement mentionné dans ce chapitre eut donc lieu quelque part entre ces deux dates.

Daniel était un dirigeant actif du royaume lorsque Babylone atteignit l'apogée de sa gloire. Depuis lors jusqu'à ce que les Mèdes et les Perses s'emparent du trône de l'empire universel, il était un résident de la capital familiarisé avec toutes les affaires du royaume. Cependant, nous n'avons aucun récit concernant les événements qui arrivèrent durant sa longue activité dans chacun des royaumes. Seuls quelques événements font surface ici et là qui peuvent inspirer foi, espérance et courage au le coeur des enfants de Dieu de toutes les époques, et les pousser à être fidèles à leur adhésion à la droiture. L'événement raconté dans ce chapitre est mentionné dans Hébreux 11, où il nous est parlé de ceux qui par la foi "fermèrent la gueule des lions".

Daniel premier ministre de l'empire des Mèdes et des Perses.

Darius établit cent vingt princes sur le royaume, parce qu'on suppose qu'à cette époque il devait y avoir cent vingt provinces dans l'empire, chacune ayant son prince ou son gouverneur. Grâce aux victoires de Cambyse et de Darius Hystaspe, l'empire s'agrandit jusqu'à avoir cent vingt sept provinces (Esther 1:1). Trois présidents furent placés sur ces princes, et Daniel fut le responsable. Daniel fut sans aucun doute élevé à ce poste à cause de son esprit exemplaire et de la fidélité qu'il manifesta dans son travail.

En tant que responsable de l'empire de Babylone, Daniel aurait pu être considéré par Darius comme un ennemi digne d'être banni ou éliminé de n'importe quelle façon. Ou, en tant que captif d'une nation alors en ruine, il aurait pu être méprisé. Mais il faut dire, en hommage à Darius, que Daniel eut sa préférence à tous les autres, parce que la perspicacité du roi vit en lui un esprit magnifique, et il pensa l'établir sur tout le royaume.

Alors, la jalousie de tous les autres princes s'éveilla contre lui, et ils commencèrent à tramer sa destruction. La conduite de Daniel était parfaite, dans tout ce qui concernait le royaume. Il était fidèle en tout. Ils ne pouvaient pas trouver une seule raison de se plaindre de lui sur ce sujet. Alors, ils se dirent qu'ils ne trouveraient aucune occasion de l'accuser, excepté dans la loi de son Dieu. Qu'il en soit de même pour nous! Personne ne pourrait demander une meilleure recommandation.

6-10: "6 Puis ces chefs et ces satrapes se rendirent tumultueusement auprès du roi, et lui parlèrent ainsi: Roi Darius, vis éternellement! 7 Tous les chefs du royaume, les intendants, les satrapes, les conseillers, et les gouverneurs sont d'avis qu'il soit publié un édit royal, avec une défense sévère, portant que quiconque, dans l'espace de trente jours adressera des prières à quelque dieu ou à quelque homme, excepté à toi, ô roi, sera jeté dans la fosse aux lions. 8 Maintenant, ô roi, confirme la défense, et écris le décret, afin qu'il soit irrévocable, selon la loi des Mèdes et des Perses, qui est immuable. 9 Là-dessus le roi Darius écrivit le décret et la défense. 10 Lorsque Daniel sut que le décret était écrit, il se retira dans sa maison, où les fenêtres de la chambre supérieure étaient ouvertes dans la direction de Jérusalem; et trois fois par jour il se mettait à genoux, il priait, et il louait son Dieu, comme il le faisait auparavant."

Le complot contre Daniel.

Remarquez les moyens que ces personnes utilisèrent pour accomplir leur dessein néfaste. Ils se rendirent vers le roi, d'une façon tumultueuse, dit la note dans la marge. Ils vinrent comme s'ils avaient un sujet d'extrême importance à lui soumettre. Ils assurèrent que tous étaient d'accord. Ce qui était faux, puisque Daniel, leur supérieur, ne fut pas consulté sur ce sujet.

Le décret qu'ils présentaient semblait destiné à accroître l'honneur et le respect de la volonté du roi. Aucune prière ou demande, disaient-ils, ne devaient être adressées à aucun homme ou dieu, sauf au roi, durant trente jours. Sous cette approche élogieuse, les princes cachèrent leur mauvaise intention envers Daniel. Le roi signa le décret, et il devint une loi immuable des Mèdes et des Perses.

Notez la subtilité de ces hommes, l'extrémité à laquelle ils en arrivèrent pour provoquer la ruine de l'homme bon. S'ils avaient indiqué dans le décret qu'aucune prière ne devait être adressée au Dieu des Hébreux, ce qui était le véritable but recherché, le roi aurait immédiatement deviné leur dessein, et il n'aurait pas signé le décret. Mais ils lui avaient donné une application générale, et ils se montrèrent disposés à laisser de côté et à insulter leur propre religion et la multitude de leurs dieux, pour provoquer la ruine de l'objet de leur haine.

Daniel comprit ce qui était en train de se tramer contre lui, mais il ne fit rien pour déjouer la conspiration. Il se recommanda simplement à Dieu et en confia le résultat à la Providence. Il n'abandonna pas la capitale en prétextant des affaires d'état à traiter, il n'accomplit pas non plus ses dévotions d'une façon plus secrète qu'à l'ordinaire. Quand il sut que le décret avait été signé, il s'agenouilla trois fois par jour, comme c'était son habitude, la face tournée vers sa Jérusalem bien-aimée, et il offrit ses prières et ses supplications à Dieu.

11-17: "11 Alors ces hommes entrèrent tumultueusement, et ils trouvèrent Daniel qui priait et invoquait son Dieu. 12 Puis ils se présentèrent devant le roi, et lui dirent au sujet de la défense royale: N'as-tu pas écrit une défense portant que quiconque dans l'espace de trente jours adresserait des prières à quelque dieu ou à quelque homme, excepté à toi, ô roi, serait jeté dans la fosse aux lions? Le roi répondit: La chose est certaine, selon la loi des Mèdes et des Perses, qui est immuable. 13 Ils prirent de nouveau la parole et dirent au roi: Daniel, l'un des captifs de Juda, n'a tenu aucun compte de toi, ô roi, ni de la défense que tu as écrite, et il fait sa prière trois fois le jour. 14 Le roi fut très affligé quand il entendit cela; il prit à coeur de délivrer Daniel, et jusqu'au coucher du soleil il s'efforça de le sauver. 15 Mais ces hommes insistèrent auprès du roi, et lui dirent: Sache, ô roi, que la loi des Mèdes et des Perses exige que toute défense ou tout décret confirmé par le roi soit irrévocable. 16 Alors le roi donna l'ordre qu'on amena Daniel, et qu'on le jetât dans la fosse aux lions. Le roi prit la parole et dit à Daniel: Puisse ton Dieu, que tu sers avec persévérance, te délivrer! 17 On apporta une pierre, et on la mit sur l'ouverture de la fosse; le roi la scella de son anneau et de l'anneau de ses grands, afin que rien ne fût changé à l'égard de Daniel."

Daniel jeté dans la fosse aux lions.

Une fois le piège tendu, il ne restait plus à ces hommes qu'à regarder leur victime se prendre au piège. Aussi, ils vinrent ensemble, cette fois-ci à la résidence de Daniel, comme si une affaire importante les obligeait subitement à consulter le responsable des présidents; et, voici qu'ils le trouvèrent en train de prier son Dieu, ce qu'ils attendaient et espéraient.

Jusque-là leur plan s'était réalisé comme ils l'avaient imaginé. Ils ne tardèrent donc pas à se présenter devant le roi avec leur accusation.

En entendant dire du monarque que le décret était en vigueur, ils furent prêts à dénoncer Daniel. Afin d'exciter les préjugés du roi, ils dirent: "Daniel, l'un des captifs de Juda, n'a tenu aucun compte de toi, ô roi, ni de la défense que tu as écrite." Oui, se plaignirent-ils, ce pauvre captif, qui dépend entièrement de toi pour tout ce dont il jouit, au lieu d'être reconnaissant et d'apprécier tes faveurs, il n'a aucune considération pour toi, ni ne fait aucune attention à ton décret. Alors le roi vit le piège qu'ils avaient tendu aussi bien à lui qu'à Daniel, et il travailla jusqu'au coucher du soleil pour le délivrer, probablement par des efforts personnels auprès des conspirateurs pour les induire à l'indulgence, ou par des arguments ou des efforts pour abroger la loi. Mais la loi fut maintenue; et Daniel, le vénérable, le sérieux, le droit, et le serviteur le plus irréprochable du royaume fut jeté dans la fosse aux lions.

18-24: "18 Le roi se rendit ensuite dans son palais; il passa la nuit à jeun, il ne fit point venir de concubine auprès de lui, et il ne put se livrer au sommeil. 19 Le roi se leva au point du jour, avec l'aurore, et il alla précipitamment à la fosse aux lions. 20 En s'approchant de la fosse, il appela Daniel d'une voix triste. Le roi prit la parole et dit à Daniel: Daniel, serviteur du Dieu vivant, ton Dieu, que tu sers avec persévérance, a-t-il pu te délivrer des lions? 21 Et Daniel dit au roi: Roi, vis éternellement! 22 Mon Dieu a envoyé son ange et fermé la gueule des lions, qui ne m'ont fait aucun mal, parce j'ai été trouvé innocent devant lui; et devant toi non plus, ô roi, je n'ai rien fait de mauvais. 23 Alors le roi fut très joyeux, et il ordonna qu'on fît sortir Daniel de la fosse. Daniel fut retiré de la fosse, et on ne trouva sur lui aucune blessure, parce qu'il avait eu confiance en son Dieu. 24 Le roi ordonna que ces hommes qui avaient accusés Daniel fussent amenés et jetés dans la fosse aux lions, eux leurs enfants et leurs femmes; et avant qu'ils fussent parvenus au fond de la fosse, les lions les saisirent et brisèrent tous leurs os."

Daniel délivré.

La conduite du roi après que Daniel ait été jeté dans la fosse aux lions témoigne de l'intérêt sincère qu'il éprouvait pour le prophète, et de la sévère condamnation qu'il ressentait pour sa propre conduite sur ce sujet. A l'aube, il se dirigea vers la fosse des bêtes affamées et voraces. Daniel était vivant, et sa réponse à la salutation du monarque n'était pas un reproche pour avoir cédé à ses mauvais conseillers. En termes respectueux, il dit: "Roi, vis éternellement!" Ensuite, il rappela au roi d'une façon qui dut le toucher vivement, mais sans l'offenser, qu'il ne lui avait fait aucun mal. A cause de son innocence, Dieu, qu'il servit continuellement, avait envoyé son ange et fermé la gueule des lions.

Car Daniel était là, protégé par un pouvoir supérieur à tout pouvoir sur la terre. Sa cause fut défendue et son innocence fut proclamée. "Et on ne trouva sur lui aucune blessure, parce qu'il avait eu confiance en son Dieu". La foi le sauva. Un miracle eut lieu. Pourquoi les accusateurs de Daniel furent-ils emmenés et jetés dans la fosse? Probablement, parce qu'ils attribuèrent la préservation de Daniel non pas à un miracle accompli en sa faveur, mais dû au fait que les lions n'avaient pas eu faim à ce moment là. Le roi a dû dire: "Dans ce cas, ils ne vous attaqueront pas non plus, aussi, nous allons vérifier cela en vous y mettant à sa place." Les lions étaient suffisamment affamés maintenant que l'intervention divine n'agissait plus, et ces hommes furent mis en pièces avant d'avoir atteint le fond de la fosse. C'est ainsi que Daniel fut doublement vengé, et les paroles de Salomon s'accomplir d'une manière frappante: "Le juste est délivré de la détresse, et le méchant prend sa place" (Prov. 11:8).

25-28: "25 Après cela, le roi Darius écrivit à tous les peuples, à toutes les nations, aux hommes de toutes langues, qui habitaient sur toute la terre: Que la paix vous soit donnée avec abondance! 26 J'ordonne que, dans toute l'étendue de mon royaume, on ait de la crainte et de la frayeur pour le Dieu de Daniel. Car il est le Dieu vivant, et il subsiste éternellement; son royaume ne sera jamais détruit, et sa domination durera jusqu'à la fin. 27 C'est lui qui délivre et qui sauve, qui opère des signes et des prodiges dans les cieux et sur la terre. C'est lui qui a délivré Daniel de la puissance des lions. 28 Daniel prospéra sous le règne de Darius, et sous le règne de Cyrus, le Perse."

Daniel prospère.

La délivrance de Daniel eut pour résultat la promulgation, à travers tout l'empire, d'une autre proclamation en faveur du vrai Dieu, le Dieu d'Israël. Il fut commandé à tous les hommes d'avoir de la crainte et de la frayeur pour Lui. Le complot que les ennemis de Daniel avaient élaboré pour provoquer sa ruine, ne réussit qu'à le faire avancer. Dans ce cas, comme dans l'expérience des trois Hébreux dans la fournaise ardente, l'approbation de Dieu est placée sur deux grandes catégories de devoirs: refuser de céder à tout péché connu, et refuser d'accomplir tout devoir connu. Le peuple de Dieu, à travers tous les âges, peut tirer un encouragement de ces deux exemples.

Le décret du roi présentait le caractère du vrai Dieu: Il est le Créateur; tout les autres n'ont aucune vie par eux-mêmes. Il est éternel; tous les autres sont impuissants et sans valeur. Il possède un royaume; car il les a tous faits et il les gouverne tous. Son royaume ne sera pas détruit; tous les autres auront une fin. Sa domination n'a pas de fin; aucun pouvoir humain ne prévaudra contre lui. Il délivre ceux qui sont en esclavage. Il sauve Ses serviteurs de leurs ennemis quand ils l'appellent à l'aide. Il accomplit des merveilles dans les cieux et des signes sur la terre. Et pour compléter le tout, il délivra Daniel, et offrit à nos yeux la preuve la plus éclatante de Son pouvoir et de Sa bonté à sauver Son serviteur du pouvoir des lions. Quelle éloge du grand Dieu et de son fidèle serviteur!

**Ainsi se termine la partie historique du livre de Daniel.*

Chapitre 7—La Lutte Pour La Suprématie Mondiale

1: "La première année de Belschatsar, roi de Babylone, Daniel eut un songe et des visions de son esprit, pendant qu'il était sur sa couche. Ensuite il écrivit le songe, et raconta les principales choses".

Il s'agit du même Belschatsar mentionné dans Daniel 5. Chronologiquement ce chapitre précède le cinquième; mais ici, la chronologie est laissée de côté pour que la partie historique du livre reste séparée du reste.

2-3: "2 Daniel commença et dit: Je regardais pendant ma vision nocturne, et voici, les quatre vents des cieux firent irruption sur la grande mer. 3 Et quatre grands animaux sortirent de la mer, différents l'un de l'autre."

Daniel relate lui-même sa vision.

Le langage des Ecritures doit toujours être pris dans son sens littéral à moins qu'il n'ait de bonnes raisons pour le prendre dans son sens figuré. Tout ce qui est figuré doit être interprété par ce qui est littéral. Que le langage employé ici soit symbolique est évident à partir du verset 17, qui dit: "Ces quatre grands animaux, ce sont quatre rois qui s'élèveront de la terre." Que cela se réfère à des royaumes, et pas seulement à des rois individuels, est évident dans le verset 18: "les saints du Très-Haut recevront le royaume". En donnant l'explication du verset 23, l'ange dit: "Le quatrième animal, c'est un quatrième royaume qui existera sur la terre". Ces quatre animaux sont des symboles de quatre grands royaumes. Les circonstances dans lesquelles ils s'élèvent, tels qu'ils sont représentés dans la prophétie, sont aussi décrites dans un langage symbolique. Les symboles introduits sont les quatre vents, la mer, quatre grands animaux, dix cornes, et une autre corne qui a des yeux et une bouche et qui fit la guerre contre Dieu et contre Son peuple. Il nous faut maintenant nous informer de leur signification.

Dans le langage symbolique les vents représentent des luttes, des agitations politiques, et des guerres, comme nous le lisons dans le prophète Jérémie: "Voici, la calamité va de nation en nation, et une grande tempête s'élève des extrémités de la terre. Ceux que tuera l'Eternel en ce jour seront étendus d'un bout à l'autre de la terre" (Jérémie 25:32, 33). Le prophète parle d'une controverse qu'il aura avec les nations. La lutte et l'agitation qui sont à l'origine de toute cette destruction sont appelées "une grande tempête".

Que ces vents représentent les luttes et les guerres est évident dans la vision elle-même. Comme résultat des vents qui soufflent, les royaumes s'élèvent et tombent sous les agitations politiques.

Les mers et les eaux, quand elles sont utilisées comme symbole biblique, représentent des peuples, des nations, et des langues. L'ange dit au prophète Jean: "Les eaux que tu as vues,... ce sont des peuples, des foules, des nations, et des langues" (Apocalypse 17:15).

La signification du symbole des quatre bêtes est donnée à Daniel avant la fin de la vision: "Ces quatre grands animaux, ce sont quatre rois qui s'élèveront de la terre." Avec cette explication des symboles, le champ de la vision est définitivement ouvert devant nous.

Si ces bêtes représentent quatre rois, ou royaumes, nous pouvons nous demander, où commencerons-nous et quels sont ces quatre empires représentés? Ces bêtes s'élèveront consécutivement, car ils sont énumérés du premier au quatrième. Le dernier subsiste encore lorsque les scènes terrestres s'achèvent par le jugement final. Depuis l'époque de Daniel jusqu'à la fin de l'histoire de ce monde, il devait y avoir seulement quatre empires universels, comme nous l'avons appris par le songe de la grande statue de Nébucadnetsar, dans Daniel 2, songe interprété soixante-cinq ans plus tôt. Daniel vivait encore sous le royaume représenté par la tête d'or.

La première bête de cette vision doit donc représenter le même royaume que la tête d'or de la grande statue, appelé Babylone. Les autres bêtes représentent sans aucun doute, les royaumes successifs dépeins par cette statue. Mais si cette vision couvre essentiellement la même période de l'histoire que la statue de Daniel 2, la question qui se pose est: pourquoi fut-elle donnée? Pourquoi la première vision ne fut-elle pas suffisante? Nous répondons que l'histoire des empires du monde est présentée et représentée pour détacher certaines caractéristiques, certains faits et particularités additionnels. La leçon nous est donnée "règle sur règle" en accord avec les Ecritures. Dans le chapitre 2, seul l'aspect politique du pouvoir mondial est décrit. Ici, les gouvernements terrestres sont présentés en relation avec la vérité et le peuple de Dieu. Leur vrai caractère est révélé par les symboles utilisés, à savoir, les bêtes.

4: " Et quatre grands animaux sortirent de la mer, différents l'un de l'autre. Le premier était semblable à un lion, et avait des ailes d'aigle; je regardais, jusqu'au moment où ses ailes furent arrachées; il fut enlevé de terre et mis debout sur ses pieds comme un homme, et un coeur d'homme lui fut donné."

Le lion.

Dans la vision de Daniel 7, la première bête vue par le prophète était un lion. Au sujet de l'utilisation du lion comme symbole, lire Jérémie 4:7; 50:17, 43, 44. Le lion qui apparaît dans la vision avait des ailes d'aigles. L'utilisation symbolique des ailes est décrite d'une façon impressionnante dans Habakuk 1:6-8 où il est dit que les Chaldéens "volent comme l'aigle qui fond sur sa proie".

Par ces symboles, il nous est facile de déduire que Babylone était un royaume d'une grande force, et que sous Nébucadnetsar ses conquêtes s'étendirent avec une grande rapidité. Mais il vint un moment où ses ailes lui furent arrachées. Le lion ne se précipitait déjà plus sur sa proie comme un aigle. Son audace et son courage de lion en vinrent à disparaître. Un coeur d'homme, faible, craintif, et défaillant, prit la place de la force du lion. Telle fut la condition de la nation durant les dernières années de son histoire, lorsqu'elle devint faible et efféminée par la richesse et le luxe.

5: " Et voici, un second animal était semblable à un ours, et se tenait sur le côté; il avait trois côtes dans la gueule entre les dents, et on lui disait: Lève-toi, mange beaucoup de chair."

L'ours.

Comme dans la statue de Daniel 2, on remarque dans cette suite de symboles une détérioration à mesure que nous descendons d'un royaume à un autre. L'argent de la poitrine et des bras est inférieur à l'or de la tête. L'ours est inférieur au lion. L'empire Médo-Perse fut inférieur à Babylone, quant aux richesses, à la magnificence et à l'éclat. L'ours se tenait sur un côté. Le royaume était composé de deux nationalités, les Mèdes et les Perses. Le même fait est représenté par les deux cornes du bélier de Daniel 8. Au sujet de ces deux cornes on dit que la plus haute s'éleva la dernière, et au sujet de l'ours, le texte indique qu'il s'appuyait plus sur un côté que sur l'autre. Ceci s'accomplit par la partie Perse du royaume, parce que bien qu'il apparaisse après, il atteint une plus grande importance que celui des Mèdes; et son influence en vint à prédominer dans la nation (Voir les commentaires sur Daniel 8:3). Les trois côtes signifient sans l'ombre d'un doute, les trois provinces de Babylonie, Lydie et Egypte, qui furent particulièrement opprimées par l'empire Médo-Perse. L'ordre de "lève-toi, mange beaucoup de chair", doit sans doute faire référence à l'encouragement que la conquête de ces provinces donna aux Mèdes et aux Perses. Le caractère de cette puissance était bien représenté par un ours. Les Mèdes et les Perses étaient cruels et rapaces, voleurs et rançonneurs du peuple. Le royaume Médo-Perse persista depuis la prise de Babylone par Cyrus jusqu'à la bataille d'Arbèles en 331 av. J.-C., soit une période de 207 ans.

6: "Après cela, je regardais, et voici, un autre était semblable à un léopard, et avait sur le dos quatre ailes comme un oiseau; cet animal avait quatre têtes, et la domination lui fut donnée."

Le léopard.

Le troisième royaume, la Grèce, est représenté ici, par le symbole du léopard. Si les ailes sur le lion signifiaient la rapidité des conquêtes, elles doivent avoir la même signification ici. Le léopard est lui-même un animal agile, mais ce n'était pas suffisant pour représenter la carrière de la nation symbolisée ici. On dut lui rajouter deux ailes. Deux ailes, le même nombre que le lion, n'étaient pas suffisantes; le léopard devait en avoir quatre. Ceci devait signifier une rapidité de mouvements sans précédent, ce qui est reconnu comme un fait historique du royaume Grec. Les conquêtes grecques sous la direction d'Alexandre furent sans précédent dans l'histoire antique par leur soudaineté et leur rapidité. Ses exploits militaires sont résumés par W. W. Tarn: "Il était un maître dans la combinaison d'armes diverses; il enseigna au monde les avantages des campagnes d'hivers, la valeur de la poursuite sans relâche poussée à l'extrême, et du principe de 'marcher divisés, combattre unis'. Il marchait, en général, en deux divisions, l'une conduisant l'impedimenta et la sienne voyageant avec peu de charge; sa vitesse de mouvement était extraordinaire. On dit qu'il attribuait ses succès militaires au fait qu'il "ne négligeait rien"... Les énormes distances qu'il parcourait en pays inconnu impliquaient une très haute capacité d'organisation; en dix ans il essuya seulement deux gros revers... Si un homme de moindre envergure avait tenté ce qu'il réalisa, et échoua, nous en aurions entendu suffisamment sur les difficultés militaires sans espoirs de l'entreprise".

"Cet animal avait quatre têtes". L'empire Grec maintint son unité aussi longtemps que la vie d'Alexandre. Après une brillante carrière qui prit fin lors d'une fièvre due à une orgie bien arrosée, l'empire fit divisé entre ses quatre principaux généraux. Cassandre eut la Macédoine et l'ouest de la Grèce; Lysimaque reçut la Thrace et les parties de l'Asie qui sont sur l'Hellespont [Dardanelles] et le Bosphore dans le Nord; Ptolémé reçut l'Egypte, la Lydie, l'Arabie, la Palestine et la Coelosyrie dans le Sud; et Séleucos la Syrie et tout le reste des territoires d'Alexandre le Grand à l'Est. Vers l'année 301 av. J.-C., à la mort d'Antigonos, la division du royaume d'Alexandre en quatre parties fut achevée par ses généraux. Cette division était représentée par les quatre têtes du léopard.

Les paroles de la prophétie s'accomplirent dans tous les détails. Alexandre ne laissant aucun successeur disponible, pourquoi l'immense empire ne fut-il pas divisé en de nombreux fragments insignifiants? Pour des raisons que la prophétie prévit et prédit. Le léopard avait quatre têtes, le puissant bouc avait quatre cornes, le royaume devait être divisé en quatre parties, et il le fut (Voir les commentaires plus complets sur Daniel 8).

7: "Après cela, je regardais pendant mes visions nocturnes, et voici, il y avait un quatrième animal, terrible, épouvantable et extraordinairement fort; il avait de grandes dents de fer, il mangeait, brisait, et il foulait aux pieds ce qui restait; il était différent de tous les animaux précédents, il avait dix cornes."

La bête épouvantable.

L'inspiration ne trouva dans la nature aucune bête pouvant symboliser le pouvoir décrit ici. L'ajout de sabots, de têtes, de cornes, d'ailes, d'écailles, de dents et de griffes à une quelconque bête dans la nature ne suffisait pas. Ce pouvoir est différent de n'importe quelle chose trouvée dans le règne animal.

On pourrait baser tout un volume sur le verset 7, mais par manque d'espace nous sommes obligés de le traiter brièvement. Cette bête correspond à la quatrième partie de la grande statue: les jambes de fer. Dans le commentaire sur Daniel 2:40 nous avons donné les raisons que nous avons de croire que ce pouvoir est Rome. Les mêmes raisons s'appliquent à la prophétie que nous étudions maintenant. Avec quelle exactitude Rome répond à la partie de fer de la statue! Avec quelle exactitude elle correspond à la bête que nous étudions. Par l'épouvante et la terreur qu'elle inspire, et par sa grande force, elle répond admirablement à la description prophétique. Jamais auparavant le monde n'avait vu chose pareille. Elle dévorait comme avec des dents de fer, elle mettait en pièces tout ce qui se trouvait sur son passage. Elle foulait les nations dans la poussière sous ses sabots d'airain. Elle avait dix cornes qui, selon ce qui est écrit au verset 24, étaient dix rois, ou dix royaumes, qui devaient s'élever de cet empire. Selon ce qui a été noté dans les commentaires sur Daniel 2, Rome fut divisé en dix royaumes. Ces divisions ont été mentionnées comme étant les dix royaumes de l'empire Romain.

8: "Je considérais les cornes, et voici, une autre petite corne sortit du milieu d'elles, et trois des premières cornes furent arrachées devant cette corne; et voici, elle avait des yeux comme des yeux d'homme, et une bouche qui parlait avec arrogance."

Daniel considéra les cornes. Un étrange mouvement apparut parmi elles. Une autre corne, petite au début, mais plus tard plus grosse que ses compagnes, s'éleva. Elle ne se contenta pas de trouver sa place parmi les autres, et de l'occuper; elle dut en mettre quelques-unes de côté, et usurper leur place. Trois royaumes furent arrachés.

La petite corne parmi les dix.

Cette petite corne, comme nous aurons l'occasion de la décrire plus en détails, plus loin, était la papauté. Les trois cornes arrachées à la base représentaient les Hérules, les Ostrogoths, et les Vandales. La raison pour laquelle ils furent supprimés était leur opposition aux enseignements et aux prétentions de la hiérarchie papale.

Cette corne "avait des yeux comme des yeux d'homme, et une bouche qui parlait avec arrogance" -les attributs de l'astuce, de la perspicacité, et des prétentions arrogantes d'une organisation religieuse apostate.

9-10: "9 Je regardais, pendant que l'on plaçait des trônes. Et l'Ancien des jours s'assit. Son vêtement était blanc comme la neige, et les cheveux de sa tête étaient comme de la laine pure; son trône était comme des flammes de feu, et les roues comme un feu ardent. 10 Un fleuve de feu coulait et sortait de devant lui. Mille milliers le servaient, et dix mille millions se tenaient en sa présence. Les juges s'assirent, et les livres furent ouverts."

Une scène du jugement.

On ne trouvera pas dans la Parole de Dieu, de description aussi sublime que cette scène imposante. Ce ne sont pas seulement les représentations grandioses et sublimes qui doivent attirer notre attention; la nature de la scène elle-même demande notre plus sérieuse considération. Le jugement nous est présenté. Chaque fois qu'il nous est présenté, la révérence doit s'emparer de chaque esprit, parce que nous sommes tous profondément concernés par son dénouement.

Par une traduction malheureuse du verset 9, on a de forte chance de faire naître une idée erronée. La phrase "on plaçait" vient du mot Chaldéen remi, qui peut être correctement rendue par "jeté avec violence", parole utilisée pour décrire le lancement des trois Hébreux dans la fournaise ardente, et le lancement de Daniel dans la fosse aux lions. Mais l'autre traduction également correcte est "placer ou mettre en ordre", comme la mise en place des sièges pour le jugement mentionné ici, ou aussi une mise en place ou mise en ordre comme dans Apocalypse 4:2, où le Grec a la même signification. La traduction de Daniel 7:9 par Louis Segond est donc correcte, "on plaçait des trônes". Gesenius définit la racine remah, en citant Daniel 7:9 comme exemple.

L'Ancien des jours, Dieu le Père, préside le jugement. Remarquez la description de Sa personne. Ceux qui croient en l'impersonnalité de Dieu sont obligés d'admettre qu'il est décrit ici comme un être personnel, mais ils se consolent en disant que c'est la seule description de cette sorte qu'il y a dans la Bible. Nous n'acceptons pas cette dernière assertion; mais admettons qu'elle soit vraie, une seule description de la sorte n'est-elle pas aussi fatale pour leur théorie que si elle était répétée une douzaine de fois? Les mille milliers qui le servaient et les dix mille millions qui se tenaient en Sa présence ne sont pas des pécheurs assignés à comparaître en jugement, mais les êtres célestes qui officient devant Lui, attendant Sa volonté. Jean vit les mêmes assistants célestes devant le trône de Dieu, et il décrit la scène majestueuse en ces termes: "Je regardai, et j'entendis la voix de beaucoup d'anges autour du trône et des êtres vivants et des vieillards, et leur nombre était des myriades de myriades et des milliers de milliers" (Apocalypse 5: 11). Une pleine compréhension de ces versets implique une compréhension des services du sanctuaire.

Le jugement décrit ici, est la fin du ministère de Christ, notre Souverain Sacrificateur, dans le sanctuaire céleste. C'est un jugement investigatif. Les livres sont ouverts, et les cas de tous sont examinés devant le grand tribunal, afin que soit décidé au préalable qui doit recevoir la vie éternelle lorsque le Seigneur viendra la remettre à son peuple. Un autre passage de Daniel 8:14 témoigne que cette oeuvre solennelle se réalise en ce moment même dans le sanctuaire céleste.

11-12: "11 Je regardais alors, à cause des paroles arrogantes que prononçait la corne; et tandis que je regardais, l'animal fut tué, et son corps fut anéanti, livré au feu pour être brûlé. 12 Les autres animaux furent dépouillés de leur puissance, mais une prolongation de vie leur fut accordée jusqu'à un certain temps."

La fin de la quatrième bête.

Il y en a qui croient qu'il y aura un règne de mille ans de justice dans le monde entier avant la venue de Christ. D'autres pensent qu'il y aura un temps de grâce après la venue du Seigneur, pendant lequel les justes immortels proclameront encore l'Evangile aux pécheurs mortels, et ils les guideront dans le chemin du salut. Aucune de ces théories ne peut être appuyée par la Bible, comme nous le verrons.

La quatrième bête épouvantable continue sans changement de caractère; et la petite corne continue à proférer ses blasphèmes, enfermant ses millions d'adeptes dans les liens de l'aveuglement de la superstition, jusqu'à ce que la bête soit livrée aux flammes dévorantes. Ceci ne représente pas sa conversion mais sa destruction (Voir 2 Thessaloniciens 2:8).

La vie de la quatrième bête n'est pas prolongée après la disparition de sa domination, comme cela arriva avec les bêtes précédentes. Leur domination leur fut enlevée, mais leur vie fut prolongée pour une période. Le territoire et les sujets du royaume Babylonien existent toujours, bien qu'ils soient ressortissants Perses. Il arriva la même chose au royaume Perse avec la Grèce, et des Grecs avec Rome. Mais qu'en est-il du quatrième royaume? Ce qui le suit n'est pas un gouvernement ou un état dans lequel les mortels ont une part. Sa carrière prend fin dans le lac de feu, et il n'a plus d'existence. Le lion fut absorbé par l'ours, l'ours par le léopard, le léopard par la quatrième bête. Mais la quatrième bête n'est pas absorbée par une autre bête. Elle est jetée dans le lac de feu.

13-14: "13 Je regardais pendant mes visions nocturnes, et voici, sur les nuées des cieux arriva quelqu'un de semblable à un fils de l'homme; il s'avança vers l'Ancien des jours, et on le fit approcher de lui. 14 On lui donna la domination, la gloire et le règne; et tous les peuples, les nations, et les hommes de toutes langues le servirent. Sa domination est une domination éternelle qui ne passera point, et son règne ne sera jamais détruit."

Le Fils de l'homme reçoit son royaume.

La scène décrite ici n'est pas la seconde venue de Christ sur cette terre, car l'Ancien des jours n'est pas sur la terre, et la venue dont il est question ici est celle de l'Ancien des jours. Là, en présence du Père, le Fils de l'homme reçoit la domination, la gloire, et le royaume. Christ reçoit Son royaume avant son retour sur la terre (Voir Luc 19:10-12). C'est donc une scène qui prend place dans le ciel, et qui est en étroite relation avec celle qui est présentée dans les versets 9 et 10. Christ reçoit Son royaume à la fin de sa prêtrise dans le sanctuaire. Les peuples et les nations qui le serviront sont les rachetés (Apocalypse 21:24), et pas les nations impies de la terre, car elles seront détruites par l'éclat de la seconde venue de Christ (Psaumes 2:9; 2 Thessaloniciens 2:8). Ceux qui serviront Dieu avec joie et bonheur sortiront de toutes les nations, peuples, et tribus de la terre. Ils hériteront le royaume de notre Seigneur.

15-18: "15 Moi, Daniel, j'eus l'esprit troublé au dedans de moi, et les visions de ma tête m'effrayèrent. 16 Je m'approchai de l'un de ceux qui étaient là, et je lui demandai ce qu'il y avait de vrai dans toutes ces choses. Il me le dit, et m'en donna l'explication: 17 Ces quatre grands animaux, ce sont quatre rois qui s'élèveront de la terre; 18 mais les saints du Très-Haut recevront le royaume, et ils posséderont le royaume éternellement, d'éternité en éternité."

La vision interprétée par Daniel.

Nous ne devrions pas être moins préoccupés que Daniel pour comprendre la vérité de ces choses. Nous avons l'assurance que lorsque nous cherchons avec un coeur sincère, nous trouverons le Seigneur aussi disposé à nous communiquer une compréhension correcte de ces importantes vérités aujourd'hui, qu'il l'était à l'époque du prophète. Les bêtes et les royaumes qu'elles représentent ont déjà été expliqués. Nous avons suivi le prophète à travers le cours des événements, et même jusqu'à la destruction de la quatrième bête, la défaite finale de tous les gouvernements terrestres. Ensuite, la scène change, puisque nous lisons: "les saints du Très-Haut recevront le royaume" (verset 18). Les saints, méprisés, couverts d'opprobre, persécutés, exilés; considérés parmi les hommes comme ceux qui étaient les moins désignés à voir se matérialiser leurs espérances, ceux-ci prendront possession du royaume pour toujours! L'usurpation et le mauvais gouvernement des impies cesseront. L'héritage perdu à cause du péché sera racheté. La paix et la justice régneront éternellement sur toute l'étendue de la terre rénovée.

19-20: "19 Ensuite je désirai savoir la vérité sur le quatrième animal, qui était différent de tous les autres, extrêmement terrible, qui avait des dents de fer et des ongles d'airain, qui mangeait, brisait, et foulait aux pieds ce qui restait; 20 et sur les dix cornes qu'il avait à la tête, et sur l'une qui était sortie et devant laquelle trois étaient tombées, sur cette corne qui avait des yeux, une bouche parlant avec arrogance, et une plus grande apparence que les autres."

La vérité sur la quatrième bête.

Daniel comprenait clairement tout ce qui concernait les trois premières bêtes de cette vision. Mais la quatrième bête l'étonnait par son caractère épouvantable et contraire à la nature. Il désira obtenir plus d'information au sujet de cette bête et de ses dix cornes, et plus particulièrement sur la petite corne qui était apparue après les autres, et qui avait "une plus grande apparence que les autres". Le lion est un produit de la nature, mais il lui était nécessaire d'avoir deux ailes pour représenter le royaume de Babylone. L'ours aussi se trouve dans la nature, mais comme symbole de Médo-Perse les trois côtes qu'il tient dans la bouche dénote une férocité qui n'est pas naturelle. Le léopard est également un animal de la nature, mais pour qu'il puisse représenter la Grèce de façon appropriée, il était nécessaire de lui ajouter quatre ailes et quatre têtes. Mais la nature ne pouvait donner aucun symbole qui puisse illustrer de manière adéquate le quatrième royaume. Aussi, la vision introduit-elle une bête jamais vue, une bête épouvantable et terrible, avec des griffes d'airain et des dents de fer, et qui était si cruelle, rapace et féroce, que par le plaisir qu'elle trouvait dans l'oppression, dévorait et réduisait en pièces ses victimes pour les fouler ensuite sous ses pieds.

Bien que cela lui parût stupéfiant, quelque chose d'encore plus étonnant attira l'attention du prophète. Une petite corne s'éleva, qui fidèle à la nature de la bête de laquelle elle était sortie, écarta trois de ses compagnes. Mais c'était une corne qui avait des yeux. Ce n'étaient pas les yeux incultes d'une brute, mais les yeux aigus, astucieux et intelligents d'un homme. Ce qu'il y avait encore de plus étrange, c'était qu'elle avait une bouche, et qu'avec cette bouche elle proférait des paroles pleines d'orgueil, d'absurdité et d'arrogance. Il n'est pas étrange que le prophète ait réclamé plus d'information concernant ce monstre, qui n'a rien de terrestre dans ses instincts, dans la férocité de ses oeuvres et dans ses agissements. Dans les versets suivants, des caractéristiques nous sont données concernant cette petite corne, permettant à celui qui étudie les prophéties de faire l'application de ce symbole sans danger de se tromper.

21-22: "Je vis cette corne faire la guerre aux saints, et l'emporter sur eux, 22 jusqu'au moment où l'Ancien des jours vint donner droit aux saints du Très-Haut, et le temps arriva où les saints furent en possession du royaume."

La petite corne fait la guerre aux saints.

La colère étonnante de cette petite corne contre les saints attire toute l'attention de Daniel. La naissance des dix cornes, ou mieux dit, la division de Rome en dix royaumes, entre les années 351 et 476, a déjà été étudiée dans les commentaires sur Daniel 2:41.

Comme ces cornes représentent des royaumes, la petite corne doit aussi représenter un royaume, mais pas de la même nature, parce qu'elle était différente des autres, qui étaient des royaumes politiques. Maintenant, il nous suffit de vérifier si depuis 476 ap. J.-C., aucun royaume ne s'est élevé parmi les dix divisions de l'empire Romain qui soit différent de tous les autres; et si c'est le cas, quel est-il? La réponse est: Oui, le royaume spirituel de la papauté. Il répond au symbole dans tous ses détails, comme nous le verrons au fur et à mesure de notre progression.

Daniel vit ce pouvoir faire la guerre aux saints. Y eut-il une guerre menée par la papauté? Des millions de martyrs répondent: Oui. Les cruelles persécutions contre les Vaudois, les Albigeois, les Protestants en général, témoignent contre le pouvoir papal.

Au verset 22, trois événements consécutifs semblent apparaître. En regardant plus en avant, au moment où la petite corne atteint l'apogée de sa puissance jusqu'au terme de la longue controverse entre les saints et Satan avec ses agents, Daniel note trois événements qui se détachent comme les bornes kilométriques le long du chemin:

1. La venue de l'Ancien des jours, c'est-à-dire la position que Jéhova occupe lors de l'ouverture de la scène du jugement décrite dans les versets 9 et 10.

2. Le jugement qui est donné aux saints, à savoir, le moment où les saints siègent avec Christ durant mille ans, après la première résurrection (Apocalypse 20:1-4), et assignent

aux méchants le châtiment que leurs péchés méritent. Les martyrs s'assiéront alors pour juger la grande puissance persécutrice, qui, à l'époque de leur affliction les poursuivait comme des bêtes du désert, et versait leur sang comme de l'eau.

3. Le moment où les saints prennent possession du royaume, c'est-à-dire, le moment où ils reçoivent la nouvelle terre. Alors le dernier vestige de la malédiction du péché, et des pécheurs, racine et rameaux, aura été effacé, et le territoire si longtemps mal gouverné par les pouvoirs impies de la terre, les ennemis du peuple de Dieu, leur sera donné pour toujours (1 Corinthiens 6:2, 3; Matthieu 25:34).

23-26: "23 Il me parla ainsi: Le quatrième animal, c'est un quatrième royaume qui existera sur la terre, différent de tous les royaumes, et qui dévorera toute la terre, la foulera et la brisera. 24 Les dix cornes, ce sont dix rois qui s'élèveront de ce royaume. Un autre s'élèvera après eux, il sera différent des premiers, et il abaissera trois rois. 25 Il prononcera des paroles contre le Très-Haut, il opprimera les saints du Très-Haut, et il espérera changer les temps et la loi; et les saints seront livrés entre ses mains pendant un temps, des temps, et la moitié d'un temps. 26 Puis viendra le jugement, et on lui ôtera sa domination, qui sera détruite et anéantie pour jamais."

L'ascension et l'oeuvre de la petite corne.

Il en a peut-être déjà été dit suffisamment sur la quatrième bête (Rome) et les dix cornes, ou dix royaumes, qui sortirent de cette puissance. La petite corne demande maintenant plus particulièrement notre attention. Comme il est dit dans les commentaires sur le verset 8, nous trouvons l'accomplissement de cette prophétie concernant cette corne dans l'ascension et l'oeuvre de la papauté. C'est un sujet à la fois intéressant et important ; aussi, il faut examiner les causes qui favorisèrent le développement de ce pouvoir arrogant.

Le premier pasteur ou évêque de Rome jouissait d'un respect proportionné au rang de la ville où il résidait. Durant les premiers siècles de l'ère chrétienne, Rome était la plus grande, la plus riche, et la plus puissante cité du monde. Elle était le siège de l'empire, la capitale des nations. "Tous les habitants de la terre lui appartenaient", dit Julien; et Claudien déclara qu'elle était "la fontaine des lois". "Si Rome est la reine des villes, pourquoi son pasteur ne serait-il pas le roi des évêques?" c'était le raisonnement que ces pasteurs Romains présentaient. "Pourquoi l'église Romaine ne serait-elle pas la mère de la chrétienté? Pourquoi toutes les nations ne seraient-elles pas ses enfants, et son autorité leur loi souveraine? C'était facile de raisonner de la sorte, dit d'Aubigné dont nous citons les paroles, pour le coeur ambitieux de l'homme. C'est ce que fit la Rome ambitieuse."

Les évêques des différentes parties de l'empire Romain aimaient attribuer à l'évêque de Rome une partie de l'honneur que la ville recevait des nations de la terre. A l'origine, cet honneur qu'ils lui décernaient n'était pas de leur part l'indice de leur dépendance. "Mais - continue d'Aubigné- le pouvoir usurpé s'accrut comme une avalanche. Les remontrances, au début fraternelles, ne tardèrent pas à devenir des ordres absolus dans la bouche du pontife... Les évêques occidentaux favorisèrent cette usurpation des pasteurs romains, soit par jalousie envers les évêques orientaux, soit parce qu'ils préféraient se soumettre à la suprématie d'un pape plutôt qu'à un pouvoir temporel". Telles furent les influences qui se concentrèrent autour de l'évêque de Rome, et ainsi, tout tendait à l'élever rapidement à la suprématie spirituelle de la chrétienté.

Le défi de l'arianisme.

Mais le quatrième siècle était destiné à être le témoin d'un obstacle projeté en travers de la trajectoire de son rêve ambitieux. La prophétie avait déclaré que le pouvoir représenté par la petite corne écarterait trois rois. Par la naissance et l'essor de l'arianisme, au début du quatrième siècle, et le défi que présentait la suprématie papale, nous trouvons les causes qui conduisirent à l'éviction de trois des royaumes de la Rome occidentale par la puissance papale.

Arius, curé de l'ancienne et influente église d'Alexandrie, proclama sa doctrine au monde, et provoqua une controverse si violente dans l'église chrétienne que l'empereur Constantin convoqua le concile général de Nicée en 325, pour examiner ses enseignements et trancher la question. Arius maintint que "le Fils était totalement et essentiellement distinct du Père; qu'Il était le premier et le plus noble des êtres que le Père créa, l'instrument par l'action accessoire duquel le Père Tout-Puissant forma l'univers, et qui était donc aussi inférieur au Père dans sa nature que dans sa dignité." Cette opinion fut condamnée par le concile, qui décréta que Christ était de la même substance que le Père. A la suite de cela, Arius fut exilé en Illyrie, et ses partisans se virent obligés d'accepter le credo rédigé à cette occasion.

Mais la controverse elle-même, ne pouvait cependant pas se terminer de cette façon sommaire. Durant des siècles elle continua à agiter le monde chrétien, les ariens devenant partout les ennemis acharnés du pape et de l'église Catholique Romaine. Il était évident que l'extension de l'Arianisme devait freiner la marche en avant du Catholicisme, et que la possession de l'Italie et sa capitale de renom par un peuple Arien serait fatale à la suprématie d'un évêque catholique. La prophétie a pourtant déclaré que cette corne symbolisant la papauté s'élèverait au pouvoir suprême, et qu'en accédant à cette position elle asservirait trois rois.

La petite corne renverse trois puissances ariennes.

Il y a eut certaines divergences d'opinion quant aux puissances qui furent renversées par la papauté lorsqu'elle s'éleva au pouvoir. Les remarques d'Albert Barnes sur ce sujet semblent pertinentes: "Par la confusion qui existait lors de la division de l'empire Romain, et par les récits imparfaits que nous avons des événements qui se déroulèrent lors de l'ascension du pouvoir papal, il n'est pas étonnant qu'il ait été difficile de trouver des événements clairement enregistrés qui aurait été dans tous ces aspects un accomplissement exact et absolu de la vision. Cependant, il est possible de discerner son accomplissement dans l'histoire du pape, avec un degré raisonnable de certitude."

Joseph Mède suppose que les trois royaumes renversés étaient ceux des Grecs, des Lombards et des Francs; et Isaac Newton pense que ces trois royaumes furent l'exarchat de Ravenne, le royaume des Lombards et le sénat du duché de Rome. Thomas Newton oppose de sérieuses objections à ces deux suppositions. Les Francs ne peuvent pas être l'un de ces trois royaumes car ils ne furent jamais renversés. Quand aux Lombards, ils ne furent jamais assujettis aux papes. Albert Barnes dit plus loin: "Je ne crois pas vraiment que le royaume des Lombards était, comme on le dit communément, au nombre des souverainetés temporelles qui furent soumises à l'autorité des papes." Le sénat et le duché de Rome ne peuvent avoir été l'un d'eux, car ils ne constituèrent jamais l'un des dix royaumes, desquels trois furent renversés devant la petite corne.

Mais nous nous rendons compte que la principale difficulté que ces deux éminents commentateurs rencontrèrent dans l'application qu'ils firent de la prophétie sur l'exaltation de la papauté, résidait dans le fait qu'ils supposèrent que la prophétie ne s'était pas encore accomplie, et qu'elle ne le serait pas tant que le pape ne deviendrait pas un prince temporel. Aussi, tentèrent-ils de trouver la réalisation de la prophétie dans les événements qui favorisèrent la suprématie temporelle du pape. Mais de toute évidence, la prophétie des versets 24 et 25, se réfèrent non pas à un pouvoir civil mais à son pouvoir de dominer les esprits et les consciences des hommes. La papauté parvint à exercer ce pouvoir en 538, comme nous le verrons plus loin.

Le mot "devant", utilisé dans les versets 8 et 20, est la traduction du Chaldéen qadam, dont le radical signifie "en face". Associé avec min qui signifie "de", Davidson le traduit par "de la présence de", et Gesenius dit qu'il équivaut à l'hébreux lipna, qui veut dire "en présence de". Il correspond donc à notre adverbe de lieu "devant" comme dans la phrase qui se trouve au verset 10, qui a été traduit de façon appropriée par "de devant lui". Nous avons donc, au verset 8, l'image d'une petite corne qui force le passage entre les dix autres et qui arrache avec violence trois cornes de devant elle. Au verset 20, il est dit: "devant laquelle trois étaient tombées" comme si elles étaient vaincues par elle. Au verset 24, nous lisons qu'un autre roi, représentant la petite corne, "abaissera trois rois [cornes]", manifestement par la violence. Bien que la parole qadam s'utilise aussi dans le sens de temps, comme au verset 7, où elle est rendue par le mot "précédent", il ne fait aucun doute qu'elle est utilisée comme adverbe de lieu dans les trois versets cités plus haut. Edward Elliott accepte tout à fait cette interprétation (Voir la page 52).

Nous affirmons en toute confiance que les trois puissances, ou cornes, renversées sont les Hérules, les Vandales, et les Ostrogoths; et cette croyance se base sur des faits historiques sérieux. Odoacre, le chef des Hérules, fut le premier des barbares qui régna sur les Romains. Il accéda au trône d'Italie en 476. Au sujet de ses croyances religieuses, Gibbon dit: "Comme le reste des barbares, il avait été instruit dans l'hérésie de l'Arianisme; mais il révérait les caractères monacaux et épiscopaux; et le silence des Catholiques atteste de la tolérance dont ils jouirent."

Le même auteur dit: "Les Ostrogoths, les Burgondes, les Suèves, et les Vandales, qui avaient écouté l'éloquence du clergé latin, préférèrent les leçons plus intelligibles de leurs maîtres familiers; et l'Arianisme fut adopté comme la foi nationale des guerriers convertis qui s'étaient assis sur les ruines de l'empire de l'Ouest. Cette différence incompatible de religion était une perpétuelle source de jalousie et de haine; et le reproche d'être barbare était exacerbé par le plus odieux épithète d'hérétique. Les héros du Nord, qui s'étaient soumis avec répugnance à croire que tous leurs ancêtres étaient en enfer, furent étonnés et exaspérés d'apprendre qu'eux-mêmes n'étaient parvenus qu'à changer leur condamnation éternelle."

La doctrine arienne eut une influence notable sur l'église de cette époque, comme le démontrent les paragraphes suivants: "Tout l'immense peuple Goth qui descendit sur l'empire Romain, dans ce qu'il avait de chrétien, révérait la foi de l'hérétique d'Alexandrie. Notre première version Teutonique des Ecritures fut faite par un missionnaire Arien, Ulfilas. Le premier conquérant de Rome, Alaric, le premier conquérant d'Afrique, Genséric, étaient Ariens. Théodocic le Grand, roi d'Italie, et héros de la mythologie germanique de "Nibelungen", était Arien. Le vide de son tombeau massif à Ravenne, est un témoignage de la vengeance des Orthodoxes contre sa mémoire, quand dans leur triomphe, ils brisèrent l'urne de porphyre dans laquelle ses sujets avaient gardé ses cendres."

Ranke dit: "Mais elle [l'église] tomba, comme c'était inévitable, dans beaucoup de situations embarrassantes, et se retrouva dans une condition complètement modifiée. Un peuple païen prit possession de la Grande Bretagne; des rois Ariens s'emparèrent de la plus grande partie du reste de l'occident; tandis que les Lombards, longtemps attachés à l'Arianisme, établirent, comme leurs voisins les plus dangereux et hostiles, une souveraineté puissante aux portes même de Rome. Entre-temps, les évêques Romains, assiégés de toute part, s'efforcèrent avec toute la prudence et la persévérance, qui sont restées leurs attributs particuliers, de récupérer la suprématie, au moins dans leur diocèse patriarcal."

Machiavelli dit: "Presque toutes les guerres que les barbares du Nord réalisèrent en Italie, qui peuvent être remarquées ici, furent occasionnées par les pontifes; et les hordes qui inondèrent le pays, furent généralement provoquées par eux."

La relation que ces rois Ariens entretinrent avec le pape est montrée par le témoignage suivant de Mosheim dans son histoire de l'église:

"D'autre part, il est confirmé, aussi bien par une variété des annales les plus authentiques que par les empereurs, que les nations en général étaient loin de se sentir disposées à supporter patiemment le joug de servitude que le siège épiscopal de Rome imposait avec arrogance à l'église chrétienne. Les princes goths mirent des limites au pouvoir de l'évêque de Rome en Italie; ils ne permirent que personne ne fût élevé au pontificat sans leur approbation, et ils se réservèrent le droit de juger la légalité de chaque nouvelle élection."

Une circonstance qui prouve cette déclaration arriva dans l'histoire d'Odoacre, le premier roi Arien déjà mentionné. Quand à la mort du pape Simplicius, en 483, le clergé et le peuple se rassemblèrent pour l'élection du nouveau pape, Basilius, le lieutenant du roi Odoacre apparut soudain dans l'assemblée, et il exprima sa surprise de voir qu'on entreprenait la succession du pape défunt sans lui; il déclara, au nom du roi, que tout ce qui avait été fait était annulé et il ordonna qu'on recommence à nouveau l'élection.

Pendant ce temps, Zénon, l'empereur de l'Est, et ami du pape, souhaitait chasser Odoacre hors d'Italie, ce qu'il eut très vite la satisfaction de voir se réaliser sans aucun dérangement de sa part. Théodoric avait accédé au trône du royaume Ostrogoth de Mésie et Pannonie. Etant en bons termes avec Zénon, il lui écrivit qu'il lui était impossible de retenir ses Goths dans la province appauvrie de Pannonie, et il lui demandait la permission de les emmener dans une région plus favorable qu'ils pourraient conquérir et posséder. Zénon lui donna la permission de marcher contre Odoacre et de prendre possession de l'Italie. Donc, après cinq ans de guerre, le royaume Hérule de l'Italie fut détruit, Odoacre mourut trahi, et Théodoric établit son royaume Ostrogoth dans la péninsule Italienne. Comme nous l'avons déjà mentionné, il était Arien, et il conserva la loi d'Odoacre, qui soumettait l'élection du pape à l'approbation du roi.

L'incident suivant démontrera à quel point le pape était soumis à son pouvoir. Comme les Catholiques d'Orient avaient entrepris une persécution contre les Ariens en 523, Théodoric convoqua le pape Jean et lui parla de cette façon: "Si l'empereur [Justin, le prédécesseur de Justinien] ne pense pas révoquer l'édit qu'il a promulgué dernièrement contre ceux de ma religion [c'est-à-dire les Ariens], j'ai la ferme intention de promulguer le même édit contre ceux de la sienne [c'est-à-dire les Catholiques]; et je veillerai à ce qu'il soit exécuté avec la même rigueur. Ceux qui ne professent pas la foi de Nicée sont des hérétiques pour lui, et ceux qui la professent le sont pour moi. Tout ce qui peut excuser ou justifier sa sévérité contre les précédents, excusera ou justifiera la mienne contre les derniers. Mais l'empereur -continua le roi- n'a personne autour de lui qui ose lui dire franchement et ouvertement ce qu'il pense, et il ne l'écouterait même pas s'il y avait quelqu'un pour le faire. Mais la grande vénération qu'il professe avoir pour votre Saint-Siège, ne me laisse aucun doute qu'il vous écoutera. Aussi, je veux que vous alliez immédiatement à Constantinople, et que là vous protestiez en mon nom et en votre nom, contre les violentes mesures que cette cour a engagées d'une façon téméraire. Il est en votre pouvoir d'en détourner l'empereur; et tant que vous n'y serez pas parvenu, tant que les Catholiques [ce mot, Théodoric l'applique aux Ariens] ne pourront pas à nouveau exercer librement leur religion, et tant que toutes leurs églises desquelles ils ont été dépossédés ne leur seront pas rendues, ne pensez pas revenir en Italie."

Le pape qui reçut ainsi de l'empereur Arien l'ordre péremptoire de ne pas remettre les pieds sur le sol Italien jusqu'à ce qu'il ait accompli la volonté du roi, ne pouvait certainement pas espérer faire beaucoup de progrès dans n'importe quelle sorte de suprématie tant que ce pouvoir ne serait pas éliminé.

On peut se faire une idée exacte des sentiments que le parti du pape éprouvait envers Théodoric par le récit de leur vengeance envers sa mémoire. Ils arrachèrent de sa tombe l'urne dans laquelle ses sujets Ariens avaient recueilli ses cendres. Ces sentiments sont exprimés par Baronius lorsqu'il invective Théodoric de "barbare cruel, de tyran barbare, et d'Arien impie."

Alors que les Catholiques ressentaient les restrictions d'un roi Arien en Italie, ils souffraient de violentes persécutions de la part des Vandales Ariens en Afrique. Elliott dit: "Les rois Vandales étaient non seulement Ariens, mais aussi persécuteurs des Catholiques, tant en Sardaigne et en Corse, sous l'épiscopat romain, qu'en Afrique."

Telle était la situation, lorsqu'en 533, Justinien commença ses guerres contre les Vandales et les Goths. Désirant obtenir l'appui du pape et du parti Catholique, il promulgua ce décret mémorable qui devait faire du pape la tête des églises, décret, qui devint effectif en 538, date du commencement de la suprématie papale. Quiconque lit l'histoire de la campagne africaine (533-534), et de celle réalisée en Italie (534-538) remarquera que partout, les Catholiques saluèrent comme des libérateurs les soldats de l'armée de Bélisaire, le général de Justinien.

Mais aucun décret de cette nature ne pouvait rentrer en vigueur tant que les peuples Ariens qui s'y opposaient n'étaient pas vaincus. Cependant, les choses changèrent lorsque durant les campagnes militaires d'Afrique et d'Italie, les légions victorieuses de Bélisaire infligèrent un coup si terrible à l'Arianisme que ses derniers partisans furent vaincus.

Procope relate que la guerre d'Afrique était entreprise par Justinien pour soulager les chrétiens (Catholiques) de cette région, et que lorsqu'il exprima son dessein sur la question, le préfet du palais le dissuada presque de son projet. Mais il eut un rêve dans lequel il lui était ordonné "de ne pas renoncer à son projet, parce qu'en secourant les chrétiens, le pouvoir des Vandales serait abattu."

Mosheim déclare: "Il est vrai que les Grecs qui acceptèrent les décrets du concile de Nicée [c'est-à-dire des Catholiques], persécutaient et opprimaient les Ariens partout où s'étendaient leur influence et leur autorité; mais les partisans du concile de Nicée, ne furent pas traités moins rigoureusement que leurs adversaires [les Ariens], surtout en Afrique et en Italie, où ils ressentaient d'une façon très sévère le poids du pouvoir des Ariens et l'amertume de leur ressentiment. Les triomphes de l'arianisme furent cependant transitoires, et leurs jours de prospérité furent totalement éclipsés lorsque les Vandales furent refoulés d'Afrique, et les Goths expulsés d'Italie, par les armées de Justinien."

Elliott résume: "Je pourrais en citer trois de la liste donnée au début qui furent renversés devant le pape, à savoir: les Hérules, sous Odoacre, les Vandales, et les Ostrogoths."

Nous croyons, en nous basant sur les témoignages cités plus hauts, que les trois cornes expulsées étaient la puissance des Hérules en 493, celle des Vandales en 534, et finalement celle des Ostrogoths en 553, bien que l'opposition effective de ces derniers au décret de Justinien cessa lorsqu'ils furent expulsés de Rome par Bélisaire en 538, selon ce qui est expliqué plus haut.

La petite corne "prononcera des paroles contre le Très-Haut".

Cette prophétie aussi, s'est malheureusement accomplie dans l'histoire des papes. Ils ont tenté, ou du moins ils ont permis qu'on leur attribue des titres qui auraient été exagérés et blasphématoires s'ils avaient été attribués à des anges de Dieu.

Lucius Ferraris, dans sa Promta Bibliotheca à laquelle se réfère la Catholic Encyclopedia comme "une véritable encyclopédie de connaissances religieuses", et "une mine précieuse de renseignements", déclare dans ses articles sur le pape, que "le pape de si grande dignité, est si exalté qu'il n'est pas un simple homme, mais comme s'il était Dieu, et le vicaire de Dieu... Le pape est de dignité si sublime et suprême qu'à proprement parlé, il n'a pas été établi à un rang de dignité, mais plutôt il a été placé au sommet de toutes les dignités... Le pape est appelé très saint car on présume qu'il l'est légitimement...

"Le pape seul est appelé, à juste titre, de 'très saint', parce que lui seul est le vicaire de Christ, qui est la fontaine, la source et la plénitude de toute sainteté... De plus, il est 'le monarque divin, l'empereur suprême, et le roi des rois'... Désormais, le pape est couronné d'une triple couronne, en tant que roi du ciel, de la terre et des régions inférieures... En outre, la supériorité et la puissance du pontife Romain ne se réfèrent pas seulement aux choses célestes, aux terrestres et à celles qui sont sous la terre, mais aussi elles s'étendent sur les anges, car il leur est supérieur... De façon que s'il était possible que les anges puissent errer dans la foi, ou puissent penser différemment au sujet de la foi, ils pourraient être jugés et excommuniés par le pape... Parce qu'il a une si grande dignité et un si grand pouvoir qu'il forme avec Christ un même tribunal...

"Le pape est comme s'il était Dieu sur la terre, seul souverain des fidèles de Christ, le roi des rois, ayant la plénitude du pouvoir; à qui le Dieu omnipotent a confié non seulement la direction des choses terrestres mais celle du royaume céleste... Le pape a une autorité et un pouvoir si grands qu'il peut modifier, expliquer ou interpréter même les lois divines."

Christopher Marcellus, à la quatrième session du cinquième concile du Latran, dans un discours au pape, s'exclama: "Tu es le pasteur, tu es le médecin, tu es le directeur, tu es le métayer; finalement, tu es un autre Dieu sur la terre."

Adam Clarke dit au sujet du verset 25: " 'Il parlera comme s'il était Dieu'. C'est ce que dit Saint Jérôme de Symmaque. Ceci ne peut pas s'appliquer aussi clairement et aussi bien qu'aux papes de Rome. Ils ont assumé l'infaillibilité qui n'appartient qu'à Dieu. Ils ont professé pardonner les péchés ce que Dieu seul peut faire. Ils ont déclaré fermer et ouvrir le ciel, qui n'appartient qu'à Dieu seul. Ils ont professé être supérieurs à tous les rois de la terre, ce qui est réservé à Dieu. Ils se placent au-dessus de Dieu en prétendant relever des nations entières de leur serment d'allégeance à leurs rois, lorsque de tels rois ne leur plaisent pas. Et ils vont à l'encontre de Dieu lorsqu'ils donnent des indulgences pour le péché. C'est le pire de tous les blasphèmes."

La petite corne "opprimera les saints du Très-Haut".

Il faut peu d'investigations historiques pour prouver que Rome, aussi bien dans l'Antiquité qu'au Moyen Age, favorisa la destruction de l'église de Dieu. Des preuves abondantes peuvent être présentées montrant que, avant et après la Réforme, les guerres, les croisades, les massacres, les inquisitions et les persécutions de toutes sortes furent les méthodes adoptées pour obliger tout le monde à se soumettre au joug Romain.

L'histoire de la persécution médiévale en est un exemple effroyable, et nous redoutons de nous étendre sur ses détails. Cependant, pour une meilleure compréhension de ce passage, il est nécessaire de rappeler certains événements de ces temps malheureux. Albert Barnes, dans son commentaire de ce passage, remarque:

"Quelqu'un peut-il douter de cette vérité concernant la papauté? L'Inquisition, la 'persécution des Vaudois'; les ravages du Duc d'Albe; les bûchers de Smithfield; les tortures de Goa; à dire vrai, toute l'histoire de la papauté peut être invoquée pour prouver que ceci s'applique à son pouvoir. S'il y eut quelque chose qui tenta de briser 'les saints du Très-Haut', qui les aurait retranchés de la terre pour que la religion évangélique disparaisse, ce furent les persécutions du pouvoir papal. En 1208, le pape Innocent III proclama une croisade contre les Vaudois et les Albigeois durant laquelle un million d'hommes périrent. Depuis la fondation de l'ordre des Jésuites, en 1540, jusqu'en 1580, 900 000 personnes moururent. L'Inquisition fit périr 150 000 personnes en trente ans. Dans les Pays-Bas, 50 000 personnes furent pendues, décapitées, brûlées et enterrées vivantes pour délit d'hérésie, en l'espace de trente huit ans, par les édits de Charles V contre les Protestants, jusqu'à la paix de Cateau-Cambrésis en 1559. Dans l'espace de cinq ans et demi, sous l'administration du Duc d'Albe, 18.000 personnes furent remises aux mains des bourreaux. A dire vrai, la plus minime connaissance de l'histoire de la papauté convaincra n'importe qui, que dire qu'elle fait "la guerre aux saints", et qu'elle "opprime les saints du Très-Haut", s'applique strictement à ce pouvoir, et décrit avec exactitude son histoire."

Ces faits sont confirmés par le témoignage de W. E. H. Lecky, qui déclare:

"Que l'église de Rome ait versé plus de sang innocent qu'aucune autre institution qui ait existé dans tout le genre humain, est quelque chose qu'aucun Protestant ne mettra en doute s'il a une connaissance complète de l'histoire. En fait, les documents qui pourraient rappeler beaucoup de ses persécutions sont si rares maintenant qu'il est impossible de se faire une idée précise de la multitude de ses victimes, et il est également certain qu'aucun pouvoir de l'imagination ne peut parvenir à comprendre leurs souffrances… Ces atrocités ne furent pas perpétrées en paroxysmes brefs par un royaume de terreur, ou par les mains d'un obscur sectaire, mais elles étaient infligées par une église triomphante, en toute solennité et réflexion."

Cela ne fait aucune différence, si dans la plupart des cas les victimes furent remises aux autorités civiles. C'était l'église qui avait pris la décision sur la question des hérésies, et qui envoyait ensuite les offenseurs au tribunal séculier. Mais à cette époque, le pouvoir séculier était un instrument utilisé par les mains de l'église.

Il était sous son contrôle et il exécutait ses ordres. Lorsque l'église livrait ses prisonniers aux bourreaux pour être détruits, elle prononçait, avec une moquerie diabolique, l'expression suivante: "Nous te laissons et nous te remettons au bras séculier et au pouvoir du tribunal séculier; mais en même temps nous prions ardemment ce tribunal de modérer sa sentence pour qu'il ne verse pas ton sang, et ne mette pas ta vie en danger." Puis, comme cela était projeté, les pauvres victimes de la haine papale étaient immédiatement exécutées.

Le témoignage de Lepicier vient à propos sur ce sujet: "Le pouvoir civil peut punir uniquement le crime d'incrédulité dans la mesure où le crime a été révélé judiciairement par des personnes ecclésiastiques, expertes dans la doctrine de la foi. Mais l'église, en prenant connaissance du crime d'incrédulité, peut décréter elle-même la sentence de mort, bien qu'elle ne l'exécute pas, mais elle en confie l'exécution au bras séculier."

Les fausses affirmations de certains Catholiques que leur église n'a jamais tué les dissidents, ont été catégoriquement niées par l'un de leurs porte-voix autorisé, le cardinal Bellarmin, né en Toscane en 1542, et qui, après sa mort en 1621, fut sur le point d'être inscrit parmi les saints du calendrier pour les grands services qu'il rendit à l'église. Cet homme, à une certaine occasion, dans le feu d'une controverse, se trahit au point d'admettre les faits réels. Luther avait dit que l'église (en parlant de la véritable église) ne brûla jamais les hérétiques, Bellarmin, ayant compris qu'il s'agissait de l'église Catholique Romaine, répondit: 'Cet argument ne prouve pas le sentiment mais l'ignorance ou l'impudence de Luther; puisqu'un nombre presque infini de personnes furent brûlées ou tuées d'une tout autre façon, ou Luther ne le savait pas, donc c'était un ignorant, ou, s'il le savait, il était coupable d'impudence et de mensonge -car, ces hérétiques furent souvent brûlés par l'église et cela peut être prouvé par quelques-uns des nombreux exemples."

Alfred Baudrillart, recteur de l'Institut Catholique de Paris, en se référant à l'attitude de l'église face à l'hérésie, remarque:

"Lorsqu'elle se trouvait confrontée à l'hérésie, elle ne se contentait pas de la persuasion; les arguments d'ordre intellectuel et moral lui semblaient insuffisants, et elle recourait à la force, au châtiment corporel et à la torture. Elle créa des tribunaux comme ceux de l'Inquisition, et réclama l'aide des lois de l'Etat; si c'était nécessaire elle encourageait une croisade, ou une guerre religieuse, et toute son 'horreur du sang' culmine dans son incitation du pouvoir séculier à le verser, procédé qui est presque encore plus haïssable, parce que moins franc que de le verser elle-même.

"Elle agit de cette façon, surtout au XVIe siècle contre les Protestants. Elle ne se contenta pas de réformer moralement, d'enseigner par l'exemple, de convertir en envoyant des missionnaires éloquents et saints, elle alluma en Italie, aux Pays-Bas, et surtout en Espagne, les bûchers de l'Inquisition. En France, sous François Ier et Henri II, en Angleterre sous Mary Tudor, elle tortura les hérétiques, tandis qu'aussi bien en France qu'en Allemagne, durant la seconde moitié du XVIe siècle, et le début du XVIIe, si en fait elle ne les commença pas, elle stimula et participa activement aux guerres de religions."

Dans une lettre du pape Martin V (1417-1431), se trouvent les instructions suivantes dirigées au roi de Pologne:

"Sachez que l'intérêt du Saint Siège, et de ceux de votre couronne, vous imposent le devoir d'exterminer les Hussites. Souvenez-vous que ces impies osent proclamer des principes d'égalité; ils soutiennent que tous les chrétiens sont frères, et que Dieu n'a pas donné à des hommes privilégiés le droit de gouverner les nations; ils affirment que Christ vint sur la terre pour abolir l'esclavage; ils appellent les gens à la liberté, c'est-à-dire à l'anéantissement des rois et des prêtres! Aussi, pendant qu'il est temps, dirigez vos forces contre la Bohème; tuez, faites des déserts partout parce que rien ne pourra être plus agréable à Dieu, ni plus utile à la cause des rois, que l'extermination des Hussites."

Tout ceci est en harmonie avec l'enseignement de l'église. L'hérésie ne devait pas être tolérée, mais détruite.

La Rome païenne persécuta implacablement l'église Chrétienne. On calcule que trois millions de chrétiens périrent durant les trois premiers siècles de l'ère chrétienne. Cependant, on dit que les premiers chrétiens priaient pour que la Rome impériale subsiste, parce qu'ils savaient que lorsque cette forme de gouvernement cesserait, un autre pouvoir persécuteur encore pire se lèverait, qui littéralement devrait "opprimer les saints du Très-Haut", selon la déclaration de cette prophétie. La Rome païenne pouvait tuer les enfants, mais elle pardonnait aux mères; tandis que la Rome papale tuait aussi bien les mères que les enfants. Il n'y avait pas d'âge, ni de sexe ni de condition qui puisse être à l'abri de sa colère implacable.

La petite corne «espérera changer les temps et la loi ».

Quelle loi? Pas la loi des autres gouvernements terrestres; car il n'était pas rare qu'une puissance change les lois d'une autre, chaque fois qu'elle réussissait à mettre cette autre puissance sous sa domination. Pas des lois humaines ou rien de la sorte; car la petite corne avait le pouvoir de changer les lois humaines partout où sa juridiction s'étendait; mais, les temps et la loi mentionnés ici étaient de telle nature que cette puissance pouvait seulement penser les changer, mais elle était incapable de le faire. C'est la loi du même Etre à qui appartiennent les saints qui sont opprimés par ce pouvoir, à savoir, la loi du Très-Haut. Le pape a-t-il tenté de la changer? Oui, réellement.

Il a ajouté le second commandement au premier, pour en faire un seul, et il a divisé le dixième en deux, ainsi le neuvième interdit de convoiter l'épouse du prochain, et le dixième la propriété de son voisin, afin de conserver le nombre total de dix. Bien que toutes les paroles du second commandement soient conservées dans la Bible Catholique Romaine et dans le Catéchisme Romain autorisé par le Concile de Trente, on trouve dans les deux, des explications minutieuses précisant que dans le cas des images et des choses semblables, sauf celles de Dieu lui-même, leur fabrication et leur emploi n'est pas interdit par le commandement quand elles sont utilisées pour vénérer les vertus des saints, et non pour les adorer comme des dieux, ce qui est expressément interdit par le commandement. Le même principe est aussi appliqué aux cendres, aux os et autres reliques des saints, et aux représentations des anges.

Certains auteurs Catholiques ont beaucoup à dire pour justifier leur église de l'usage des images dans leur culte; et ils nous parlent surtout de leur utilité "pour enseigner au peuple de grandes vérités religieuses." Mais en réalité, dans le culte catholique, le rôle joué par les images ne se limite pas à la phase didactique. On leur voue une vénération, et le peuple s'incline devant elles et les honore, choses qui sont précisément interdites, car la défense de faire des images taillées s'applique quand elles sont destinées à des fins de culte, et pas lors de l'enseignement.

Quant au quatrième commandement, qui est le troisième après les changements opérés, le catéchisme de la plus haute autorité dans l'église Catholique conserva tout le commandement et insista pour que l'observation scrupuleuse du jour du repos dans la vie personnelle et le culte public soit un privilège et un devoir sacré.

DÉCALOGUE ORIGINEL

Selon Exode 20, version Louis Segond

I

Tu n'auras pas d'autres dieux devant ma face.

II

Tu ne te feras point d'image taillée, ni de représentation quelconque des choses qui sont en haut dans les cieux, qui sont en bas sur la terre, et qui sont dans les eaux plus bas que la terre. Tu ne te prosternera point devant elles, et tu ne les serviras point; car moi, l'Eternel, ton Dieu, je suis un Dieu jaloux, qui punis l'iniquité des pères et des enfants jusqu'à la troisième et à la quatrième génération de ceux qui me haïssent, et qui fait miséricorde jusqu'en mille générations de ceux qui m'aiment et qui gardent mes commandements.

III

Tu ne prendras point le nom de l'Eternel, ton Dieu, en vain; car l'Eternel ne laissera point impuni celui qui prendra son nom en vain.

IV

Souviens-toi du jour du repos, pour le sanctifier. Tu travailleras six jours, et tu feras tout ton ouvrage. Mais le septième jour est le jour du repos de l'Eternel, ton Dieu: tu ne feras aucun ouvrage, ni toi, ni ton fils, ni ta fille, ni ton serviteur, ni ta servante, ni ton bétail, ni l'étranger qui est dans tes portes. Car en six jours l'Eternel a fait les cieux , la terre et la mer, et tout ce qui y est contenu, et il s'est reposé le septième jour: c'est pourquoi l'Eternel a béni le jour du repos et l'a sanctifié.

V

Honore ton père et ta mère, afin que tes jours se prolongent dans le pays que l'Eternel, ton Dieu, te donne.

VI

Tu ne tueras point.

VII

Tu ne commettras point d'adultère.

VIII

Tu ne déroberas point.

IX

Tu ne porteras point de faux témoignage contre ton prochain.

X

Tu ne convoiteras point la maison de ton prochain; tu ne convoiteras point la femme de ton prochain, ni son serviteur, ni sa servante, ni son boeuf, ni son âne, ni aucune chose qui appartienne à ton prochain.

DÉCALOGUE POPULAIRE

Selon le Catéchisme

I

Un seul Dieu tu adoreras, Et aimeras parfaitement.

II

Dieu en vain tu ne jureras, Ni autre chose pareillement.

III

Les dimanches tu garderas, En servant Dieu dévotement.

IV

Tes père et mère honoreras, Afin de vivre longuement.

V

Homicide point ne feras, De fait ni volontairement.

VI

Luxurieux point ne seras, De corps ni de consentement.

VII

Le bien d'autrui tu ne prendras, Ni retiendras à ton escient.

VIII

Faux témoignage tu ne diras, Ni mentiras aucunement.

IX

L'oeuvre de chair ne désireras, Qu'en mariage seulement.

X

Bien d'autrui ne convoiteras, Pour les avoir injustement.

Cependant, elle déclara que le jour particulier, le Sabbat qui devait être observé, était en relation avec les ordonnances cérémonielles juives, et qu'avec elles il fut aboli en Christ.;

raison pour laquelle le jour de repos doit être observé le premier jour de la semaine, jour appelé plus communément dimanche.

Pour appuyer la brève déclaration qui précède sur le changement "des temps et de la loi" par le pape, nous présenterons des preuves prises de ce Catéchisme de la plus haute autorité dans l'église Catholique Romaine. En accord avec The Catholic Encyclopedia, "l'autorité de ce catéchisme est supérieure à tout autre, mais elle n'atteint pas bien sûr le niveau de celle des canons et des décrets d'un concile."

Avant de présenter les citations, il faut d'abord préciser que dans le gouvernement de l'église Catholique Romaine, les canons et les décrets d'un concile ecclésiastique oecuménique sont à la fois officiels et suprêmes. Parmi tous ces conciles ecclésiastiques oecuméniques, celui de Trente, célébré à Trente en Italie, entre 1545 et 1563, est le plus marquant. Puisque ce concile appelé à contrecarrer l'influence de la Réforme protestante, traitait largement des doctrines et des coutumes de l'église, décréta officiellement que: "le saint synode ordonnera à tous les évêques… [d'expliquer les sacrements] tous les sacrements, en accord avec la forme prescrite par le saint synode, dans un catéchisme, que les évêques auront soin d'avoir traduit fidèlement dans la langue populaire et exposé au peuple par les prêtres des paroisses."

En réponse à cet ordre, un catéchisme fut composé en Latin pour l'église Catholique Romaine par Saint Charles Borromée et d'autres théologiens, en 1566, et publié à Rome par la Congrégation Vaticane pour la propagation de la foi, sous le titre de Catechismus Romanus ex decreto Sacrosancti Concilii Tridentini, jussu S. Pii V Pontificis Maximi editus, en d'autres termes, "Catéchisme Romain selon le décret du Concile Sacré de Trente, publié par ordre de sa sainteté Pie V, Pontifex Maximus."

Ce livre a été traduit en Anglais par le révérend J. Donovan, prélat et domestique de Sa Sainteté Grégoire XVI," etc., et publié à Dublin avec une préface datée du 10 Juin 1829. Ce livre s'intitule Catechism According to the Decree of the Council of Trent, édité sur l'ordre de notre très illustre seigneur Pie V.

De la cinquième édition de ce Catéchisme Romain publié à Rome en 1796, nous mentionnerons la citation suivante, prise de la Traduction Anglaise de Donovan, sur le quatrième (le troisième dans le décalogue Catholique) commandement:

"Il plut à l'église de Dieu, que la célébration religieuse du jour du Sabbat soit transférée au 'Jour du Seigneur', [c'est-à-dire le dimanche]; puisque ce jour fut le premier où la lumière brilla sur le monde, ainsi notre vie sortit des ténèbres à la lumière en ressuscitant ce jour-là notre Rédempteur, qui nous ouvrit la porte de la vie éternelle; c'est aussi pour cette raison que les Apôtres voulurent l'appeler le 'Jour du Seigneur'. Nous observons aussi dans les Ecritures sacrées que ce jour était tenu pour sacré parce que ce jour-là, la création du monde commença, et le Saint-Esprit fut donné aux disciples."

Ici, la papauté déclare que l'église Catholique Romaine a changé le moment de l'observation du Sabbat du septième jour enregistré dans le décalogue par le premier jour de la semaine, qui est ici appelé par erreur "le Jour du Seigneur" (Voir commentaire sur Apocalypse 1: 10). Il faut observer que les apôtres sont ici rendus responsables d'avoir changé le septième jour par le premier, mais sans citer aucune preuve des Ecritures, parce qu'il n'y en a pas. Toutes les raisons de ce changement données ici, sont purement humaines et sont une invention ecclésiastique.

Le témoignage précédent suffit à montrer comment la papauté tenta de changer les temps et la loi. Comment, plus tard les catéchismes Catholiques Romains pour l'instruction des "fidèles" déclarèrent avec audace que l'église changea le jour et raillèrent les Protestants parce qu'ils acceptaient et observait le changement, se trouve dans notre commentaire sur la marque de la bête, dans l'interprétation du chapitre 13 d'Apocalypse.

Avant de laisser ce thème sur le changement du Sabbat, il serait instructif d'observer les autres raisons données par la papauté sur cette modification, en plus de l'assertion erronée que le changement a été fait par les apôtres. Dans ce même catéchisme Romain auquel nous nous sommes déjà référés plus haut, se trouve une tentative d'explication sur la différence qu'il y a entre le commandement du Sabbat et les autres du décalogue:

"Car la différence est évidente, que les autres préceptes du décalogue sous la loi naturelle, sont perpétuels et immuables; c'est pour cette raison que bien que la loi de Moïse fut abrogée, le peuple chrétien garde encore tous les commandements qui sont sur les deux tables, non pas parce que Moïse l'ordonna, mais parce qu'ils sont en accord avec la loi de la nature, par la force de laquelle les hommes sont poussés à leur observation; mais ce commandement touchant à la sanctification du Sabbat, [si nous considérons le temps assigné pour son observation], n'est pas fixe et immuable, mais il est susceptible d'être changé, parce qu'il n'appartient pas à la loi morale mais à la loi cérémonielle, il n'est pas non plus un principe naturel, car la nature ne nous enseigne pas et ne nous forme pas à donner un culte extérieur à Dieu ce jour plutôt qu'un autre; mais à partir du moment où le peuple d'Israël fut libéré de l'esclavage de Pharaon, ils observèrent le jour du Sabbat...

"Mais le moment où l'observation du Sabbat fut abolie, est le même que celui où les autres rites hébraïques et les cérémonies furent abrogés, à savoir à la mort de Christ; parce que ces cérémonies étant des ombres de la lumière et de la vérité à venir (Hébreux 10:1), il était nécessaire qu'elles soient abolies lors de la venue de la lumière et de la vérité, lesquelles sont Jésus-Christ."

Le lecteur doit seulement se rappeler que la loi des dix commandements fut écrite par le doigt de Dieu sur des tables de pierre, alors que la loi cérémonielle fut écrite dans un livre par Moïse. De plus, le Décalogue fut écrit avant que les lois cérémonielles fussent données à Moïse. Croyons-nous que Dieu soit capable de mélanger un commandement cérémoniel avec les neufs de la loi morale, et d'en confier la correction à un corps ecclésiastique présomptueux? En fait, le motif pour lequel on devait se reposer le septième jour, était selon ce qui est indiqué dans le commandement lui-même, parce que le Créateur lui-même se reposa ce jour-là, et le mit à part comme un monument commémoratif de Son oeuvre créatrice, sans la moindre suggestion qu'il puisse être une "ombre des choses à venir" en Christ, que tous les rites et les ordonnances cérémoniels annonçaient.

Une autre citation du Catéchisme Romain vaut la peine d'être prise en considération:

"Les apôtres décidèrent donc de consacrer au culte divin le premier des sept jours, qu'ils appelèrent 'le jour du Seigneur'; Jean fait mention du 'jour du Seigneur' dans l'Apocalypse (Apocalypse 1:10); et l'apôtre ordonna que les collectes se fassent le premier jour de la semaine (1 Corinthiens 16:2), c'est-à-dire le 'Jour du Seigneur', selon l'explication de Chrysostome, laissant à entendre que déjà le 'jour du Seigneur' était considéré comme saint par l'église".

En plus d'accuser faussement les apôtres d'avoir changer le jour du Sabbat, il nous est dit ici, que les calculs commerciaux de leurs comptes le premier jour de la semaine constituent une raison de l'observer comme jour de repos contrairement à la loi immuable de Dieu.

Cette citation révèle aussi le fait qu'on s'appuie plus sur les pratiques et les interprétations des pères, comme "saint Chrysostome" cité ici, plutôt que les Ecritures elles-mêmes pour prouver que le Sabbat de la loi de Dieu fut changé au dimanche.

Il est nécessaire de faire ici une autre remarque, surtout pour que le clergé et les laïques Protestants la prennent en considération. Dans ce catéchisme Romain, composé sur ordre du pape Pie V vers le milieu du XVIe siècle, sont contenus pratiquement tous les arguments utilisés par les Protestants de nos jours pour appuyer le changement du Sabbat du septième jour au premier jour de la semaine. Remarquez bien ce qui suit:

Ils avancent sans aucune preuve que le Sabbat du septième jour faisait partie de la loi cérémonielle (bien qu'il était inclus au coeur même de la loi morale écrite par le doigt même de Dieu), et qu'il fut donc aboli par Christ.

Ils affirment avec audace que les apôtres ordonnèrent que le premier jour de la semaine devait être observé à la place du septième, en citant le terme "jour du Seigneur" utilisé par Jean dans Apocalypse 1:10, malgré le fait que le seul jour que Dieu ait jamais mis à part comme étant saint et lui appartenant, se reposant lui-même ce jour-là, fut le septième jour du quatrième commandement.

Ils soutiennent que la loi sur le repos du Sabbat "concorde avec la loi de la nature" en exigeant l'interruption de tous travaux et l'observation d'un jour de méditation et de culte; mais ils affirment que le moment de son observation est "susceptible d'être changé", vu que selon leur argument, "il n'appartient pas à la loi morale mais à la loi cérémonielle", par conséquent il fut changé par les apôtres, par les Pères, et par l'église au premier jour de la semaine.

Les arguments qu'ils utilisent en faveur d'un changement sont que la lumière brilla sur le monde pour la première fois le premier jour de la semaine; la résurrection de Christ eut lieu ce jour-là; le Saint-Esprit descendit sur les apôtres ce même jour de la semaine; Paul conseilla aux chrétiens de faire leurs calculs commerciaux le premier jour de la semaine et ils en mirent une certaine partie de côté pour le Seigneur. Tous ces arguments sont inventés par les hommes et il n'y a aucune autorité biblique pour en justifier le changement. Les seules raisons données par le Créateur et le Seigneur du Sabbat, sont qu'Il a créé le monde en six jours, Il s'est reposé le septième, et Il a mis ce jour à part pour un saint usage de la même façon permanente et immuable qu'Il créa toute chose durant les autres jours de la semaine de la création.

Parfois, les Protestants ne se rendent pas compte qu'en défendant le sabbat du Dimanche, ils utilisent les arguments catholiques romains contenus dans le Catéchisme du Concile de Trente publié au XVIe siècle; mais le fait est que chacun d'eux mentionné plus haut se trouve dans cet ouvrage. Nous appelons chaque Protestant à se séparer complètement de la papauté, et à prendre la Bible, et rien que la Bible dans sa croyance et sa pratique.

"Un temps, des temps et la moitié d'un temps".

Le pronom "ils" ("les saints", dans la Bible en français) contenu dans cette phrase englobe les saints, les temps, et la loi déjà mentionnée. Pendant combien de temps devaient-ils être livrés entre les mains de ce pouvoir? Un temps, comme nous l'avons vu dans Daniel 4: 23, représente une année; deux temps, la plus petite quantité qui peut être désignée par un pluriel, deux ans; et la division d'un temps, la moitié d'un temps soit une demi année. Le mot "moitié" dans la phrase: "la moitié d'un temps" est traduite du Chaldéen pelag, que

Gesenius définit comme "une demie", et il prend Daniel 7:25 comme exemple. La Septante le traduit par "demi". Nous obtenons donc une durée de ce pouvoir de trois ans et demi. La parole chaldéenne pour "temps" dans le texte que nous étudions est iddan, que Gesenius défini comme étant utilisé dans "le langage prophétique pour désigner une année. Daniel 7:25."

Nous devons considérer que nous nous trouvons au milieu d'une prophétie symbolique, en conséquence, cette mesure de temps ne peut pas être littérale mais symbolique. La question qui nous vient à l'esprit est la suivante: quelle est la durée de la période représentée par les trois ans et demi du temps prophétique? Le principe qui nous est donné dans la Bible est que lorsqu'un jour est utilisé dans une prophétie symbolique, il représente une année (Ezéchiel 4:6; Nombres 14:34). En référence à la parole hébraïque yom, qui signifie jour, Gesenius fit cette remarque au sujet de son pluriel: "Parfois yamim signifie une période de temps définie; par exemple un an; comme aussi en syriaque et en chaldéen, iddan signifie aussi bien temps que année."

Les étudiants de la Bible ont reconnu ce principe à travers les siècles. Les citations suivantes révèlent comment les divers auteurs s'accordent sur ce sujet. Joachim, abbé de Calabre, une des grandes figures ecclésiastiques du XIIe siècle, applique ce principe de un jour année à la période de 1260 ans. "La femme enveloppée du soleil, représentant l'église, resta dans le désert cachée de la vue du serpent, un jour étant accepté sans aucun doute pour une année, et 1260 jours pour le même nombre d'années."

"Trois temps et demi, c'est-à-dire, 1260 années solaires, en calculant un temps pour une année civile de 360 jours, et un jour pour une année solaire. Après quoi, "viendra le jugement, et on lui ôtera sa domination, qui sera détruite et anéantie pour jamais."

L'année biblique, qui doit être utilisée comme base du calcul, avait une durée de 360 jours (Voir les commentaires sur Apocalypse 11:3). Trois années et demie comptaient 1260 jours. Comme chaque jour représente une année, nous obtenons 1260 ans de suprématie de cette corne. La papauté a-t-elle dominée pendant une telle période? La réponse est: oui. L'édit de l'empereur Justinien, daté du l'année 533 après J-C, fit de l'évêque de Rome la tête de toutes les églises. Mais cet édit ne put rentrer en vigueur tant que les Ostrogoths Ariens, la dernière des trois cornes qui devaient être arrachés pour laisser la place à la papauté, soient expulsés de Rome; et ceci s'est accompli, selon ce qui a déjà été mentionné pages 51 et 52, en 538. L'édit n'aurait eu aucune valeur si ce dernier événement n'avait eu lieu; en conséquence, nous devons calculer à partir de cette dernière date, car en réalité les saints ne tombèrent pas entre les mains de ce pouvoir avant cette date. Mais la papauté exerça-t-elle sa suprématie pendant 1260 ans à partir de cette date? Exactement. Parce que

538+1260 = 1798; et cette année-là (en 1798) le Général Berthier, avec l'armée Française, entra à Rome, proclama la république, fit prisonnier le pape, et infligea une blessure mortelle à la papauté. Bien que jusqu'alors elle ne parvînt pas à retrouver tous les privilèges et l'immunité qu'elle possédait avant, nous assistons actuellement à la restauration graduelle de son pouvoir antérieur.

Puis viendra le jugement.

Après avoir décrit la terrible carrière de la petite corne, et déclaré que les saints seraient livrés entre ses mains pendant 1260 ans, période qui nous amène à 1798, le verset 26 déclare: "Puis viendra le jugement, et on lui ôtera sa domination, qui sera détruite et anéantie pour jamais. Au verset 10 du même chapitre nous avons substantiellement la même expression concernant le jugement: "les juges s'assirent". Il semble correct de penser qu'il s'agit du même jugement dans les deux cas. Mais la scène sublime décrite au verset 10 est l'ouverture du jugement investigatif dans le sanctuaire céleste, comme nous le verrons dans les remarques sur Daniel 8:14 et 9:25-27. La prophétie situe l'ouverture de cette scène du jugement à la fin des 2300 années, qui se terminèrent en 1844 (Voir les commentaires sur Daniel 9: 25-27).

Quatre ans après, en 1848, la grande révolution qui secoua tant de trônes en Europe, expulsa aussi la papauté de ses domaines. Sa restauration eut lieu peu de temps après, par la force des baïonnettes étrangères qui la soutinrent jusqu'à ce qu'en 1870 elle subit la perte de son pouvoir temporel. La chute de la papauté en 1798 marque la fin de la période des 1260 ans, et constitue la "blessure mortelle" d'Apocalypse 13:3; mais selon la prophétie, cette blessure mortelle devait être "guérie".

La blessure mortelle doit guérir.

En 1800, un autre pape fut élu, et son palais et sa domination temporelles sur les états pontificaux lui furent rendus, et comme le dit George Croly, célèbre commentateur britannique, il récupéra toutes ses prérogatives, excepté celle d'exercer des persécutions systématiques, parce que la "blessure mortelle" commençait à cicatriser (Apocalypse 13:3).

Comment cette "blessure mortelle" pouvait-elle guérir, et les caractéristiques de Daniel 7:26, "on lui ôtera sa domination, qui sera détruite et anéantie pour jamais" se réaliser? Comment pouvons-nous expliquer ce paradoxe apparent? Quelles que soient les difficultés exégétiques, le fait subsiste que dans l'histoire de la papauté on trouve ces deux caractéristiques.

En 1844, le jugement commença son oeuvre dans le sanctuaire céleste (vers. 10). Au verset 11, on nous dit que "à cause des paroles arrogantes que prononçait la corne...l'animal fut tué". Le 8 Décembre 1854, le pape promulgua le dogme de l'immaculée conception. En 1870, les armées de Victor Emmanuel retirèrent à la papauté son pouvoir temporel, alors que le Vingtième Concile Oecuménique décrétait l'infaillibilité papale quand elle parle ex cathedra, c'est-à-dire, lorsqu'en tant que pasteur ou docteur de tous les chrétiens, elle définit une doctrine concernant la foi ou la morale. Mais malgré les honneurs croissants accumulés par le clergé sur l'évêque de Rome, la papauté perdit complètement le pouvoir temporel. Depuis lors, les papes s'enfermèrent comme des prisonniers dans le Vatican, à Rome, jusqu'à la signature du Concordat avec l'Italie, en 1929, qui lui rendait "la domination" sur la Cité du Vatican, une petite partie de la ville de Rome.

27-28: « 27 Le règne, la domination, et la grandeur de tous les royaumes qui sont sous les cieux, seront donnés au peuple des saints du Très-Haut. Son règne est un règne éternel, et tous les dominateurs le serviront et lui obéiront. 28 Ici finiront les paroles. Moi Daniel, je fus extrêmement troublé par mes pensées, je changeai de couleur, et je conservai ces paroles dans mon coeur."

Après avoir contemplé le tableau sombre et désolé de l'oppression de l'église par la papauté, le prophète est autorisé à tourner à nouveau ses regards sur le repos glorieux des saints, lorsqu'ils posséderont à jamais le royaume, libres de tout pouvoir oppressif. Comment les fils de Dieu pourraient-ils résister dans ce monde actuel si pervers, au milieu de la tyrannie et de l'oppression des gouvernements de la terre, et des abominations qui s'y commettent, s'ils ne pouvaient voir par avance, le royaume de Dieu et le retour de leur Seigneur, avec la pleine assurance que les promesses concernant ces deux thèmes s'accompliront avec certitude, et avec rapidité?

Chapitre 8—Le Monde Convoqué Devant Le Tribunal Céleste

Retournons à l'Hébreu, dit Adam Clarke, puisque la partie du livre en Chaldéen est terminée. Comme les Chaldéens avaient un intérêt particulier, à la fois pour l'histoire et les prophéties de Daniel 2:4 jusqu'à la fin du chapitre 7, toute cette partie est écrite en Chaldéen; mais comme les prophéties restantes se réfèrent aux temps postérieurs à la monarchie chaldéenne, et surtout à l'église et au peuple de Dieu en général, elles sont écrites en langue hébraïque, langue dans laquelle Dieu choisit de révéler tous Ses conseils dans l'Ancien Testament en relation avec le Nouveau."

1: "La troisième année du règne du roi Belschatsar, moi, Daniel, j'eus une vision, outre celle que j'avais eue précédemment."

Un des points frappants des Saintes Ecritures qui doit être exempté de toute accusation d'être une oeuvre de fantaisie, est la franchise et la liberté avec lesquelles ses auteurs présentent toutes les circonstances en relation avec les événements qu'ils écrivent. Ici, le premier verset indique l'époque à laquelle la vision fut donnée à Daniel. La première année de Belschatsar correspond à l'année 540 av. J. C. Sa troisième année, où la vision fut donnée, devait être par conséquent en 538. Comme Daniel avait environ 20 ans lorsqu'il fut déporté à Babylone, lors de la première année de Nébucadnetsar, en 606 av. J. C., il devait avoir environ 80 ans à cette époque. La vision qu'il désigne comme étant celle qu'il "avait eue précédemment" est sans doute celle du chapitre 7 qu'il a eue la première année du règne de Belschatsar.

2: "Lorsque j'eus cette vision, il me sembla que j'étais à Suse, la capitale, dans la province de l'Elam; et pendant ma vision, je me trouvais près du fleuve d'Ulaï."

Tout comme le premier verset indique la date à laquelle la vision a été donnée, ce verset indique le lieu où le prophète reçut la révélation. Suse était la métropole de la province d'Elam, alors aux mains des Babyloniens, et le roi de Babylonie y avait un palais royal. Daniel, en tant que ministre d'état employé aux affaires du roi, se trouvait là. Abradates, vice-roi de Suse, promit fidélité à Cyrus, et la province fut unie à la Médie et à la Perse; aussi, en accord avec la prophétie d'Esaïe 21:2, Elam monta avec les Mèdes pour assiéger Babylone. Sous les Mèdes et les Perses, Elam retrouve les libertés qu'elle avait perdues avec les Babyloniens, selon la prophétie de Jérémie 49:39.

3, 4: "3 Je levai les yeux, je regardai, et voici, un bélier se tenait devant le fleuve, et il avait des cornes; ces cornes étaient hautes, mais l'une était plus haute que l'autre, et elle s'éleva la dernière. 4 Je vis le bélier qui frappait de ses cornes à l'occident, au septentrion et au midi; aucun animal ne pouvait lui résister, et il n'y avait personne pour délivrer ses victimes; il faisait ce qu'il voulait, et il devint puissant."

Les royaumes des Mèdes et des Perses.

Au verset 20, l'interprétation de ce symbole nous est présentée clairement: "Le bélier que tu as vu, et qui avait des cornes, ce sont les rois des Mèdes et des Perses. Il nous faut donc considérer convenablement jusqu'à quel point le pouvoir correspond au symbole en question. Les deux cornes représentaient les deux nationalités qui composaient l'empire. La plus grande s'éleva plus tard. Elle symbolisait la Perse, qui au début était simplement un allié des Mèdes, mais plus tard, elle devint la partie principale de l'empire. Les directions vers lesquelles le bélier frappait montrent les directions vers lesquelles les Mèdes et les Perses étendirent leurs conquêtes. Aucune puissance terrestre ne pouvait leur résister tandis qu'ils avançaient vers la haute position à laquelle la providence de Dieu les avait appelés. Ils eurent tant de succès dans leurs conquêtes qu'à l'époque d'Assuérus (Esther 1:1), le royaume médo-perse comprenait 127 provinces, et s'étendait de l'Inde à l'Ethiopie, limites du monde connu à cette époque.

5-7: 5 Comme je regardais attentivement, voici un bouc venait de l'occident, et parcourait toute la terre à sa surface, sans la toucher; ce bouc avait une grande corne entre les yeux. 6 Il arriva jusqu'au bélier qui avait des cornes, et que j'avais vu se tenant devant le fleuve, et il courut sur lui dans toute sa fureur. 7 Je le vis qui s'approchait du bélier et s'irritait contre lui; il frappait le bélier et lui brisa les deux cornes, sans que le bélier eût la force de lui résister; il le jeta par terre et le foula, et il n'y eut personne pour délivrer le bélier."

Le royaume de Grèce.

"Comme je regardais attentivement", dit le prophète. Il y a ici un exemple pour tous ceux qui aiment la vérité et pour tous ceux qui apprécient les choses spirituelles. Lorsque Moïse vit le buisson ardent, il dit: "Je veux me détourner pour voir quelle est cette grande vision". Combien peu aujourd'hui sont disposés à laisser de côté leur poursuite des affaires ou des plaisirs pour examiner les thèmes importants que Dieu tente de présenter à leur attention!

Le symbole introduit ici est expliqué à Daniel par l'ange. "Le bouc c'est le roi de Javan" (verset 21). Au sujet de l'aptitude de ce symbole à représenter la Grèce ou le peuple

Macédonien, Thomas Newton observe que les Macédoniens, "deux cents ans avant Daniel, étaient appelés Ægeadæ, ou peuple des chèvres". Il explique l'origine de ce nom selon le récit des auteurs païens: "Caranus, leur premier roi, alors qu'il allait avec une grande multitude de Grecs à la recherche de nouvelles demeures en Macédoine, reçut l'ordre de l'oracle de se laisser guider par des chèvres qui les conduiraient vers l'empire; et, plus tard, en voyant un troupeau de chèvres qui fuyait une violente tempête, il les suivit jusqu'à Edesse qui devint le siège de son empire; ils firent des chèvres leurs drapeaux ou étendards et ils appelèrent la ville Egée, ou ville des chèvres, et ses habitants les Egéens, ou peuple des chèvres... La ville d'Egée était le lieu où étaient habituellement enterrés les rois macédoniens. Il est très frappant que le fils qu'Alexandre eut de Roxane était appelé Alexandre Aigos, ou fils de la chèvre; et certains successeurs d'Alexandre sont représentés sur leurs monnaie avec des cornes de chèvre."

Le "bouc venait de l'occident et parcourait toute la terre". Ceci, parce que la Grèce se trouvait à l'ouest de la Perse et elle attaquait de cette direction. L'armée grecque balayait de la surface de la terre, tout ce qui se trouvait devant elle.

Le bouc ne touchait pas le sol. La merveilleuse célérité de ses mouvements était telle qu'il paraissait voler d'un point à un autre, à la vitesse du vent. La même caractéristique de rapidité est indiquée dans la vision de Daniel 7 par les quatre ailes du léopard, représentant la même nation.

Alexandre la "grande corne".

La grande corne entre ses yeux est expliquée au verset 21 comme étant le premier roi de l'empire Macédonien. Ce roi était Alexandre le Grand.

Un récit concis du renversement de l'empire Perse par Alexandre nous est donné aux versets 6 et 7. La bataille entre les Grecs et les Perses fut extrêmement féroce. Quelques-unes des scènes enregistrées dans l'histoire nous rappellent vivement l'image utilisée dans la prophétie: un bélier se tenait devant le fleuve, et le bouc "courut sur lui dans toute sa fureur". Alexandre vainquit d'abord les généraux de Darius sur les rives du Granique en Phrygie. Ensuite, il attaqua et mis en déroute Darius aux cols d'Issos, en Cilicie, et plus tard il le vainquit dans la plaine d'Arbèles, en Syrie. Cette dernière bataille eut lieu en 331 av. J. C., et marqua la chute de l'empire Perse. C'est ainsi qu'Alexandre devint le maître de tout le pays. Au sujet du verset 6: "il arriva jusqu'au bélier qui avait des cornes, et que j'avais vu se tenant devant le fleuve, et il courut sur lui dans toute sa fureur", Thomas Newton dit: " Il est difficile pour certain de lire ces paroles sans se faire une certaine idée de l'armée de Darius debout, surveillant le Granique, et Alexandre de l'autre côté avec ses forces qui se précipitèrent, puis traversèrent le courant à la nage, pour se ruer sur l'ennemi avec tout le feu et la furie imaginables."

Ptolémé fait débuter le règne d'Alexandre en 332 av. J. C., mais ce ne fut qu'après la bataille d'Arbèles, l'année suivante, qu'Alexandre devint "le seigneur absolu de cet empire d'une extension supérieure à celle qu'aucun roi Perse ne possédât jamais."

A la veille de cette bataille, Darius envoya ses principaux parents pour négocier la paix. On dit que lorsqu'ils eurent présenté leurs conditions, Alexandre leur répondit: "Le ciel ne peut contenir deux soleils, ni la terre deux maîtres."

Le langage du verset 7 démontre que la soumission de la Médo-Perse à Alexandre serait totale. Les deux cornes furent brisées, et le bélier fut jeté à terre et piétiné. La Perse était subjuguée, le pays mis à sac, ses armées détruites et dispersées, et les villes dépouillées. La cité royale de Persépolis, la capitale de l'empire Perse –qui même en ruines, constitue une des merveilles du monde d'aujourd'hui-, fut saccagée et incendiée. Ce fut ainsi que le bélier n'eut pas la force de résister au bouc, et que personne ne put le libérer de sa main.

8: "Le bouc devint très puissant; mais lorsqu'il fut puissant, sa grande corne se brisa. Quatre grandes cornes s'élevèrent pour la remplacer, aux quatre vents des cieux."

La grande corne brisée.

Le conquérant est plus grand que le vaincu. Le bélier, la Médo-Perse, avait été "puissant"; le bouc, la Grèce, devint "très puissant". "Lorsqu'il fut puissant, sa grande corne se brisa". Les spéculations et la prévoyance humaine auraient dit: Lorsqu'il s'affaiblira, et que son royaume sera déchiré par la rébellion, ou dégénéré par la luxure, alors la corne sera brisée, et le royaume sera ruiné. Mais Daniel la vit brisée au faîte de sa force, à l'apogée de sa puissance, au moment où tout spectateur se serait exclamé: Le royaume est sûrement établi et rien ne peut l'abattre! C'est ce qui arrive souvent avec les impies. La corne de leur force se brise au moment où ils considèrent qu'elle est la plus solide. L'Ecriture dit: "Que celui qui croit être debout, prenne garde de tomber!" (1 Corinthien 10:12).

Quatre grandes cornes s'élevèrent.

Après la mort d'Alexandre, il y eut de nombreuses luttes entre ses généraux, pour sa succession. Après une lutte de sept jours, on se mit d'accord pour que son frère naturel, Philippe Aridaeus, soit déclaré roi. Avec les deux jeunes enfants d'Alexandre, Alexandre Aigos et Hercule, il soutint durant un certain temps le nom et l'apparence de l'empire Macédonien. Mais les enfants furent assassinés très tôt, et la famille d'Alexandre s'éteignit. Alors, les commandants de l'armée, qui s'en étaient allés comme gouverneurs des provinces dans les différentes parties de l'empire, s'attribuèrent le titre de roi. Ils commencèrent tout de suite à se faire la guerre les uns contre les autres, à tel point que quelques années après la mort d'Alexandre, ils furent réduits au nombre de quatre, le chiffre exact spécifié par la prophétie.

Quatre grandes cornes devaient s'élever aux quatre vents des cieux à la place de la grande corne qui avait été brisée. Elles représentaient Cassandre, qui eut la Grèce et les régions voisines ; Lysimaque, qui obtint l'Asie mineure ; Séleucos, qui eut la Syrie et Babylone, et duquel sortit la lignée des rois « Séleucides », si fameux dans l'histoire ; et Ptolémée, fils de Lagos, eut l'Egypte, duquel sortirent les « Lagides ». Ceux-ci étendirent leur royaume en direction des quatre vents. Cassandre avait les régions occidentales ; Lysimaque, celles du nord ; Séleucos, les pays orientaux ; Ptolémée, la portion méridionale de l'empire. Ces quatre cornes peuvent donc être identifiées comme étant la Macédoine, la Thrace (qui incluait alors l'Asie mineure, et les parties se trouvant dans l'Hellespont [Dardanelles] et le Bosphore), la Syrie et l'Egypte.

9-12 : « 9 De l'une d'elles sortit une petite corne, qui s'agrandit beaucoup vers le midi, vers l'orient, et vers le plus beau des pays. 10 Elle s'éleva jusqu'à l'armée des cieux, elle fit tomber à terre une partie de cette armée et des étoiles, et elle les foula. 11 Elle s'éleva jusqu'au chef de l'armée, lui enleva le sacrifice perpétuel, et renversa le lieu de son sanctuaire. 12 L'armée fut livrée avec le sacrifice perpétuel, à cause du péché ; la corne jeta la vérité par terre, et réussit dans ses entreprises. »

Une petite corne s'élève.

Ici, une troisième puissance est introduite dans la prophétie. Dans l'explication que l'ange donne à Daniel, ce symbole n'est pas décrit avec autant de précisions que pour la Médo-Perse et la Grèce.

Il y a deux interprétations courantes de ce symbole qui nous sont données dans ce petit commentaire et qui réclament notre attention. La première est que la « petite corne » représente le roi Syrien Antiochus Epiphane. La deuxième caractérise la puissance romaine. Il est facile d'analyser et de vérifier ces deux interprétations.

La petite corne est-elle Antiochus ?

Si Antiochus Epiphane ne remplit pas les caractéristiques de la prophétie, le symbole ne peut pas lui être attribué. La petite corne sortit de l'une des quatre cornes du bouc. Elle était donc une puissance qui avait une existence distincte de celle de n'importe quelle autre corne du bouc. Antiochus fut-il cette puissance là ?

Qui était Antiochus ? Depuis le moment où Séleucos se fit roi de la partie syrienne de l'empire d'Alexandre, et constitua ainsi la corne syrienne du bouc, jusqu'à ce que son pays fût conquis par les Romains, vingt-six rois se succédèrent sur ce territoire. Le huitième de ces rois fut Antiochus Epiphane. Il était donc simplement l'un des vingt-six rois qui constituèrent la corne syrienne du bouc. Il fut donc cette corne durant toute la durée de son règne. Il est logique d'affirmer qu'il ne pouvait pas être en même temps une puissance séparée et indépendante, ni une autre corne notable, comme le fut la petite corne. S'il était juste d'appliquer le symbole de la petite corne à l'un de ces vingt-six rois Syriens, il devrait l'être au plus puissant et illustre de tous. Mais Antiochus Epiphane ne fut en aucune manière le roi le plus puissant de la lignée syrienne. Bien qu'il prit le nom d'Epiphane, c'est-à-dire « l'illustre », il ne le fut que de nom. Prideaux dit que rien de basé sur l'autorité de Polybe, Livy, et Diodore de Sicile, ne fut aussi étranger à son vrai caractère ; à cause de sa folie vile et extravagante, certains le crurent fou et changèrent son nom d'Epiphane, « l'illustre » en Epinames, « le fou ».

Antiochus le Grand, le père d'Epiphane, après avoir été vaincu lors d'une guerre contre les Romains, obtint la paix seulement après avoir payé une somme d'argent prodigieuse et la renonciation d'une partie de son territoire. Pour l'obliger à accomplir fidèlement les conditions du traité, il fut contraint de livrer des otages, parmi lesquels Epiphane, son fils, qui fut emmené à Rome. Depuis lors, les Romains conservèrent leur ascendant.

La petite corne du bouc devait beaucoup grandir ; mais Antiochus Epiphane ne crut pas de façon importante. Au contraire, il n'agrandit pas son royaume, excepté par quelques conquêtes passagères qu'il fit en Egypte et auxquelles il renonça immédiatement lorsque les Romains prirent le parti de Ptolémé et lui ordonnèrent de renoncer à ses prétentions sur ce territoire. Son ambition frustrée réveilla sa colère qu'il déchargea sur les Juifs innocents.

La petite corne, en comparaison aux puissances qui la précédèrent, crût de façon excessive. La Perse est simplement appelée grande, bien qu'elle comprenait cent vingt sept provinces (Esther 1 :1). La Grèce fut encore plus étendue ; il est dit qu'elle était très grande. Maintenant, la petite corne qui s'agrandit beaucoup doit les surpasser toutes les deux. Il est absurde d'appliquer cela à Antiochus car il se vit obligé d'abandonner l'Egypte sous la pression des Romains ! Il n'est pas nécessaire de réfléchir longtemps pour savoir quel fut le plus grand pouvoir : celui qui dut évacuer l'Egypte ou celui qui ordonna l'évacuation.

La petite corne devait s'opposer au Prince des princes, expression qui se réfère, sans l'ombre d'un doute, à Jésus-Christ (Daniel 9 : 25 ; Actes 3 : 15 ; Apocalypse 1 : 5). Mais Antiochus mourut cent soixante quatre ans avant que naisse le Seigneur. La prophétie ne peut donc pas lui être appliquée, car il ne remplit pas un seul détail de ses caractéristiques. On peut se demander : pourquoi certains ont-ils tenté de la lui attribuer ? Nous répondons : Les Catholiques Romains acceptent cette interprétation pour éviter que la prophétie leur soit appliquée ; et beaucoup de Protestants les suivent, apparemment pour s'opposer à l'enseignement que la seconde venue de Christ est proche.

La petite corne représente Rome.

Il a été facile de démontrer que la petite corne ne représente pas Antiochus Epiphane. Il nous sera tout aussi facile de prouver qu'elle symbolise Rome.

Le champ de vision est réellement le même ici que celui de la statue de Nébucadnetsar dans Daniel 2, et dans la vision de Daniel 7. Dans les deux esquisses prophétiques, nous avons vu que le pouvoir qui succéda à la Grèce comme grande puissance était aussi Rome. La seule conclusion naturelle serait que la petite corne, le pouvoir qui succède à la Grèce dans cette vision comme royaume qui « s'agrandit beaucoup », est aussi Rome.

La petite corne sort d'une des cornes du bouc. Comment, peut-on dire cela de Rome ? se demandera quelqu'un. Les gouvernements terrestres ne sont pas introduits dans la prophétie tant qu'ils ne sont pas, d'une certaine manière, en relation avec le peuple de Dieu. A cette époque, Rome fut en relation avec les Juifs, le peuple de Dieu, par la célèbre Ligue Juive en 161 av. J. C. Mais sept ans avant, c'est-à-dire en 168 av. J. C., Rome avait conquis la Macédoine, et elle fit de ce pays une partie de son empire. Rome fut donc introduite dans la prophétie précisément quand, après avoir renversé la corne Macédonienne du bouc, elle partit pour faire de nouvelles conquêtes, dans d'autres directions. Pour le prophète, elle apparut comme sortant de l'une des cornes du bouc.

La petite corne s'agrandit vers le Sud. C'est ce qui arriva à Rome. L'Egypte fut réduite en une province de l'empire romain, en 30 av. J. C. et resta dans cette situation pendant de nombreux siècles.

La petite corne s'agrandit vers l'Orient. C'est aussi ce que Rome fit. Elle conquit la Syrie en 65 av. J. C., et elle en fit une de ses provinces.

La petite corne s'agrandit vers le plus beau des pays. Rome le fit aussi. La Judée est appelée « le plus beau des pays » dans plusieurs passages des Ecritures. Les Romains la réduisirent en province de leur empire en 63 av. J. C., et finalement, ils détruisirent la ville et le temple, et dispersèrent les Juifs sur toute la terre.

La petite corne « s'éleva jusqu'à l'armée des cieux, elle fit tomber à terre une partie de cette armée et des étoiles ». Rome fit une telle chose. Dans cette expression, deux images sont introduites : « l'armée des cieux », et les « étoiles ». Quand on utilise, dans un sens symbolique, des événements se déroulant sur la terre, ces images se réfèrent presque toujours au peuple de Dieu et à ses dirigeants. Dans le verset 13 de ce chapitre nous lisons que le sanctuaire et l'armée seront foulés. Il est fait indubitablement référence au peuple de Dieu et à son lieu de culte. Les étoiles représenteraient tout naturellement les dirigeants de l'oeuvre de Dieu. Cette pensée est mieux soulignée dans une des phrases d'Apocalypse 12 : 4, où nous lisons quelque chose faisant référence au grand dragon rouge, symbole de Rome, qui jette à terre un tiers des étoiles.

La petite corne « s'éleva jusqu'au Chef de l'armée ». Seule Rome le fit. Dans l'interprétation, au verset 25, il est dit de la petite corne qu'elle « s'élèvera contre le chef des chefs ». C'est une allusion très claire à la crucifixion de notre Seigneur sous la juridiction des Romains.

Rome sous ses deux aspects.

« Le sacrifice perpétuel fut enlevé » par la petite corne. Cette petite corne symbolise Rome dans toute son histoire, c'est-à-dire qu'elle inclut ses deux phases, la païenne et la papale. Ces deux phases sont mentionnées dans une autre partie comme « le continu » (sacrifice est un mot rajouté) et « le péché dévastateur » ; le continu ou désolation signifie la forme païenne, et le péché dévastateur, la papale (voir commentaire sur le verset 13). Dans les actions attribuées à ce pouvoir, il est parfois parlé d'une manière, et parfois d'une autre. « Le continu [la forme papale] fut enlevé par lui [la forme païenne]. » La Rome païenne se transforma en la Rome papale. « Le lieu de son sanctuaire », ou de son culte, la ville de Rome, fut « renversé ». Le siège du gouvernement fut transféré par Constantin à Constantinople en 330 de notre ère. Ce transfert est présenté dans l'Apocalypse 13 :2, où il est dit que le dragon, ou Rome païenne, donna son pouvoir à la bête, la Rome papale, la ville de Rome.

« L'armée fut livrée [à la petite corne] avec le sacrifice perpétuel. » Les barbares qui renversèrent l'empire Romain durant les changements, les frottements, et les transformations de ces périodes, se convertirent à la foi catholique et devinrent des instruments pour détrôner leur religion antérieure. Bien qu'ils aient conquis politiquement Rome, ils furent vaincus religieusement par la théologie de Rome, et ils furent ceux qui perpétuèrent le même empire sous une autre phase. Ceci eut lieu « à cause du péché », c'est-à-dire, par le développement du « mystère d'iniquité ». La papauté peut être appelée un système d'iniquité, parce qu'elle a fait son oeuvre malfaisante tout en simulant être une religion pure et sans tâche. Au sujet de ce faux système religieux, Paul écrivait au premier siècle : « Car le mystère de l'iniquité agit déjà » (2 Thes. 2 :7).

« La petite corne jeta la vérité par terre, et réussit dans ses entreprises . » Ceci décrit en peu de mots l'oeuvre et la carrière de la papauté. La vérité est odieusement déformée, chargée de traditions, transformée en hypocrisie et superstitions, rabaissée et obscurcie.

Au sujet de cette puissance ecclésiastique, il est dit : « elle réussit », elle pratiqua ses tromperies envers le peuple, utilisa des machinations pour parvenir à ses fins et augmenter son pouvoir.

« Elle réussit dans ses entreprises ». Elle fit la guerre contre les saints et elle eut le dessus. Elle a presque parcouru toute la carrière qui lui avait été concédée, et bientôt elle doit être brisée sans l'intervention d'aucune main, pour être livrée aux flammes, qui la feront périr dans les gloires consumantes de la seconde venue de notre Seigneur.

Rome correspond à toutes les spécificités de la prophétie. Ce qui n'est pas le cas avec d'autres pouvoirs. Donc, Rome seule, et aucun autre pouvoir, est bien celui mentionné ici. Les descriptions inspirées, données dans la Parole de Dieu et le caractère de ce système concordent ; et les prophéties le concernant se sont accomplies de la façon la plus surprenante et exacte.

13, 14 : « 13 J'entendis parler un saint ; et un autre saint dit à celui qui parlait : Pendant combien de temps s'accomplira la vision sur le sacrifice perpétuel et sur le péché dévastateur ? Jusques à quand le sanctuaire et l'armée seront-ils foulés ? 14 Et il me dit : Deux mille trois cents soirs et matins ; puis le sanctuaire sera purifié. »

Le temps dans la prophétie.

Ces deux versets de Daniel 8 terminent la vision proprement dite. Ils introduisent l'unique détail restant et qui est du plus grand intérêt pour le prophète et l'église, à savoir, jusqu'à quand vont durer les pouvoirs destructeurs présentés antérieurement. Combien de temps va durer le pouvoir oppresseur contre le peuple de Dieu ? Si on lui en avait donné le temps, Daniel aurait posé lui-même la question, mais Dieu connaît toujours avec anticipation nos désirs, et parfois, il répond avant que nous les exprimons.

Deux êtres célestes conversent sur le sujet. C'est un thème important que l'Eglise doit bien comprendre. Daniel entendit un saint qui parlait, mais il ne nous est pas rapporté ce qu'il disait. Mais un autre saint posa une question importante : « Jusques à quand… ? » La question et la réponse sont enregistrées, ce qui montre qu'il s'agit d'un sujet que l'Eglise doit comprendre. Cette opinion est confirmée par le fait que la réponse est donnée à Daniel, la personne la plus concernée, et auquel elle était adressée.

Les 2300 jours.

L'ange déclara : « Deux mille trois cents soirs et matins ; puis le sanctuaire sera purifié ». Quelqu'un peut se demander : Pourquoi l'édition vaticane de la Septante dit dans ce verset « deux mille quatre cents jours ? A ce sujet, S. P. Tregelles écrit :

« Certains écrivains qui traitent les sujets prophétiques ont adopté, dans leurs explications ou interprétations de cette vision, les chiffres 'deux mille quatre cents jours' ; et pour se justifier, ils se sont référés aux copies imprimés en commun de la version de la Septante. A propos de ce livre, il y a longtemps que la version de la Septante a été remplacée par celle de Théodotion ; et de plus, le nombre « deux mille quatre cents » qu'on trouve dans les exemplaires grecs imprimés en commun, est simplement une erreur qui a été commise à l'imprimerie du Vatican en 1586, erreur qui a été perpétuée par habitude. J'ai examiné (en 1845) le passage dans le manuscrit du Vatican, que les éditions romaines disent suivre, et il dit exactement la même chose que le texte hébreu [« deux mille trois cents jours »] ; et la vraie Septante de Daniel aussi. (L'édition, parut en 1857, que le cardinal Mai a faite du manuscrit, dit aussi la même chose). »

Et pour corroborer encore davantage la véracité de la période des deux mille trois cent jours, nous citons le passage suivant :

« L'édition de la Bible grecque qui est utilisée communément, fut imprimée, comme on le verra expliqué dans Prideaux et Horne, non selon la version originale de la Septante, mais selon celle de Théodotion qui fut faite aux environs de la fin du second siècle. Il existe trois éditions principales standards de la Bible de la Septante, qui contiennent la version de Daniel en accord avec Théodotion ; à savoir la Complutense, publiée en 1514 ; l'Aldine, en 1518 ; la Vaticane, 1587, desquelles ont été tirées les dernières éditions anglaises de la Septante. A ces trois, nous pouvons en rajouter une quatrième, qui est celle du texte Alexandrin, publiée entre 1707 et 1720. Il y en a une autre, appelée Chisiana, 1772, qui contient le texte grec de Théodotion et celui de la Septante. De ces six copies, seule la Vaticane dit 'deux mille quatre cent', et toutes les autres concordent avec l'hébreu et avec les Bibles anglaises. De plus, le manuscrit lui-même, qui se trouve au Vatican, à partir duquel l'édition a été faite, dit deux mille trois cents, et sans erreur d'imprimerie. »

Ces citations démontrent clairement que nous ne pouvons absolument pas nous fier à cette expression trouvée dans l'édition Vaticane de la Septante.

Qu'est-ce que le perpétuel?

Dans le verset 13 nous avons la preuve que « sacrifice » est une expression erronée qui a été ajoutée au mot « perpétuel ». Si, comme certains le supposent, il s'agissait ici de l'élimination du sacrifice perpétuel du service judaïque (qui a un certain moment fut arrêté), il ne serait pas approprié de demander jusques à quand va durer la vision à son sujet. Cette question implique évidemment, que les agents ou événements auxquels la vision se réfère, occupent une quantité d'années. La durée est l'idée centrale. Tout le temps de la vision est occupé par ce qui est appelé ici « le perpétuel » et le « péché dévastateur ». Donc, le « perpétuel » ne peut pas être le sacrifice perpétuel des Juifs, parce que lorsque le moment où il devait être ôté vint, cette action ne prit qu'un instant, lorsque le voile du temple fut déchiré, lors de la crucifixion du Christ. Il doit représenter quelque chose qui s'étend sur une longue période de temps.

L'expression traduite ici par « perpétuel » est présente 102 fois dans l'Ancien Testament, selon la Concordance Hébraïque. Dans la grande majorité des cas elle est traduite par « continu » ou « continuellement ». Ce mot n'implique absolument pas l'idée de sacrifice. Dans notre passage de Daniel 8 : 11, 13 non plus. C'est un mot qui a été rajouté par les traducteurs, parce qu'ils pensaient que le texte l'exigeait ainsi. Il est évident qu'ils avaient une opinion erronée, car ici il n'est pas fait allusion aux sacrifices des Juifs. Il semble plus en accord avec la construction et le contexte de supposer que l'expression « perpétuel » se réfère à une puissance destructrice, avec laquelle il est en relation. Nous avons alors deux puissances destructrices qui pendant une longue période oppriment ou ravagent l'église. Littéralement, le texte peut se traduire : « Jusques à quand durera la vision [concernant] la continuation et la transgression de la désolation ? » -le mot « désolation» étant en relation avec « continuation » et « transgression », comme si on parlait de la « continuité de la désolation et de transgression de la désolation ».

Deux puissances destructrices.

Par « la continuité de la désolation » ou « la désolation continue », nous comprenons qu'on veut représenter le paganisme durant toute son histoire. Quand nous considérons les longs siècles à travers lesquels le paganisme fut l'agent principal de l'oppression de Satan contre l'oeuvre de Dieu sur la terre, le mot « continuité » ou « perpétuel » lui semble bien approprié. Nous comprenons aussi que la « transgression de la désolation » représente la papauté. La phrase qui décrit la dernière puissance est plus forte que celle qui décrit le paganisme. C'est la transgression (ou rébellion, autre signification de ce mot) de la désolation. ; comme si durant cette période de l'histoire de l'église le pouvoir destructeur s'était rebellé contre toute restriction qui autrefois lui était imposée.

Du point de vue religieux, le monde a présenté ces deux puissantes phases d'opposition à l'oeuvre du Seigneur sur la terre. Bien que trois gouvernements terrestres soient introduits dans la prophétie comme oppresseurs de l'église, ils sont placés ici sous deux têtes : « le continu » et la « transgression de la désolation ». La Médo-Perse était païenne ; la Grèce était païenne ; Rome dans sa première phase était païenne. Tous sont englobés dans le « continu ». Puis vient la forme papale, la « transgression de la désolation », une merveille d'astuce et l'incarnation de la cruauté. Il n'est pas étonnant que de siècle en siècle, la clameur des martyrs tourmentés se soit élevée : « Jusques à quand, Seigneur, jusques à quand ? » Il n'est pas étonnant que le Seigneur, afin que l'espérance ne s'évanouisse pas complètement du coeur de son peuple opprimé, lui ait montré les événements futurs de l'histoire du monde. Toutes ces puissances persécutrices souffriront une destruction complète et éternelle. Des gloires impérissables attendent les rachetés après les souffrances et les malheurs de la vie actuelle.

L'oeil du Seigneur observe son peuple. La fournaise ne sera pas chauffée plus que ce qu'il est nécessaire pour consumer les scories. C'est par beaucoup de tribulations que nous devons entrer dans le royaume. Le mot « tribulation » vient de tribulum, le traîneau qui sert au battage ou dépiquage du blé. Nous devons recevoir coup après coup jusqu'à ce que tout le blé soit séparé de la balle, et que nous soyons prêts pour le grenier céleste. Mais aucun grain ne sera perdu.

Le Seigneur dit à son peuple : « Vous êtes la lumière du monde », « le sel de la terre ». Il n'y a sur la terre aucune chose de valeur ou d'importance. De là la question : « Pendant combien de temps s'accomplira la vision sur le sacrifice perpétuel et sur le péché dévastateur ? »... Au sujet de quoi ? –La gloire des royaumes terrestres ? L'habilité des guerriers de renom ? Au sujet de puissants conquérants ? Au sujet de la grandeur des empires humains ? Non ; mais bien au sujet du sanctuaire et de l'armée, du peuple et du culte du Très-Haut. Jusqu'à quand seront-ils piétinés ? C'est ce qui éveille l'intérêt et la sympathie du ciel. Celui qui touche le peuple de Dieu ne touche pas de simples mortels, faibles et impuissants, mais l'Omnipotent. Il ouvre un compte qui doit être soldé au jugement céleste. Bientôt, tous ces comptes seront fermés et le talon de fer de l'oppression sera détruit. Un peuple préparé sera sorti de la fournaise de l'affliction pour resplendir pour toujours comme les étoiles. Chaque enfant de Dieu est l'objet de l'intérêt des êtres célestes, c'est une personne que Dieu aime et pour laquelle il est en train de préparer une couronne d'immortalité.

Dans ce chapitre, il n'y a pas d'information sur les 2300 jours introduits pour la première fois au verset 14. Aussi, il est nécessaire de mettre de côté cette période, pour le moment. Mais le lecteur peut avoir la sécurité que nous n'avons pas été laissés dans l'incertitude au sujet de ces jours. La référence les concernant fait partie d'une révélation qui a été donnée pour instruire le peuple de Dieu, et elle doit être comprise. Les 2300 jours sont mentionnés au milieu de la prophétie que l'ange Gabriel devait faire comprendre à Daniel. Et Gabriel accomplit ces instructions, comme nous le verrons dans le chapitre suivant.

Qu'est-ce que le sanctuaire ?

Il y a un autre thème tout aussi important que les 2300 jours qu'il nous faut prendre en considération maintenant : le sanctuaire. Il est en relation avec sa purification. Un examen de ce sujet révèle l'importance d'avoir une bonne compréhension du début et de la fin des 2300 jours, pour savoir quand se réalisera le grand événement appelé « purification du sanctuaire ». Tous les habitants de la terre ont un intérêt personnel dans cette oeuvre solennelle, comme nous le verrons à propos.

De nombreux points de vue ont été émis sur ce qu'est le sanctuaire. Certains pensent que c'est la terre ; d'autres, le pays de Canaan ; d'autres encore que c'est l'église ; et finalement il y en a qui croient qu'il s'agit du sanctuaire céleste, le « véritable tabernacle, qui a été dressé par le Seigneur et non par un homme », lequel est « dans les cieux », et dont le tabernacle juif était un type, un modèle ou figure (Hébreux 8 :1, 2 ; 9 :23, 24). Il faut décider, au moyen des Ecritures, laquelle de ces options est correcte. Heureusement, son témoignage n'est ni rare ni ambigu.

Ce ne peut pas être la terre.

Le mot « sanctuaire » apparaît 144 fois dans l'Ancien et le Nouveau Testament. Par les définitions des lexicographes, et par son usage dans la Bible, nous comprenons qu'il est employé pour désigner un lieu saint et sacré, une demeure du Très-Haut. Si la terre est le sanctuaire, elle doit correspondre à cette définition. Mais quelle caractéristique de cette terre correspond à la signification de ce terme ? La terre n'est ni un lieu sacré ou saint, ce n'est pas non plus la demeure du Très-Haut. Elle n'a rien qui la distingue des autres mondes, excepté que c'est une planète en rébellion, souillée par le péché, blessée et flétrie par la malédiction de la transgression. De plus, nulle part dans les Ecritures elle n'est appelée sanctuaire. Seul un texte peut être présenté en faveur de cette opinion, et même ainsi, il doit s'appliquer d'une façon déraisonnable : « La gloire du Liban viendra chez toi, le cyprès, l'orme et le buis, tous ensemble, pour orner le lieu de mon sanctuaire, et je glorifierai la place où reposent mes pieds. » Ce langage se réfère indubitablement à la nouvelle terre ; mais même celle-ci n'est pas appelée le sanctuaire, mais seulement « le lieu » du sanctuaire, comme elle est aussi appelée « la place » où reposent les pieds de Jéhovah. C'est une expression qui dénote probablement la présence continue de Dieu parmi son peuple, selon ce qui fut révélé à Jean quand il dit : « Voici le tabernacle de Dieu avec les hommes ! Il habitera avec eux, et ils seront son peuple, et Dieu lui-même sera avec eux. » (Apocalypse 21 :3). Aussi, tout ce que nous pouvons dire de la terre est que lorsqu'elle sera restaurée, elle sera le lieu où le sanctuaire de Dieu sera situé. Elle ne peut pas être appelée sanctuaire actuellement, et elle ne peut être non plus le sanctuaire de la prophétie de Daniel.

Ce ne peut pas être la terre de Canaan.

Quant à « Canaan », elle n'a pas plus droit à cette distinction que la terre entière. Lorsque nous demandons à quel endroit de la Bible, Canaan est appelée « sanctuaire », quelques personnes nous présentent certains textes qui leur paraissent fournir le témoignage recherché. Le premier de ces texte est Exode 15 :17 : « Tu les amèneras et tu les établiras sur la montagne de ton héritage, au lieu que tu as préparé pour ta demeure, ô Eternel ! Au sanctuaire, Seigneur ! que tes mains ont fondé. » Ici, Moïse parle par anticipation. Son langage est une prédiction de ce que Dieu fera pour son peuple. Voyons comment elle s'accomplit.

Dirigeons-nous vers David qui relate, comme un sujet historique, ce que Moïse exprima dans une prophétie. (Psaumes 78 :53, 54). Le thème du psalmiste est la libération d'Israël de l'esclavage d'Egypte, et son établissement dans la terre promise. Il nous dit : « Il les dirigea sûrement, pour qu'ils fussent sans crainte, et la mer couvrit leurs ennemis. Il les amena vers sa frontière sainte, vers cette montagne que sa droite a acquise. » La montagne mentionnée ici par David est la même que « la montagne de ton héritage » , dont parle Moïse, et où Dieu devait établir son peuple. Cette montagne, David ne l'appelle pas sanctuaire mais seulement « frontière » du sanctuaire. Alors, qu'était le sanctuaire ? Le verset 69 du même Psaume nous en informe : « Il bâtit son sanctuaire comme les lieux élevés, comme la terre qu'il a fondée pour toujours. » La même distinction entre le sanctuaire et la terre est tracée dans la prière du bon roi Josaphat : « N'est-ce pas toi, ô notre Dieu, qui a chassé les habitants de ce pays devant ton peuple d'Israël, qui l'as donné pour toujours à la postérité d'Abraham qui t'aimait ? Il l'ont habité, et ils t'y ont bâti un sanctuaire pour ton nom. » (2 Chroniques 20 :7, 8).

Pris isolément, le passage d'Exode 15 :17, a été utilisé par quelques-uns pour conclure que la montagne était le sanctuaire ; mais quand nous le comparons avec le récit que fait David sur la façon dont la prédiction de Moïse s'est accomplie, on ne peut soutenir cette idée. David dit clairement que la montagne était simplement « la frontière » de son sanctuaire, et qu'à cette frontière, ou pays, le sanctuaire fut édifié comme une éminence ou haute fortification, laquelle était une référence au magnifique temple des Juifs, centre et symbole de tout leur culte. Mais celui qui lit avec soin Exode 15 :17, verra qu'il n'était même pas nécessaire de conclure que Moïse voulait désigner par « sanctuaire » la montagne de l'héritage, et encore moins toute la terre de Palestine. En faisant usage de la liberté poétique, il utilise des expressions elliptiques, et passe rapidement d'une idée ou d'un objet à un autre. D'abord, l'héritage attire son attention, et il parle de lui ; ensuite il passe au fait que le Seigneur y a sa demeure, et pour finir, il évoque le lieu où Il avait prévu de demeurer, à savoir le sanctuaire qu'Il leur ferait édifier. David associa aussi le Mont Sion et Juda dans le Psaume 78 : 68, parce que Sion était en Juda.

Ces trois versets : Exode 15 :17, Psaume 78 :54, 69, sont ceux généralement utilisés pour prouver que la terre de Canaan est le sanctuaire. Mais il est assez singulier que les deux derniers, avec un langage clair, écarte l'ambiguïté du premier, et donc réfute la déclaration basée sur lui.

Nous offrirons une pensée supplémentaire au sujet de la terre ou du pays de Canaan en tant que sanctuaire. Dans le cas ou l'un de ces deux constitue le sanctuaire, il ne devrait pas seulement être décrit comme tel quelque part, mais la même idée devrait continuer à être exprimée jusqu'à la fin, et la purification de la terre ou de la Palestine devrait être appelée la purification du sanctuaire. La terre est réellement contaminée et doit être purifiée par le feu ; mais le feu, comme nous le verrons, n'est pas l'agent purificateur utilisé dans la purification du sanctuaire. Cette purification de la terre, ou de l'une de ses régions, n'est appelé nulle part purification du sanctuaire.

Ce ne peut pas être l'église.

L'unique texte cité pour appuyer l'idée que l'église est le sanctuaire du Seigneur est le Psaume 114 :1, 2 : « Quand Israël sortit d'Egypte, quand la maison de Jacob s'éloigna d'un peuple barbare, Juda devint son sanctuaire, Israël fut son domaine. » Si nous prenons ce texte dans son sens le plus littéral, il prouverait que le sanctuaire se limitait à l'une des douze tribus. Ceci voudrait dire qu'une partie seulement et pas toute l'église constitue le sanctuaire. La raison pour laquelle Juda est appelé le sanctuaire dans le passage cité ne doit pas nous laisser perplexes si nous nous rappelons que Dieu choisit Jérusalem, qui était en Juda, comme lieu de son sanctuaire. « Il préféra la tribu de Juda, la montagne de Sion qu'il aimait. Et il bâtit son sanctuaire comme les lieux élevés, comme la terre qu'il a fondée pour toujours. » (Psaume 78 : 68, 69). Ceci démontre clairement la relation qui existait entre Juda et le sanctuaire. Cette tribu en elle-même n'était pas le sanctuaire, mais on l'appelait ainsi autrefois, lorsqu'on évoquait le moment où Israël sortit d'Egypte, parce Dieu voulait que le sanctuaire soit situé au milieu de son territoire.

Même s'il avait été possible de démontrer quelque part que l'église était appelée sanctuaire, cela n'aurait aucune importance pour notre but actuel, qui consiste à déterminer ce qu'est le sanctuaire de Daniel 8 :13, 14 ; parce qu'ici il nous est parlé d'une église bien distincte : le sanctuaire et l'armée seront foulés. Personne ne contestera que l'expression « armée » représente le peuple de Dieu, c'est-à-dire l'église. Donc, le sanctuaire est quelque chose de différent de l'église.

Le sanctuaire est le temple céleste.

Maintenant, il ne reste plus qu'une théorie à examiner, à savoir, que le sanctuaire mentionné dans le texte est identique à celui d'Hébreux 8 :1, 2, qui est appelé le « véritable tabernacle, qui a été dressé par le Seigneur et non par un homme », auquel on donne expressément le nom de « sanctuaire », et qui est situé « dans les cieux ». Dans le passé, il y eut un modèle, un type ou figure de ce sanctuaire, d'abord celui construit par Moïse, et plus tard le temple de Jérusalem.

Mettons-nous à la place de Daniel, et considérons le sujet de son point de vue. Que comprit-il par « sanctuaire » ? En entendant mentionner ce mot, son attention dut se diriger inévitablement vers le sanctuaire de son peuple ; et il savait certainement où il se trouvait. Son attention dut se diriger vers Jérusalem, la ville de ses pères, qui était en ruines, à la « maison sainte et glorieuse », qui selon Esaïe avait été « la proie des flammes » (Esaïe 64 : 10). En conséquence, la face tournée vers le lieu où autrefois il y avait le temple vénéré, selon son habitude, Daniel pria Dieu de faire resplendir sa face sur son sanctuaire, qui était alors dévasté. Par « sanctuaire », il comprenait évidemment le temple de Jérusalem.

Au sujet de ce point, les Ecritures donne un témoignage très explicite : « La première alliance avait aussi des ordonnances relatives au culte, et le sanctuaire terrestre. » (Hébreux 9 :1). Qu'était le sanctuaire du premier pacte ? La réponse suit : « Un tabernacle fut, en effet, construit. Dans la partie antérieure, appelée le lieu saint, étaient le chandelier, la table, et les pains de proposition. Derrière le second voile se trouvait la partie du tabernacle appelée le saint des saints, renfermant l'autel d'or pour les parfums, et l'arche de l'alliance, entièrement recouverte d'or. Il y avait dans l'arche un vase d'or contenant la manne, la verge d'Aaron, qui avait fleuri, et les tables de l'alliance. Au-dessus de l'arche étaient les chérubins de la gloire, couvrant de leur ombre le propitiatoire. Ce n'est pas le moment de parler en détail là-dessus. » (Hébreux 9 :2-5).

Il est impossible de se tromper au sujet de ce qui est décrit ici. Il s'agit du tabernacle érigé par Moïse sous la direction du Seigneur (qui fut remplacé plus tard par le temple de Jérusalem), avec un lieu saint et un lieu très saint, et divers articles servant au culte. Une description complète de cet édifice, des objets et des meubles sacrés et de leurs usages, se trouve dans Exode 25 et les chapitres suivants. Si le lecteur n'est pas familiarisé avec ce thème, nous lui conseillons de lire la description de cette construction. C'était vraiment le sanctuaire du premier pacte, et nous devons lire avec soin sa description pour noter la valeur logique de cette déclaration. En nous disant ce qui constituait le sanctuaire, le livre des Hébreux oriente correctement notre investigation. Il nous donne une base sur laquelle travailler. Nous avons devant nous un objet distinct et clairement défini, minutieusement décrit par Moïse, appelé en Hébreu, le sanctuaire du premier pacte, lequel fut en vigueur jusqu'à l'époque du Christ.

Le langage de l'épître aux Hébreux a une signification encore plus grande. Il réduit à néant les théories selon lesquelles la terre, le pays de Canaan ou l'église peuvent être le sanctuaire. Les arguments qui pourraient prouver que l'un d'eux était le sanctuaire à un certain moment, démontreraient que ceci eut lieu sous l'Ancien Israël. Si Canaan fut à un certain moment le sanctuaire, elle le fut à une époque où Israël était établi dans ce pays. Si l'église fut une fois le sanctuaire, elle le fut quand Israël sortit d'Egypte. Si la terre fut à un certain moment le sanctuaire, elle le fut pendant la même période. Mais, si le sanctuaire fut l'une de ces choses, le fut-il durant la même époque ? La réponse doit –être négative, parce que les auteurs des livres de l'Exode et des Hébreux nous disent avec des détails que ce n'est pas la terre, ni la Canaan, ni l'église, mais le tabernacle construit par Moïse (remplacé plus tard par le temple) qui constituait le sanctuaire au temps de l'Ancien Testament.

Le sanctuaire terrestre.

Cette structure répond dans tous ses détails à la définition du terme, et à l'usage auquel le sanctuaire était destiné. C'était la demeure terrestre de Dieu. « Ils me feront un sanctuaire, et j'habiterai au milieu d'eux. » (Exode 25 : 8). Dans ce tabernacle qu'ils construisirent sous ses instructions, Dieu manifestait sa présence. Le sanctuaire était saint ou sacré. (Lévitique 16 : 33) Dans la Parole de Dieu, il est souvent appelé : le sanctuaire. Dans les plus de 130 fois où ce mot est utilisé dans l'Ancien Testament, il se réfère dans presque tous les cas à cette structure.

Au début, le tabernacle fut construit de façon à pouvoir s'adapter aux conditions de vie des enfants d'Israël de cette époque. Ils commençaient leurs pérégrinations de quarante ans à travers le désert lorsque cette structure s'éleva au milieu d'eux pour servir de demeure à Dieu et de centre de son culte d'adoration. Ils devaient voyager et le tabernacle devait être transporté d'un lieu à un autre. Ceci était possible parce que les côtés se composaient de planches placées verticalement, et le toit était formé de rideaux de lin et de peaux teintes. Aussi, leur était-il facile de le démonter, le transporter et le remonter à chaque étape successive du voyage. Depuis qu'Israël entra dans la terre promise, cette structure provisoire fut remplacée avec le temps par le magnifique temple de Salomon. Le sanctuaire subsista sous cette forme plus permanente, excepté durant l'époque où il fut en ruines au temps de Daniel, jusqu'à sa destruction finale par les Romains en l'an 70 de notre ère.

C'est le seul sanctuaire en relation avec la terre au sujet duquel la Bible nous ait donné quelques instructions et où l'histoire ait enregistré des détails. Mais n'y en a-t-il pas un autre ailleurs ? C'était le sanctuaire du premier pacte, et il disparut avec ce pacte. N'y a-t-il pas un sanctuaire qui appartient au second ou au nouveau pacte ? Il doit y en avoir un ; dans le cas contraire il manquerait une analogie entre ces deux pactes. Dans ce cas, le premier pacte aurait un système de culte, bien que minutieusement décrit, qui serait inintelligible, et le second pacte aurait un système de culte confus et obscur. L'auteur de l'épître aux Hébreux affirme virtuellement que la nouvelle alliance, -qui était en vigueur depuis la mort de Christ, son testateur-, a un sanctuaire ; parce que quand il met en contraste les deux pactes, comme il le fait dans Hébreux 9 :1, il dit que: « La première alliance avait aussi des ordonnances relatives au culte, et le sanctuaire terrestre. » Ceci équivaut à dire que la nouvelle alliance avait aussi ses services et son sanctuaire. De plus, au verset 8 de ce chapitre, il parle du sanctuaire terrestre comme du premier tabernacle. S'il était le premier, il doit y en avoir un second ; et comme le premier tabernacle exista pendant que le premier pacte était en vigueur, lorsque ce pacte arriva à sa fin, le second tabernacle devait avoir remplacé le premier, et être le sanctuaire du nouveau pacte. Cette conclusion est inéluctable.

Le sanctuaire céleste.

Où chercher alors le sanctuaire de la nouvelle alliance ? L'emploi de « aussi » dans Hébreux 9 : 1 indique qu'il en a déjà été question avant. Retournons au début du chapitre antérieur, et nous y trouverons un résumé des arguments précédents dans ce qui suit : « Le point capital de ce qui vient d'être dit, c'est que nous avons un tel souverain sacrificateur, qui s'est assis à la droite du trône de la majesté divine dans les cieux, comme ministre du sanctuaire et du véritable tabernacle, qui a été dressé par le Seigneur et non par un homme. » Pouvons-nous encore douter d'avoir dans ce texte le sanctuaire de la nouvelle alliance ? Ici, il est fait nettement allusion au sanctuaire de la première alliance ; celui-ci fut construit par l'homme, c'est-à-dire, érigé par Moïse ; mais l'autre fut élevé par le Seigneur, et non par un homme. Le premier était le lieu où les prêtres terrestres exerçaient leur ministère ; le second est le lieu où Christ, le Souverain Sacrificateur du nouveau pacte, exerce son ministère. Le premier était sur la terre ; le second est au ciel. Le premier était appelé à juste titre le « sanctuaire terrestre » ; l'autre le « céleste ».

Cette opinion est encore mieux confirmée par le fait que le sanctuaire édifié par Moïse n'était pas une structure initiale, mais il fut construit d'après un modèle. Le grand sanctuaire initial existait quelque part, et ce que Moïse construisit ne fut qu'un type ou copie. Notez les indications que le Seigneur donna à ce sujet : « Vous ferez le tabernacle et tous ses ustensiles d'après le modèle que je vais te montrer. » (Exode 25 : 9). « Regarde, et fais d'après le modèle qui t'est montré sur la montagne. » (vers. 40). (Pour éclairer davantage ce point, voir Exode 26 :30 ; 27 :8 ; Actes 7 :44).

Maintenant, de quoi le sanctuaire terrestre était-il le type ou la figure ? Tout simplement du sanctuaire de la nouvelle alliance, le « véritable tabernacle, qui a été dressé par le Seigneur et non par un homme ». La relation entre le premier pacte et le second est celle que le type a avec l'antitype. Ses sacrifices étaient les types du grand Sacrifice du nouveau pacte. Ses prêtres étaient les figures de notre Seigneur dans son sacerdoce parfait. Leur ministère s'accomplit comme exemple et ombre du ministère de notre Souverain Sacrificateur dans le ciel. Le sanctuaire où ils servaient était un type ou figure du véritable qui était dans les cieux, où notre Seigneur Jésus exerce son ministère.

Tous ces faits sont clairement présentés dans l'épître aux Hébreux. « S'il était sur la terre, il ne serait même pas sacrificateur, puisque là sont ceux qui présentent les offrandes selon la loi (lesquels célèbrent un culte, image et ombre des choses célestes, selon que Moïse en fut divinement averti lorsqu'il allait construire le tabernacle : Aie soin, lui fut-il dit, de faire tout d'après le modèle qui t'a été montré sur la montagne). » (Hébreux 8 :4,5). Ce témoignage montre que le ministère des prêtres terrestres était une ombre du sacerdoce de Christ. Ceci est mis en évidence par les indications que Dieu donna à Moïse pour faire le tabernacle selon le modèle montré à Moïse. C'est le sanctuaire, ou véritable tabernacle, qui est au ciel, où notre Seigneur officie, selon Hébreux 8 :2.

De plus, les Ecritures nous disent : « Le Saint-Esprit montrait par là que le chemin des lieux saints n'était pas encore ouvert, tant que le premier tabernacle subsistait. C'est une figure pour le temps actuel. » (Hébreux 9 :8, 9). Tant que le premier tabernacle subsista, et que le premier pacte fut en vigueur, il n'y eut certainement pas de ministère dans le tabernacle plus parfait. Mais lorsque Christ vint, Souverain Sacrificateur des biens à venir, lorsque le service du premier tabernacle prit fin, et que cessa la première alliance, alors Christ, élevé au trône de la majesté dans les cieux, comme ministre du vrai sanctuaire, il entra avec son propre sang (Hébreux 9 :12) « dans le lieu saint », c'est-à-dire dans le sanctuaire céleste.

Donc, le premier tabernacle était une figure du temps présent d'alors. Si un témoignage supplémentaire est nécessaire, l'auteur de l'épître aux Hébreux parle au verset 23 du tabernacle terrestre, avec ses appartements et ses ustensiles, comme « image » des choses qui sont dans le ciel ; et dans le verset 24, il parle des lieux saints faits de main d'homme, c'est-à-dire le tabernacle terrestre et les temples de l'ancien Israël, « images » du véritable, c'est-à-dire du tabernacle céleste.

Cette opinion est corroborée par le témoignage de Jean. Parmi les choses qu'il lui fut permis de contempler dans le ciel, il y avait sept lampes ardentes qui brûlaient devant le trône (Apocalypse 4 :5), un autel des parfums, un encensoir d'or (Apocalypse 8 :3) et l'arche du témoignage de Dieu (Apocalypse 11 :19). Il vit tout cela en relation avec un « temple » qui était dans le ciel (Apocalypse 11 :19 ; 15 :18). Tout lecteur de la Bible reconnaîtra immédiatement ces objets comme étant des ustensiles du sanctuaire. Ils devaient leur existence au sanctuaire, ils se limitaient à lui, et devaient être employés pour son sacerdoce. Comme ils n'auraient pas existé sans le sanctuaire, nous pouvons en déduire que partout où nous les rencontrons, là est le sanctuaire. Le fait que Jean voit ces objets dans le ciel après l'ascension de Christ, nous prouve qu'il y a un sanctuaire dans le ciel ; et il lui fut permis de le contempler.

Bien qu'une personne puisse être réticente à reconnaître l'existence d'un sanctuaire dans le ciel, les preuves présentées ne permettent aucun doute. La Bible dit que le tabernacle de Moïse était le sanctuaire du premier pacte. Moïse dit que Dieu lui montra un modèle sur la montagne, en accord avec lequel il devait construire ce tabernacle. Le livre des Hébreux atteste à nouveau que Moïse le fit en accord avec le modèle, et que le modèle était le vrai tabernacle qui était au ciel, et que le Seigneur édifia, et non un homme ; que le tabernacle érigé par les mains humaines étaient la vraie figure ou représentation de ce sanctuaire céleste. Pour finir, pour corroborer la déclaration des Ecritures que ce sanctuaire est dans le ciel, Jean parle en tant que témoin oculaire, et dit qu'il le vit là. De quel autre témoin avons-nous besoin ?

Pour ce qui se réfère à ce que constitue le sanctuaire, nous avons maintenant devant nous un ensemble harmonieux. Le sanctuaire de la Bible, notons-le bien, est constitué, premièrement, du tabernacle typique établi par les Hébreux depuis leur sortie d'Egypte, et qui était le sanctuaire de la première alliance. Deuxièmement, il comprend aussi le vrai tabernacle céleste, duquel le premier était un type ou figure et, il est le sanctuaire du nouveau pacte. Ils sont en relation étroite comme type et antytipe. Ainsi, nous voyons comment un service du sanctuaire fut prévu depuis l'Exode jusqu'à la fin du temps de grâce.

Nous avons dit que Daniel allait comprendre immédiatement par « sanctuaire » qu'il s'agissait du temple de son peuple à Jérusalem ; et n'importe qui l'aurait compris de cette façon tant que ce temple existait. Mais, la déclaration de Daniel 8 :14 se réfère-t-elle à ce sanctuaire ? Cela dépend du moment auquel elle s'applique. Toutes les déclarations relatives au sanctuaire qui avaient leur application aux temps de l'Ancien Israël, se réfèrent donc au sanctuaire de cette époque. Toutes les déclarations qui ont leur application pendant l'ère chrétienne, doivent se rapporter au sanctuaire de cette ère là. Si les 2300 jours, au terme desquels le sanctuaire doit être purifié, se terminent avant la première venue de Christ, le sanctuaire qui doit être purifié est celui de cette période. S'ils s'étendent pendant l'ère chrétienne, le sanctuaire auquel il est fait allusion est celui du moment, le sanctuaire du nouveau pacte qui est au ciel. C'est un détail qui peut être déterminé uniquement par une étude plus approfondie des 2300 jours. Cette étude se trouvera dans les observations sur Daniel 9 :24, où le sujet du temps est résumé et expliqué.

La purification du sanctuaire.

Ce que nous avons dit jusque là au sujet de la purification du sanctuaire n'a été qu'accessoire à la question principale traitée dans la prophétie. Cette question se réfère à sa purification. « Deux mille trois cents soirs et matins ; puis le sanctuaire sera purifié. » Mais il était d'abord nécessaire de déterminer ce qu'était le sanctuaire, avant de pouvoir examiner d'une façon claire ce qui a trait à sa purification, ce que nous sommes maintenant en mesure de faire.

Sachant ce qu'est le sanctuaire, la question de sa purification et sa réalisation est vite résolue. Il faut remarquer que le sanctuaire de la Bible doit avoir un service appelé purification. Il y a un tel service en relation avec l'institution que nous avons signalée comme étant le sanctuaire, et en référence aussi bien à l'édifice terrestre qu'au temple céleste, ce service est appelé la purification du sanctuaire.

Le lecteur s'oppose-t-il à l'idée qu'il y ait dans le ciel quelque chose qui nécessite une purification ? Le livre des Hébreux confirme la purification tant du sanctuaire céleste que du terrestre : « Et presque tout, d'après la loi, est purifié avec du sang, et sans effusion de sang il n'y a pas de pardon. Il est donc nécessaire, puisque les images des choses qui sont dans les cieux devaient être purifiées [en grec : lavées] de cette manière, que les choses célestes elles-mêmes le fussent [purifiées] par des sacrifices plus excellents que ceux-là. » (Hébreux 9 :22, 23). Si nous prenons en compte les arguments qui précèdent, nous pouvons paraphraser de la sorte : « Aussi, il fut nécessaire que le tabernacle érigé par Moïse, avec ses vases sacrés, qui étaient la figure du vrai sanctuaire dans les cieux, fût purifié avec le sang des veaux et des boucs ; mais les choses célestes, le sanctuaire de l'ère chrétienne, le vrai tabernacle, que le Seigneur édifia et non un homme, doit être purifié avec des sacrifices meilleurs, à savoir le sang de Christ. » Demandons-nous maintenant : quelle est la nature de cette purification, et comment se réalise-t-elle ? En accord avec le langage que nous venons de citer, elle se fait par le sang. La purification n'est donc pas un nettoyage de l'impureté physique, parce que le sang n'est pas l'agent utilisé pour un tel travail. Cette considération devrait satisfaire l'opposant quant à la purification des choses célestes. Le fait que les choses célestes doivent être purifiées, ne prouve pas qu'il y ait une impureté physique dans le ciel, parce que ce n'est pas la sorte de purification à laquelle se réfèrent les Ecritures. La raison pour laquelle cette purification se réalise avec du sang, est que sans effusion de sang il n'y a pas de rémission ni de pardon des péchés.

La purification des péchés.

L'oeuvre qui doit être accomplie consiste en la rémission des péchés et leur élimination. La purification n'est donc pas une purification physique, mais la purification des péchés. Mais comment le péché est-il en relation avec le sanctuaire, que ce soit le terrestre ou le céleste, pour qu'il soit nécessaire de le purifier ? L'interrogation trouve sa réponse dans le service relatif au type ou figure, vers lequel nous nous dirigeons maintenant.

Les derniers chapitres de l'Exode nous relatent la construction du sanctuaire terrestre et l'organisation de son service. Le livre du Lévitique débute par une explication du ministère qui devait y être réalisé. Tout ce que nous voulons noter ici, est un détail particulier du service. La personne qui avait commis un péché apportait son offrande, un animal vivant, à la porte du tabernacle. Il plaçait sa main sur la tête de cette victime pendant un moment et selon ce que nous pouvons en déduire raisonnablement, il confessait ses péchés sur elle. Par cet acte expressif il indiquait qu'il avait péché, et qu'il méritait la mort, mais qu'à sa place il consacrait sa victime, et transférait sa culpabilité sur elle. De sa propre main (et quelle devait être son émotion !) il ôtait la vie à l'animal. La loi exigeait la vie du transgresseur pour sa désobéissance. La vie était dans le sang. C'est pourquoi, sans effusion de sang il n'y a pas de rémission des péchés. Mais avec l'effusion du sang, la rémission est possible, parce que la loi qui exige une vie est satisfaite. Le sang de la victime, qui représentait la vie perdue, était le véhicule de sa culpabilité, et le prêtre le prenait pour le présenter au Seigneur.

Par sa confession, par la mort de la victime, et par le ministère du sacrificateur, le péché était transféré de la personne pécheresse au sanctuaire. Le peuple offrait ainsi victime après victime. Jour après jour cette oeuvre était accomplie, et le sanctuaire recevait les péchés de la congrégation. Mais ce n'était pas la destination finale de ces péchés. La culpabilité accumulée devait être éliminée par un autre service spécial destiné à purifier le sanctuaire. Ce service, dans le type, occupait un jour par an, le dixième du septième mois, et s'appelait le jour des expiations. Ce jour-là, durant lequel tout Israël cessait de travailler et affligeait son âme, le sacrificateur apportait deux boucs, et les présentait devant Jéhova à la porte du tabernacle. Il tirait au sort ces deux boucs, un pour Jéhova, et l'autre pour Azazel, ou bouc émissaire. Le bouc destiné à Jéhova était tué, et le souverain sacrificateur apportait son sang dans le lieu très saint du sanctuaire, et l'aspergeait sur le propitiatoire. C'était le seul jour durant lequel le souverain sacrificateur était autorisé à entrer dans cet appartement. En sortant, il devait poser « ses deux mains sur la tête du bouc vivant, et il confessait sur lui toutes les iniquités des enfants d'Israël et toutes les transgressions par lesquelles ils ont péché ; il les mettra sur la tête du bouc » (voir Lévitique 16 :21). Ensuite, il devait envoyer le bouc, accompagné d'un homme, dans une terre désertique, un territoire séparé ou oublié, car le bouc ne devait jamais réapparaître dans le campement d'Israël, et les péchés du peuple devaient être oubliés.

Ce service avait pour but de purifier le peuple de ses péchés, et aussi purifier le sanctuaire, ses meubles et ses vases sacrés des péchés du peuple (Lévitique 16 :16, 30, 33). Par ce processus, le péché était complètement éliminé. Bien sûr, ceci avait lieu seulement comme illustration, parce que tout était symbolique.

Le lecteur pour qui ces explications sont nouvelles se sentira peut-être poussé à demander avec un certain étonnement : Que peut représenter cette oeuvre étrange ? Nous répondons : Une oeuvre similaire au ministère de Christ, selon ce que nous enseignent clairement les Ecritures. Après avoir déclaré dans Hébreux 8 :2 que Christ est ministre du vrai tabernacle, le sanctuaire céleste, le verset 5 explique que les prêtres terrestres qui servaient étaient une « image et ombre des choses célestes ». En d'autres termes, l'oeuvre des prêtres terrestres était l'ombre ou la figure du ministère de Christ dans les cieux.

Le ministère : le modèle et la réalité.

Ces sacrificateurs typiques servaient dans les deux appartements du tabernacle terrestre, et Christ officiait dans les deux parties du temple céleste. Ce temple dans le ciel avait deux parties, dans le cas contraire il aurait été incorrectement représenté par le sanctuaire terrestre. Notre Seigneur officie dans les deux appartements, ou alors le service du sacerdoce terrestre n'était pas l'ombre correcte de son oeuvre. Dans Hébreux 9 :21-24, il nous est clairement indiqué que tant le tabernacle que tous les vases utilisés dans le ministère étaient des « images des choses célestes ». Donc, le service effectué par Christ dans le temple céleste correspond à celui qui était effectué par les prêtres dans les deux appartements de l'édifice terrestre. Mais l'oeuvre qui est accomplie dans le second appartement, ou lieu très saint, était une oeuvre spéciale destinée à clôturer le cycle annuel des services et à purifier le sanctuaire. Il s'ensuit que le ministère de Christ dans le second appartement du sanctuaire céleste doit être une oeuvre de même nature, et constitue la fin de son oeuvre en tant que grand Souverain Sacrificateur, et la purification de ce sanctuaire.

De la même manière que les anciens sacrifices typiques pour les péchés du peuple étaient transférés en figure par les prêtres au sanctuaire terrestre, où servaient ces prêtres, ainsi depuis que Christ monta au ciel pour être notre intercesseur en présence de son Père, les péchés de tous ceux qui cherchent sincèrement le pardon par son intermédiaire, sont en fait transférés au sanctuaire céleste, où il officie. Nous n'avons pas besoin de nous arrêter pour nous interroger si Christ officie pour nous dans les lieux saints célestes avec son sang (littéral), ou seulement en vertu de ses mérites. Il suffit de dire que son sang a été versé, et que par ce sang on obtient de fait la rémission des péchés, qui s'obtenait seulement en figure par le sang des veaux et des boucs dans le ministère antérieur. Mais ces sacrifices typiques avaient une vertu réelle à cet égard parce qu'ils montraient la foi en un sacrifice réel à venir. Ainsi, ceux qui y avaient recours avaient le même intérêt pour l'oeuvre de Christ que ceux qui à notre époque viennent à Lui par la foi dans les ordonnances de l'Evangile.

Le transfert continu des péchés au sanctuaire céleste rend sa purification nécessaire, tout comme une oeuvre similaire était nécessaire dans le sanctuaire terrestre. Il faut noter ici une distinction importante entre les deux ministères. Dans le tabernacle terrestre, on réalisait une série complète de services chaque année. Chaque jour de l'année, excepté un seul, le ministère était accompli dans le premier appartement. Un jour de service dans le lieu très saint complétait le service annuel. L'oeuvre recommençait alors dans le lieu saint, et continuait jusqu'à ce que le jour des expiations suivant complète l'oeuvre annuelle. Et il en était ainsi, année après année. Une succession de prêtres exécutaient cette série de services dans le sanctuaire terrestre. Mais notre Sauveur Divin vit « pour intercéder » pour nous (Hébreux 7 :25). Cependant l'oeuvre du sanctuaire céleste, au lieu d'être une oeuvre annuelle, se réalise une fois pour toutes. Au lieu de se répéter année après année, elle forme un seul cycle grandiose, lequel est accompli et terminé pour toujours.

La série annuelle des services du sanctuaire terrestre représentait toute l'oeuvre du sanctuaire céleste. Dans le type, la purification du sanctuaire était l'oeuvre brève et finale du service annuel. Dans l'antitype, la purification du sanctuaire doit être l'oeuvre finale de Christ, notre grand Souverain Sacrificateur, dans le tabernacle céleste. Dans la figure, pour purifier le sanctuaire, le souverain sacrificateur entrait dans le lieu très saint pour officier en présence de Dieu devant l'arche de Son témoignage. Dans l'antitype, lorsque le moment de la purification du vrai sanctuaire arriva, notre Souverain Sacrificateur entra aussi dans le lieu très saint une fois pour toute pour entreprendre la phase finale de son oeuvre d'intercession en faveur de l'humanité.

Lecteur, comprends-tu maintenant l'importance de ce thème ? Commences-tu à comprendre que le sanctuaire de Dieu est de grande importance pour le monde entier? Vois-tu que tout le plan du salut se concentre sur lui, et que lorsque cette oeuvre sera terminée, le temps de grâce sera achevé, et les cas de ceux qui sont sauvés ou perdus seront décidés ? Vois-tu que la purification du sanctuaire est une activité brève et spéciale qui clôture pour toujours le grand plan du salut ? Comprends-tu que si on peut vérifier quand commence la purification, nous saurons quand la dernière phase impressionnante du salut sera venue, quand la plus solennelle proclamation de la parole prophétique, sera arrivée et devra être proclamée au monde : « Craignez Dieu, et donnez-lui gloire, car l'heure de son jugement est venue » ? (Apocalypse 14 :7). C'est exactement ce que la prophétie est appelée à démontrer ; c'est-à-dire, faire connaître le commencement de cette oeuvre monumentale. « Deux mille trois cents soirs et matins ; puis le sanctuaire sera purifié ». Le sanctuaire céleste est le lieu où le verdict de tous est prononcé. Le progrès de l'oeuvre qui est réalisée là doit préoccuper l'humanité d'une façon spéciale. Si les gens comprenaient l'importance de ces sujets et l'influence qu'ils exercent sur leurs intérêts éternels, ils les étudieraient avec la plus grande attention et avec prière.

15, 16 : « 15 Tandis que moi, Daniel, j'avais cette vision et que je cherchais à la comprendre, voici, quelqu'un qui avait l'apparence d'un homme se tenait devant moi. 16 Et j'entendis la voix d'un homme au milieu de l'Ulaï ; il cria et dit : Gabriel, explique-lui la vision. »

Entrons maintenant dans l'interprétation de la vision. Nous avons déjà mentionné le désir qu'avait Daniel de comprendre ces choses. Il cherchait leur signification. Un être qui avait une apparence humaine se plaça devant le prophète. Daniel entendit la voix d'un homme, c'est-à-dire la voix d'un ange qui parlait comme un homme. L'ordre lui fut donné de faire comprendre la vision à Daniel. Cet ordre fut adressé à Gabriel, dont le nom signifie, « la force de Dieu » ou « homme de Dieu ». Nous verrons qu'il continue à donner ses instructions à Daniel au chapitre 9. Des siècles plus tard, ce même ange fut envoyé pour annoncer la naissance de Jean-Baptiste à son père Zacharie et celle du Messie à la vierge Marie (Luc 1 :26). Il se présenta à Zacharie par ces mots : « Je suis Gabriel, je me tiens devant Dieu » (Luc 1 :19). Nous en déduisons que Gabriel reçu ici un ordre d'un être supérieur à lui, qui avait le pouvoir de lui donner des ordres et de contrôler son travail. Il s'agissait probablement de l'Archange Michel ou Christ.

17-19 : « 17 Il vint alors près du lieu où j'étais ; et à son approche, je fus effrayé, et je tombai sur ma face. Il me dit : Sois attentif, fils de l'homme, car la vision concerne un temps qui sera la fin. 18 Comme il me parlait, je restai frappé d'étourdissement, la face contre terre. Il me toucha, et me fit tenir debout à la place où je me trouvais. 19 Puis il me dit : je vais t'apprendre ce qui arrivera au terme de la colère, car il y a un temps marqué pour la fin. »

Si Daniel tomba devant l'ange ce ne fut pas dans le but de l'adorer, parce qu'il nous est interdit d'adorer les anges (Voir Apocalypse 19 :10 ; 22 :8, 9). Daniel semble avoir été complètement terrassé par la majesté du messager céleste. Il se prosterna, le visage contre terre. L'ange mit sa main sur lui pour l'encourager (combien de fois les êtres célestes ont dit aux mortels de ne pas avoir peur !), et il le fit se relever.

Après lui avoir fait une déclaration générale que la fin arriverait au temps marqué, et qu'il lui ferait connaître ce qui « concerne un temps qui sera la fin », l'ange commença l'interprétation de la vision. Il faut comprendre que la « colère » couvre une certaine période. Mais laquelle ? Dieu dit à son peuple d'Israël qu'il déverserait sa colère sur lui à cause de sa méchanceté, et il donna au « profane, méchant, prince d'Israël » ces directives : « la tiare sera ôtée, le diadème sera enlevé... J'en ferai une ruine, une ruine, une ruine. Mais cela n'aura lieu qu'à la venue de celui à qui appartient le jugement et à qui je le remettrai. » (Ezéchiel 21 :30-32).

C'est la période de la colère de Dieu contre le peuple de son pacte, la période durant laquelle le sanctuaire et l'armée doivent être foulés. La tiare fut ôtée et le diadème fut enlevé lorsqu'Israël fut assujetti au royaume de Babylone. Il fut renversé par les Mèdes et les Perses, puis par les Grecs, et les Romains, correspondant à la parole répétée trois fois par le prophète. Les Juifs, ayant rejeté Christ, furent bientôt dispersés sur toute la surface de la terre. L'Israël spirituel a pris la place de la postérité littérale ; mais il continue d'être assujetti aux puissances terrestres, et il en sera ainsi jusqu'au rétablissement du trône de David, jusqu'à ce que vienne celui qui est son héritier légitime, le Messie, le Prince de paix. Alors, la colère prendra fin. Les événements qui doivent avoir lieu à la fin de cette période vont être communiqués maintenant à Daniel par l'ange.

20-22 : « 20 Le bélier que tu as vu, et qui avait des cornes, ce sont les rois des Mèdes et des Perses. 21 Le bouc, c'est le roi de Javan. La grande corne entre ses yeux, c'est le premier roi. 22 Les quatre cornes qui se sont élevées pour remplacer cette corne brisée, ce sont quatre royaumes qui s'élèveront de cette nation, mais qui n'auront pas autant de force. »

La vision interprétée.

Comme les disciples le dirent au Seigneur, nous pouvons nous aussi dire à l'ange qui parla à Daniel : « Voici, maintenant tu parles ouvertement, et tu n'emploies aucune parabole ». L'explication de la vision est donnée dans un langage clair, pour qu'elle soit comprise.

(Voir les commentaires des versets 3-8). La caractéristique qui distinguait l'empire perse : l'union des deux nationalités qui le composait, est représentée par les deux cornes du bélier. La Grèce atteint l'apogée de sa gloire quand elle représenta une unité sous la direction d'Alexandre le Grand, peut-être le général le plus fameux que le monde ait connu. Cette partie de son histoire est représentée par la première phase du bouc, donc la corne unique et remarquable symbolisait Alexandre le Grand. A sa mort, le royaume fut morcelé, mais très vite il se consolida en quatre grandes divisions. Celles-ci sont représentées par la seconde phase du bouc, quand les quatre cornes crûrent à la place de la première qui avait été brisée. Ces divisions n'eurent pas la puissance de la première corne. Aucune d'elles ne posséda la force du royaume originel. En peu de mots, l'écrivain inspiré nous donne une ébauche claire de ces grands événements à propos desquels l'historien a écrit des tomes entiers.

23-25 : « 23 A la fin de leur domination, lorsque les pécheurs seront consumés, il s'élèvera un roi impudent et artificieux. 24 Sa puissance s'accroîtra, mais non par sa propre force ; il fera d'incroyables ravages, il réussira dans ses entreprises, il détruira les puissants et le peuple des saints. 25 A cause de sa postérité et du succès de ses ruses, il aura de l'arrogance dans le coeur, il fera périr beaucoup d'hommes qui vivaient paisiblement, et il s'élèvera contre le chef des chefs ; mais il sera brisé, sans l'effort d'aucune main. »

Cette puissance succède aux quatre divisions du royaume représenté par le bouc pendant la dernière période de son règne, c'est-à-dire vers la fin de sa carrière. C'est, bien sûr, la même puissance que la petite corne des verset 9 et suivants. Appliquée à Rome, comme nous l'avons présenté dans les observation sur le verset 9, tout devient harmonieux et clair.

Un roi impudent et artificieux.

En prédisant le châtiment que cette puissance infligerait aux Juifs, Moïse l'appelle « nation au visage farouche » (Deutéronome 28 : 49, 50). Aucun peuple n'eut une apparence aussi formidable dans ses rangs belliqueux que les Romains.

De l'expression « artificieux » ou « expert en tromperies » (vers. Français courant), Moïse dit dans le passage que nous venons de mentionner, « tu n'entendras point la langue ». Ceci ne pouvait pas s'appliquer à la langue des Babyloniens, des Perses ou des Grecs en référence aux Juifs, car le Chaldéen et le Grec étaient couramment parlés en Palestine. Mais ce n'était pas le cas du latin.

Quand les pécheurs seront-ils consumés ? On prend toujours en compte la relation qu'il allait y avoir entre le peuple de Dieu et ses oppresseurs. Ce peuple avait été mené en captivité à cause de ses transgressions. Sa persévérance dans le péché lui attirait des châtiments chaque fois plus sévères. A aucun moment, les Juifs en tant que nation ne furent aussi corrompus moralement qu'au moment où ils tombèrent sous la juridiction des Romains.

La Rome papale s'accroît, « mais non par sa propre force ».

Le succès des Romains était surtout dû à l'aide de ses alliés, et aux divisions qui existaient entre ses ennemis, et dont ils surent toujours tirer profit. La Rome papale fut aussi puissante grâce aux pouvoirs séculiers sur lesquels elle exerça la suprématie spirituelle.

« Il fera d'incroyables ravages ». Le Seigneur dit aux Juifs, par le prophète Ezéchiel, qu'il les livrerait à des hommes « qui ne travaillent qu'à détruire » (Ezéchiel 21 :36) ; et la tuerie de 1.100.000 de Juifs par les armées romaines lors de la destruction de Jérusalem fut une terrible confirmation des paroles du prophète. Rome dans sa seconde phase, la papale, occasionna la mort d'un million de martyrs.

« A cause de sa prospérité et du succès de ses ruses ». Rome se distingua plus que toutes les autres puissances par sa politique rusée, avec laquelle elle parvint à dominer les nations. Cette caractéristique se vit dans la Rome païenne et papale. C'est ainsi qu'au moyen de la paix, elle réussit à en détruire beaucoup.

Finalement, dans la personne de l'un de ses gouverneurs, Rome attenta contre le Prince des princes, en dictant une sentence de mort contre Jésus-Christ. « Mais il sera brisé, sans l'effort d'aucune main ». C'est un passage parallèle à la prophétie de Daniel 2 :34, où la pierre « se détacha sans le secours d'aucune main » et détruit toutes les puissances terrestres.

26-27 : « 26 Et la vision des soirs et des matins, dont il s'agit, est véritable. Pour toi tiens secrète cette vision, car elle se rapporte à des temps éloignés. 27 Moi, Daniel, je fus plusieurs jours languissant et malade ; puis je me levai, et je m'occupai des affaires du roi. J'étais étonné de la vision, et personne n'en eut connaissance. »

« La vision des soirs et des matins » se réfère à la période des 2300 jours. En vue de la longue période d'oppressions et de calamités qui devaient tomber sur son peuple, Daniel s'évanouit et fut malade quelques jours. La vision l'étonnait, mais il ne la comprenait pas. Pourquoi Gabriel n'accomplit-il pas à ce moment-là toutes ses instructions, et ne fit-il pas comprendre la vision à Daniel ? Sans aucun doute parce que Daniel avait reçu tout ce qu'il lui était possible de supporter et les instructions supplémentaires furent donc reportées à un moment ultérieur.

Chapitre 9—Une Période Prophétique Traverse Les Siècles

1-2 : « 1 La première année de Darius, fils d'Assuérus, de la race des Mèdes, lequel était devenu roi du royaume des Chaldéens, 2 la première année de son règne, moi, Daniel, je vis par les livres qu'il devait s'écouler soixante et dix ans pour les ruines de Jérusalem, d'après le nombre des années dont l'Eternel avait parlé à Jérémie, le prophète. »

La vision enregistrée dans le chapitre antérieur fut donnée lors de la troisième année de Belschatsar, en 538 av. J.-C. Les événements narrés dans ce chapitre eurent lieu la première année de Darius. Puisque Belschatsar était le dernier monarque de Babylone et Darius le premier Médo-Perse qui régna sur Babylone, il est probable qu'il s'était écoulé moins d'une année entre les événements mentionnés dans ces deux chapitres.

Soixante-dix ans de captivité.

Bien que Daniel, en tant que premier ministre du plus grand royaume de la terre, était entravé par les soucis et les charges, il ne permit pas que cela le privât de l'opportunité d'étudier des choses de plus grande importance : les desseins de Dieu révélés à ses prophètes. Par les livres, c'est-à-dire les écrits de Jérémie, il comprenait que Dieu allait permettre que la captivité de son peuple durât soixante-dix ans. Cette prédiction se trouve dans Jérémie 25 :12 ; 29 :10. Cette connaissance et l'emploi que Daniel en fit, démontre que très tôt, Jérémie fut considéré comme un prophète divinement inspiré ; dans le cas contraire ses écrits n'auraient pas été rassemblés si tôt ni copiés si largement. Bien qu'il s'agissait d'une personne qui lui était contemporaine pendant un certain temps, Daniel avait une copie de son oeuvre et l'emmena avec lui en captivité. Bien qu'étant lui-même un grand prophète, il ne considérait pas humiliant d'étudier avec soin ce que Dieu pourrait révéler à l'un de ses autres serviteurs.

Les soixante-dix ans de captivité ne doivent pas être confondus avec les soixante-dix semaines qui suivent. En faisant partir les soixante-dix années de captivité en 606 av. J.-C., Daniel comprit que la fin approchait, et que Dieu avait commencé l'accomplissement de la prophétie en renversant le royaume de Babylone.

3 : « Je tournai ma face vers le Seigneur Dieu, afin de recourir à la prière et aux supplications, en jeûnant et en prenant le sac et la cendre. »

Le fait que Dieu ait promis quelque chose, ne nous dispense pas de la responsabilité de le prier d'accomplir sa parole. Daniel aurait pu raisonner de la sorte : Dieu a promis de libérer son peuple à la fin des soixante-dix ans, et il accomplira sa promesse ; je n'ai donc pas besoin de m'en préoccuper. Mais il ne raisonna pas de cette façon ; lorsque le moment de l'accomplissement de la parole du Seigneur approcha, il se dédia à rechercher le Seigneur de tout son coeur.

Ah, comme il s'abandonna à Lui ! il le fit même avec le jeûne, le sac et la cendre ! Ceci arriva probablement l'année où Daniel fut jeté dans la fosse aux lions. Le lecteur se souviendra que le décret approuvé par le roi avait interdit, sous peine de mort, à tous les sujets de prier un autre dieu que le roi. Sans tenir compte du décret, Daniel éleva sa prière trois par jour, ses fenêtres ouvertes et en direction de Jérusalem.

4 : « Je priai l'Eternel, mon Dieu, et je lui fis cette confession : Seigneur, Dieu grand et redoutable, toi qui gardes ton alliance et qui fais miséricorde à ceux qui t'aiment et qui gardent tes commandements ! »

La prière remarquable de Daniel.

Nous avons ici le début de la magnifique prière de Daniel, une prière qui exprime tant d'humilité et de contrition que seuls les insensibles peuvent la lire sans s'émouvoir. Il commence par reconnaître la fidélité de Dieu, qui ne manque jamais à ses engagements envers ceux qui le suivent. Si les Juifs se trouvaient en captivité, c'était à cause de leurs péchés, et non parce que Dieu avait échoué dans leur défense ou dans leur soutien.

5-14 : « 5 Nous avons péché, nous avons commis l'iniquité, nous avons été méchants et rebelles, nous nous sommes détournés de tes commandements et de tes ordonnances. 6 Nous n'avons pas écouté tes serviteurs, les prophètes, qui ont parlé en ton nom à nos rois, à nos chefs, à nos pères, et à tout le peuple du pays. 7 A toi, Seigneur, est la justice, et à nous la confusion de face, en ce jour, aux hommes de Juda, aux habitants de Jérusalem, et à tout Israël, à ceux qui sont près et à ceux qui sont loin, dans tous les pays où tu les as chassés à cause des infidélités dont ils se sont rendus coupables envers toi. 8 Seigneur, à nous la confusion de face, à nos rois, à nos chefs, et à nos pères, parce que nous avons péché contre toi. 9 Auprès du Seigneur, notre Dieu, la miséricorde et le pardon, car nous avons été rebelles envers lui. 10 Nous n'avons pas écouté la voix de l'Eternel, notre Dieu, pour suivre ses lois qu'il avait mises devant nous par ses serviteurs, les prophètes. 11 Tout Israël a transgressé ta loi, et s'est détourné pour ne pas écouter ta voix. Alors se sont répandues sur nous les malédictions et les imprécations qui sont écrites dans la loi de Moïse, serviteur de Dieu, parce que nous avons péché contre Dieu. 12 Il a accompli les paroles qu'il avait prononcées contre nous et contre nos chefs qui nous ont gouvernés, Il a fait venir sur nous une grande calamité, et il n'en est jamais arrivé sous le ciel entier une semblable à celle qui est arrivée à Jérusalem. 13 Comme cela est écrit dans la loi de Moïse, toute cette calamité est venue sur nous ; et nous n'avons pas imploré l'Eternel, notre Dieu, nous ne nous sommes pas détournés de nos iniquités, nous n'avons pas été attentifs à ta vérité. 14 L'Eternel a veillé sur cette calamité, et l'a fait venir sur nous ; car l'Eternel, notre Dieu, est juste dans toutes les choses qu'il a faites, mais nous n'avons pas écouté sa voix. »

Jusqu'ici la prière de Daniel est dédiée à une confession complète du péché de son peuple, avec un coeur contrit. Il justifie totalement la conduite du Seigneur, en reconnaissant que les péchés de son peuple furent la cause de toutes ces calamités, telles que Dieu les avait menacés par le prophète Moïse. Il ne fait aucune discrimination envers lui-même. La propre justice n'apparaît pas dans sa prière. Bien qu'il avait souffert longtemps pour les péchés du passé, et qu'il supportât soixante-dix ans de captivité à cause des erreurs de son peuple, il avait vécu pieusement et reçu des marques d'honneur et des bénédictions du Seigneur. Il ne présente aucune accusation contre personne, il ne sollicite pas de sympathie envers lui-même, en tant que victime des erreurs des autres, mais il se place lui-même parmi le peuple, en disant : « Nous avons péché, nous avons commis l'iniquité, à nous la confusion de face ». Il reconnaît qu'ils n'ont pas écouté les leçons que Dieu avait voulu leur enseigner par leurs afflictions.

15-19 : « 15 Et maintenant, Seigneur, notre Dieu, toi qui as fait sortir ton peuple du pays d'Egypte par ta main puissante, et qui t'es fait un nom comme il l'est aujourd'hui, nous avons péché, nous avons commis l'iniquité. Seigneur, selon ta grande miséricorde, que ta colère et ta fureur se détournent de ta ville de Jérusalem, de ta montagne sainte ; car, à cause de nos péchés et des iniquités de nos pères, Jérusalem et ton peuple sont en opprobre à tous ceux qui nous entourent. 17 Maintenant donc, ô notre Dieu, écoute la prière et les supplications de ton serviteur, et, pour l'amour du Seigneur, fais briller ta face sur ton sanctuaire dévasté ! 18 Mon Dieu, prête l'oreille et écoute ! ouvre les yeux et regarde nos ruines, regarde la ville sur laquelle ton nom est invoqué ! Car ce n'est pas à cause de notre justice que nous te présentons nos supplications, c'est à cause de tes grandes compassions. 19 Seigneur, écoute ! Seigneur, pardonne ! Seigneur, sois attentif ! agis et ne tarde pas, par amour pour toi, ô mon Dieu ! Car ton nom est invoqué sur ta ville et sur ton peuple. »

Le prophète invoque maintenant l'honneur du nom de Jéhova comme motif de son désir d'être exaucé. Il se réfère à la libération d'Israël d'Egypte et le grand renom que les oeuvres admirables, manifestées parmi eux, avait apporté au Seigneur. Moïse utilise le même argument lorsqu'il intercède pour Israël (Nombres 14). Ce n'est pas parce que Dieu agit par ambition et vanité, mais lorsque ses enfants manifestent du zèle pour l'honneur de son nom, quand ils montrent leur amour pour lui en le priant d'agir, non pas pour leur bénéfice personnel, mais pour Sa gloire, afin que son nom ne souffre pas l'opprobre ni ne soit blasphémé parmi les païens, alors ceci Lui est agréable. Daniel intercède ensuite pour la ville de Jérusalem, qui porte le nom de Dieu, et pour la sainte montagne, qu'Il aime tant, et il le prie que par sa miséricorde, il dévie sa colère. Finalement, il concentre son attention sur le sanctuaire sacré, la demeure de Dieu sur la terre, et il sollicite la réparation de ses ruines.

Daniel comprenait que les soixante-dix ans de captivité approchaient de leur terme. Par cette allusion au sanctuaire, il est évident que jusqu'alors il ne comprenait pas l'importance de la vision qui lui avait été donnée peu de temps auparavant, et qui se trouve au chapitre 8 de ce livre, et il paraissait supposer que les 2300 jours expiraient au même moment [que les soixante-dix ans]. Cette erreur de sa part fut immédiatement corrigée par l'ange qui vint lui donner plus d'instructions en réponse à sa prière.

20-21 : « 20 Je parlais encore, je priais, je confessais mon péché et le péché de mon peuple d'Israël, et je présentais mes supplications à l'Eternel, mon Dieu, en faveur de la sainte montagne de mon Dieu ; 21 je parlais encore dans ma prière, quand l'homme, Gabriel, que j'avais vu précédemment dans une vision, s'approcha de moi d'un vol rapide, au moment de l'offrande du soir. »

La prière de Daniel reçoit une réponse.

Nous trouvons ici le résultat des supplications de Daniel. Il est soudainement interrompu par un messager céleste. L'ange Gabriel, réapparaissant comme au début, sous la forme d'un homme que Daniel avait vu dans la vision, le toucha. Une question importante est sur le point d'être résolue, à savoir : la vision de Daniel 8, a-t-elle jamais reçu une réponse, et peut-elle être comprise ? A quelle vision Daniel fait-il référence quand il parle de l'être qu'il avait « vu précédemment dans une vision » ? Nous devons tous reconnaître qu'il s'agit d'une vision déjà enregistrée, dans laquelle le nom de Gabriel doit être mentionné. Il est nécessaire de remonter au-delà du chapitre 9, parce que tout ce que nous rencontrons dans celui-ci, avant cette apparition de Gabriel, est simplement le récit de la prière de Daniel. Mais en parcourant les chapitres antérieurs, nous trouvons mentionnées seulement trois visions données à Daniel. L'interprétation du songe de Nébucadnetsar fut donnée en vision pendant la nuit (Daniel 2 :19). Mais il n'y a pas d'intervention angélique dans celle-ci. La vision de Daniel lui fut expliquée par l'un de ceux qui y assistaient, ce qui signifie probablement un ange ; mais il ne nous ait pas donné d'information sur son identité

; il n'y avait rien dans cette vision qui nécessitait une explication ultérieure. La vision de Daniel 8 donne quelques détails qui nous montrent qu'il s'agit de la vision recherchée. Dans celle-ci, Gabriel est présenté par son nom. On lui avait ordonné de faire comprendre la vision à Daniel. Daniel laissa entendre qu'il ne la comprenait pas, montrant que Gabriel, à la conclusion de Daniel 8, n'a pas rempli totalement sa mission. Dans toute la Bible il n'y a aucun endroit où cette instruction continua, si ce n'est dans le chapitre 9. Aussi, si la vision de Daniel 8 n'est pas celle recherchée, nous ne trouverons aucune mention que Gabriel ait accompli entièrement les instructions qui lui furent données, ou que la vision ait été une fois expliquée. L'instruction que l'ange donne maintenant à Daniel, comme nous le verrons dans les versets suivants, complète exactement ce qui manquait dans Daniel 8. Ces considérations prouvent d'une façon indubitable la relation qu'il y a entre Daniel 8 et 9, et cette conclusion est encore plus évidente quand on considère les instructions de l'ange.

22-23 : « 22 Il m'instruisit, et s'entretint avec moi. Il me dit : Daniel, je suis venu maintenant pour ouvrir ton intelligence. 23 Lorsque tu as commencé à prier, la parole est sortie, et je viens pour te l'annoncer ; car tu es un bien-aimé. Sois attentif à la parole, et comprends la vision ! »

La mission de Gabriel.

La façon dont Gabriel se présente à cette occasion démontre qu'il était venu pour terminer une mission inachevée. Ce ne peut pas en être une autre que celle d'accomplir l'ordre : « Explique-lui la vision », qui est enregistré dans Daniel 8. Il dit : « je suis venu maintenant pour ouvrir ton intelligence ». La responsabilité de faire comprendre la vision à Daniel repose toujours sur lui, et comme au chapitre 8 il avait expliqué à Daniel tout ce qu'il pouvait recevoir, et cependant il ne comprenait toujours pas la vision, il vient maintenant poursuivre son oeuvre et compléter sa mission. Dès que Daniel commença sa prière fervente, Gabriel reçu l'ordre de le visiter et de lui donner l'information nécessaire.

Par le temps nécessaire pour lire la prière de Daniel jusqu'au moment où Gabriel apparaît, le lecteur peut juger de la vitesse à laquelle le messager voyagea depuis les parvis célestes jusqu'au serviteur de Dieu. Il n'est pas étonnant que Daniel nota qu'il vint « d'un vol rapide », ni qu'Ezéchiel compare les mouvements de ces êtres célestes à des éclairs (Ezéchiel 1 :14).

Il dit à Daniel : « Sois attentif à la parole ». Quelle parole ? Evidemment, à celle qu'il ne comprenait pas auparavant, selon ce qu'il déclare dans le dernier verset de Daniel 8. « Comprends la vision ». Quelle vision ? Pas celle de l'interprétation donnée à Nébucadnetsar, ni la vision de Daniel 7, parce qu'il n'avait aucune difficulté à les comprendre. « Je suis venu pour ouvrir ton intelligence », dit aussi l'ange.

Daniel n'avait eu aucune difficulté pour comprendre ce que l'ange lui avait dit au sujet du bouc, du bélier et de la petite corne, qui symbolisaient les royaumes médo-perse et grec, et Rome. Il n'avait pas non plus commis d'erreur quant à la fin de la captivité des soixante-dix ans. Mais l'objet principal de sa prière était la réparation du sanctuaire qui était en ruines. Il en avait inévitablement conclu, que lorsque la fin des soixante-dix ans de captivité arriverait, ce que l'ange avait dit au sujet de la purification du sanctuaire devrait s'accomplir à la fin des 2300 jours. Maintenant il devait rectifier son concept. Ceci explique pourquoi à ce moment particulier, si peu de temps après la vision antérieure, des instructions lui furent données.

Les soixante-dix ans de captivité touchaient à leur fin. Daniel avait commis une erreur. Il ne devait pas être laissé plus longtemps dans l'ignorance au sujet de la vraie signification de la vision antérieure. « Je suis venu maintenant pour ouvrir ton intelligence », dit l'ange. Comment la relation, entre la visite antérieure de l'ange et l'actuelle, pourrait-elle être mieux démontrée que par les paroles prononcées à cette occasion par ce personnage ?

Daniel le bien-aimé.

Une expression mérite d'être prise en considération avant d'abandonner le verset 23. C'est la déclaration que l'ange fait à Daniel : « tu es un bien-aimé ». L'ange apporte cette déclaration directement du ciel. Elle exprimait le sentiment qui existait là-bas, au sujet de Daniel.

Quelle pensée ! les êtres célestes, les plus sublimes de l'univers : le Père, le Fils et les saints anges, estimaient à tel point un homme mortel, ici sur la terre, qu'ils autorisèrent un ange à lui communiquer qu'il était un bien-aimé ! C'est un des plus hauts sommets de gloire qui puisse être atteint par les mortels. Abraham en atteint un autre quand il fut dit de lui qu'il était « l'ami de Dieu », et on put dire d'Hénoc qu'il marcha avec Dieu. Pouvons-nous parvenir à la même chose ? Dieu ne fait acception de personne ; mais il regarde le caractère. Si nous pouvions égaler ces hommes en vertu et en piété, nous pourrions émouvoir l'amour divin de la même façon. Nous aussi nous pourrions être des bien-aimés, nous pourrions être amis de Dieu, et nous pourrions marcher avec lui.

Une expression est utilisée en relation avec la dernière église de Dieu sur la terre qui dénote qu'elle connaîtra la plus étroite communion avec Dieu : « Si quelqu'un entend ma voix et ouvre la porte, j'entrerai chez lui, je souperai avec lui, et lui avec moi. » (Apocalypse 3 :20). Souper avec le Seigneur montre une intimité qui équivaut à être Son bien-aimé, à marcher avec Lui et à être son ami. Quelle situation désirable ! Hélas, les maux de notre nature nous privent de cette communion. Que nous puissions obtenir cette grâce pour les vaincre, afin de pouvoir jouir ici, de cette union spirituelle et entrer finalement dans les gloires de Sa présence quand nous célébrerons le banquet des noces de l'Agneau !

24 : « Soixante et dix semaines ont été fixées sur ton peuple et sur ta ville sainte, pour faire cesser les transgressions et mettre fin au péché, pour expier l'iniquité et amener la justice éternelle, pour sceller la vision et le prophète, et pour oindre le Saint des saints. »

Soixante et dix semaines.

Telles sont les premières paroles que l'ange adresse à Daniel en lui donnant les instructions qu'il était venu lui donner. Pourquoi introduit-il si abruptement une période de temps ? Nous devons à nouveau nous reporter à la vision de Daniel 8. Nous avons vu que Daniel, à la fin du chapitre 8, déclara qu'il ne comprenait pas la vision. Certaines parties de cette vision furent clairement expliquées à ce moment-là. Ces parties ne peuvent pas être celles qu'il ne comprit pas. Aussi, informons-nous de ce que Daniel ne comprit pas, ou quelle partie de la vision resta sans explication.

Dans cette vision, quatre choses se détachent : le bouc, le bélier, la petite corne et les 2300 jours. Les symboles du bouc, du bélier et de la petite corne furent éclaircis, mais rien n'est dit de la période de temps. Ceci dut donc constituer le point que le prophète ne comprit pas. Il était inutile de saisir les autres parties de la vision tandis que l'explication de la période des 2300 jours restait obscure.

L'érudit Dr. Hales dit, au sujet des soixante et dix semaines : « Cette prophétie chronologique... était évidemment destinée à expliquer la vision précédente, surtout sa partie chronologique de 2300 jours. »

Si cette opinion est correcte, nous pouvons nous attendre naturellement à ce que l'ange commence par le point omis, à savoir le temps. En fait, c'est ce qui se passe. Après avoir attiré, plus directement et emphatiquement, l'attention de Daniel sur la vision antérieure, et après lui avoir assuré qu'il était venu pour lui ouvrir l'intelligence, il commence par le point même qui avait été omis : « Soixante et dix semaines ont été fixées sur ton peuple et sur ta ville sainte ».

Retranchées des 2300 jours.

Mais comment ce langage révèle-t-il une relation avec les 2300 jours, ou comment les éclaire-t-il ? Nous répondons : le langage ne peut se référer intelligemment à autre chose. Le vocable traduit ici par « fixées » signifie « retranchées », et dans la vision dont il est question ici, il n'est fait mention d'aucune autre période de laquelle les soixante et dix semaines peuvent être retranchées, excepté celle des 2300 jours. Comme la relation est directe et naturelle ! « Soixante et dix semaines sont retranchées ». Mais retranchées de quoi ? Des 2300 jours, bien sûr.

La parole « fixées » qui se trouve dans cette phrase est une traduction de l'Hébreux nechtak, qui est basé sur un radical primitif que Strong définit comme signifiant « couper, c'est-à-dire au sens figuré, décréter, déterminer » (ce dernier par implication). La Authorized Version emploie, par implication, la seconde définition « déterminées », comme dans le texte qui nous occupe. La Revised Version utilise aussi la seconde et dit : « Soixante et dix semaines sont décrétées [c'est-à-dire attribuées] à ton peuple. » En prenant la définition de base et la plus simple, nous avons : « soixante et dix semaines sont retranchées à ton peuple ». Si elles sont retranchées, elles doivent l'être d'un entier plus grand ; dans ce cas, des 2300 jours de la prophétie étudiée jusqu'ici. On peut ajouter que Gesenius donne la même définition que Strong : « Retrancher, ... diviser, et aussi déterminer, décréter. » Il se réfère ensuite à Daniel 9 :24, et il traduit : « sont décrétées sur ton peuple ». Davidson aussi donne exactement la même définition, et il se réfère également à Daniel 9 :24 comme exemple.

On peut se demander alors pourquoi les traducteurs traduisent par « fixées » quand il est évident qu'il signifie « retranchées ». La réponse est que sans aucun doute, la relation qu'il y a entre les chapitres 8 et 9 leur échappa, et ils considérèrent impropre de la traduire par « retranchées » quand ils ne voyaient pas de quoi les soixante et dix semaines pouvaient être retranchées, ils lui donnèrent sa signification figurée au lieu de la littérale. Mais, comme nous l'avons déjà vu, la définition et le contexte requièrent la signification littérale, et rend toutes les autres inadmissibles.

Aussi, soixante et dix semaines, ou 490 jours des 2300, étaient accordés à Jérusalem et aux Juifs. Les événements qui allaient être consommés durant cette période sont présentés brièvement. On devait faire cesser les transgressions, c'est-à-dire que le peuple juif allait remplir la coupe de son iniquité, ce qu'il fit en rejetant et en crucifiant le Christ. On devait « mettre fin au péché », ou aux offrandes pour le péché. Ceci eut lieu lorsque la Grande Offrande fut présentée sur le Calvaire. Une réconciliation serait faite pour l'iniquité. Ceci s'accomplit par la mort expiatoire du Fils de Dieu. La justice éternelle allait être présentée : celle que notre Seigneur manifesta par sa vie sans péché. La vision et la prophétie allaient être scellées, ou assurées.

La vision allait être démontrée par les événements qui allaient arriver pendant les soixante et dix semaines. L'application de la vision entière en est déterminée. Si les événements de cette période s'accomplissent avec exactitude, la prophétie est de Dieu, et tout le reste s'accomplira. Si les soixante et dix semaines s'accomplissent comme des semaines d'années, alors les 2300 jours, desquels elles font parties, sont aussi des années.

Dans la prophétie, un jour représente une année.

En débutant notre étude des soixante-dix semaines ou 490 jours, il serait bon de rappeler que dans la prophétie biblique un jour représente une année. Et à la pages 63, nous avons déjà présenté les preuves de l'acceptation de ce principe jour-année ; pour le bénéfice du lecteur, nous ajouterons seulement deux citations supplémentaires :

« De la même manière, il fut révélé à Daniel de quelle façon le dernier mépris se produirait une fois le sanctuaire purifié et la vision accomplie ; et ceci 2300 jours après l'heure où le commandement sortirait, ... en accord avec le nombre prédit en résolvant un jour pour une année, selon la révélation faite à Ezéchiel ».

« C'est un fait singulier que la grande majorité des interprètes du monde anglais et américain ont eu pour habitude, depuis de nombreuses années, de comprendre que les jours mentionnés dans Daniel et l'Apocalypse représentent ou symbolisent des années. Il m'a été difficile de retrouver l'origine de cette coutume générale, et je pourrai dire quasi universelle. »

Le principe d'interprétation qui établit un jour pour une année compte, parmi ceux qui l'appuie, Augustin, Tichonius, Primasius, André, Bède le Vénérable, Ambroise, Ansbertus, Berengaud, et Bruno Astensis, en plus des principaux présentateurs. Mais le plus probant, est que les prophéties se sont accomplies en accord avec ce principe. Ceci démontre son exactitude d'une façon sans appel. Ceci se remarquera dans toute l'interprétation de la prophétie des soixante-dix semaines et de toutes les périodes prophétiques de Daniel chapitres 7 et 12, et de l'Apocalypse chapitres 9, 12 et 13.

Ainsi, les événements des soixante-dix semaines, calculées de cette manière rationnelle, apportent la clé de toute la vision.

« Oindre le Saint des saints ».

En accord avec la prophétie, le Saint des saints devait être oint. La phrase en hébreu qodesh qodashim, traduite ici par « Saint des saints », est un terme qui est fréquemment utilisé dans le livre du Lévitique pour caractériser des lieux et des choses, mais dans aucun passage elle ne s'applique à des personnes. Bien qu'elle s'emploie dans l'Ancien Testament, et son équivalent grec dans le Nouveau Testament, pour distinguer le lieu très saint du sanctuaire, elle ne se limite en aucune façon à cet emploi. Elle s'utilise aussi pour qualifier beaucoup d'objets en relation avec le saint service du sanctuaire, comme l'autel d'airain, la table, le chandelier, l'encens, le pain sans levain, l'offrande pour le péché, tout objet consacré et les choses du même style, mais jamais les personnes en relation avec ce service (voir Exode 29 :37 ; 30 :10, 29, 36 ; Lévitique 6 :17, 29 ; 7 :1 ; 27 : 28).

D'un autre côté, dans le cas de l'onction pour le service, le terme s'applique aussi bien au tabernacle lui-même, qu'à tous ses ustensiles (Exode : 30 :26-29). Dans Daniel 9 :24, la prophétie mentionne un cas d'onction. En accord avec les usages appliqués au « Saint des saints » ou « très saint », qui a déjà été signalé, il y a toutes les raisons de croire que ce verset prédit l'onction du tabernacle céleste. Pour le service typique, le tabernacle fut oint ; et il est tout à fait juste de croire, en accord avec ceci, que le sanctuaire céleste fut oint pour le service antitypique, ou réel, quand notre Souverain Sacrificateur commença son ministère miséricordieux en faveur des pécheurs.

En examinant le sanctuaire dans nos commentaires de Daniel 8 :14, nous avons vu qu'il arrive un moment où le sanctuaire terrestre cède la place au céleste, et le ministère sacerdotal est transféré de l'un à l'autre. Avant que ne débute le ministère du sanctuaire terrestre, il fallait oindre le tabernacle et tous les ustensiles (Exode 40 :9, 10). Aussi, le dernier événement des soixante et dix semaines présenté ici est l'onction du tabernacle céleste pour que le ministère de notre grand Souverain Sacrificateur puisse y commencer.

25-27 : « 25 Prends donc connaissance et comprends ! Depuis la promulgation de la parole disant de rétablir et de reconstruire Jérusalem jusqu'au prince-messie, il y a sept semaines ; et dans soixante-deux semaines, les places et les fossés seront rétablis et reconstruits, mais en des temps d'angoisse. 26 Après les soixante-deux semaines, un messie sera retranché, et il n'aura personne pour lui. Le peuple d'un prince qui viendra détruira la ville et le sanctuaire, et sa fin arrivera comme par une inondation ; il est résolu que les dévastations dureront jusqu'à la fin de la guerre. 27 Il fera avec beaucoup une solide alliance d'une semaine, et durant la moitié de la semaine il fera cesser le sacrifice et l'offrande ; le dévastateur ira à l'extrême des abominations, jusqu'à ce que la ruine et ce qui a été résolu fondent sur le dévastateur. » [Bible Thompson, Version de Louis Segond révisée, dite à la Colombe, 1991].

Les soixante et dix semaines subdivisées.

L'ange relate alors à Daniel l'événement qui doit marquer le début des soixante et dix semaines. Elles devaient démarrer à la date à laquelle l'ordre de restaurer et d'édifier Jérusalem serait promulgué. Non seulement l'épisode qui détermine le moment où commence cette période est indiqué, mais aussi les événements qui doivent arriver à leur terme. On nous donne donc deux façons de vérifier l'application de la prophétie. Mais surtout, la période des soixante et dix semaines se divise en trois grandes sections. L'une d'elles se subdivise, et les événements intermédiaires qui devaient signaler la fin de chacune d'elles nous sont indiqués. Si nous pouvons trouver une date en harmonie avec tous ces épisodes, nous aurons indubitablement la vraie application, parce qu'aucune date, sinon la correcte, ne pourra satisfaire et répondre à tant de conditions.

Maintenant, que le lecteur embrasse du regard les point d'harmonie qui peuvent être établis, afin d'être mieux préparé à se mettre en garde contre toute fausse application. Nous devons trouver le commencement de la période où fut donné l'ordre de restaurer et d'édifier Jérusalem. Sept semaines devaient être consacrées à ce travail de restauration. Lorsque nous arrivons à la fin de cette première division, à sept semaines du début, nous devons trouver Jérusalem restaurée sur le plan matériel et le travail de réédification des places et de la muraille complètement achevé. A partir de là, on compte 62 semaines. Quand nous arrivons à la fin de cette section, soixante-neuf semaines à partir du début, nous devons voir la manifestation du prince-messie devant le monde. Nous avons une semaine de plus, et les soixante-dix sont complètes. Au milieu de cette dernière semaine, le Messie doit être retranché, et faire cesser le sacrifice et l'offrande. A la fin de cette période, accordée aux Juifs et durant laquelle ils continueront d'être le peuple spécial de Dieu, nous devons voir la bénédiction et l'oeuvre de Dieu passer à un autre peuple.

Le début des soixante-dix semaines.

Informons-nous maintenant de la date initiale qui s'harmonise avec tous ces détails. L'ordre concernant Jérusalem devait inclure quelque chose de plus que sa simple reconstruction. Il devait y avoir une restauration. Nous devons comprendre qu'elle devait englober toutes les formalités et la législation de la société civile, politique et judiciaire. Quand un tel ordre fut-il promulgué ? Au moment où ces paroles sont données à Daniel, Jérusalem gisait complètement dévastée, et elle le fut durant de nombreuses années. La restauration qui lui était annoncée pour le futur devait corriger cette désolation. Demandons-nous alors, quand et comment Jérusalem fut restaurée après la captivité ?

Il y a quatre événements qui peuvent être considérés comme la réponse à l'ordre de restaurer et réédifier Jérusalem. Ce sont :

Le décret de Cyrus pour reconstruire la maison de Dieu, en 536 av. J.-C. (Esdras 1 :1-4).

Le décret de Darius pour la poursuite de ce travail, qui avait été entravé. Il fut donné en 519 av. J.-C. (Esdras 6 :1-12).

Le décret qu'Artaxerxès donna à Esdras en 457 av. J.-C.* (Esdras 7).

La mission que ce même roi donna à Néhémie dans sa vingtième année, en 444 av. J.-C. (Néhémie 2).

Si on les faisait démarrer à partir des deux premiers décrets, les soixante-dix semaines prophétiques ou 490 ans littéraux n'arriveraient pas à l'ère chrétienne. De plus, ces décrets se réfèrent surtout à la restauration du temple et du culte des Juifs, et pas à la restauration de son statut civil et politique, lesquels sont inclus dans l'ordre de restaurer et reconstruire Jérusalem.

Ces deux premiers décrets firent démarrer les travaux. Ils étaient les préliminaires de ce qui devait être réalisé plus tard. Mais en eux-mêmes, ils ne suffisaient pas pour satisfaire les demandes de la prophétie, ni par les dates, ni par leur nature. A cause de leur insuffisance, ils ne peuvent pas être considérés comme point de départ des soixante-dix semaines. L'unique doute qui nous reste a trait aux décrets concédés respectivement à Esdras et à Néhémie.

Les faits entre lesquels nous devons nous décider sont, en résumé, les suivants : En 457 av. J.-C., l'empereur perse Artaxerxès Longue Main, par un décret, autorisa Esdras à se rendre à Jérusalem avec tous les représentants de son peuple qui voudraient partir. Le permis lui attribuait une quantité illimitée de trésors pour embellir la maison de Dieu, pour faire des offrandes pour son service, et tout ce qui lui paraissait bon. Il lui donna le droit de promulguer des lois, d'établir des magistrats et des juges, d'exécuter des châtiments et même la peine de mort ; en d'autres termes, restaurer l'état juif civilement et religieusement, en accord avec la loi de Dieu et les anciennes coutumes de ce peuple. L'inspiration jugea nécessaire que nous conservions ce décret ; et nous en trouvons une copie complète et exacte dans Esdras 7. Elle n'est pas écrite en hébreu comme le reste du livre d'Esdras, mais en chaldéen, la langue officielle, ou araméen oriental. Ainsi, nous pouvons consulter le document original qui autorisa Esdras à restaurer et réédifier Jérusalem.

Treize années plus tard, dans la vingtième année de ce même roi, en 444 av. J.-C., Néhémie demanda et obtint la permission de monter à Jérusalem (Néhémie 2). Mais nous n'avons pas l'évidence qu'il s'agissait d'autre chose qu'une permission orale. Il reçut une autorisation personnelle, car il n'est pas fait mention d'autres accompagnants. Le roi lui demanda combien de temps durerait son voyage, et quand il reviendrait. Il lui fit remettre des lettres pour les gouverneurs de l'autre côté du fleuve pour qu'ils l'aident dans son voyage vers la Judée, et un ordre pour que le garde forestier du roi lui donne du bois.

Lorsqu'il arriva à Jérusalem, il trouva les princes et les sacrificateurs, les nobles et le peuple, déjà occupés au travail de réédification de Jérusalem (Néhémie 2 :16). Ils agissaient, bien sûr, en accord avec le décret donné à Esdras treize ans plus tôt. Finalement, après son arrivée à Jérusalem, Néhémie termina en 52 jours le travail qu'il était venu accomplir (Néhémie 6 :15).

Maintenant donc, laquelle de ces deux missions, celle d'Esdras ou celle de Néhémie, constitue le décret de restaurer Jérusalem, qui marque le début des soixante-dix semaines ? Il semble difficile que quelqu'un puisse exprimer un doute là-dessus.

Si le calcul démarre avec la mission de Néhémie, en 444 av. J.-C., toutes les dates que nous allons rencontrer tout au long de cette période vont se trouver déplacées ; parce que depuis cette année 444, les temps d'angoisse qui devaient accompagner la réédification des places et de la muraille, ne durèrent pas sept semaines, ou 49 ans. Si nous partons de cette date, les soixante-neuf semaines, ou 483 ans, qui devaient s'étendre jusqu'au prince-messie, n'arrivent pas jusqu'à l'année 40 de notre ère. Mais Jésus fut baptisé par Jean dans le Jourdain, et la voix du Père se fit entendre du ciel le déclarant comme Son Fils, dans l'année 27, soit treize ans avant. En accord avec ce calcul, la moitié de la dernière semaine ou soixante-dixième semaine, laquelle se signale par la crucifixion, tomberait en l'an 44 de notre ère ; mais nous savons que la crucifixion eut lieu en l'an 31, c'est-à-dire treize ans plus tôt. Et finalement, les soixante-dix semaines, ou 490 ans, si on les fait partir de la vingtième année d'Artaxerxès, devraient s'étendre jusqu'à l'an 47 de notre ère, année durant laquelle il n'arriva rien qui puisse marquer la fin de cette période. En conséquence, si 444 av. J.-C. est l'année et la mission de Néhémie l'événement qui démarre les soixante-dix semaines, la prophétie n'est pas juste. En réalité, la seule chose qui échoue, c'est la théorie qui fait débuter les soixante-dix semaines à partir de la mission donnée à Néhémie, dans la vingtième année d'Artaxerxès.

Il est donc évident que le décret donné à Esdras dans la septième année d'Artaxerxès, en 457 av. J.-C., est le point à partir duquel il faut faire débuter les soixante-dix semaines. C'était la parution du décret, telle que la prophétie le requérait. Les deux décrets antérieurs n'en étaient que les préparatifs et le préliminaire. En fait, Esdras les considère comme faisant partie du troisième, et il les regarde comme un ensemble, car dans Esdras 6 :14 nous lisons : « ils bâtirent et achevèrent, d'après l'ordre du Dieu d'Israël, et d'après l'ordre de Cyrus, de Darius, et d'Artaxerxès, roi de Perse. » Il faut remarquer qu'ici on parle des décrets de ces trois rois comme s'ils étaient un, « l'ordre [au singulier] de Cyrus, de Darius, et d'Artaxerxès ». Ceci démontre que ces différents décrets étaient considérés comme une unité, car ils ne furent que les étapes successives de l'exécution de l'ouvrage. On ne pourrait pas dire que ce décret, tel que l'exigeait la prophétie, était sorti avant que la dernière autorisation requise par la prophétie soit incorporée et revêtue de l'autorité de l'empire. Cette condition fut remplie avec la concession faite à Esdras, mais pas avant. Ici, le décret atteint les proportions et couvre le domaine que la prophétie exigeait, et c'est à partir de ce moment que sa « sortie » doit être datée.

Harmonie des subdivisions.

Ces dates s'harmoniseront-elles si nous partons du décret d'Esdras ? Notre point de départ est donc 457 av. J. C. Quarante-neuf ans étaient concédés à l'édification de la ville et de la muraille. Prideaux dit à ce sujet: « En l'an quinze de Darius Nathos, les sept première semaines des soixante-dix mentionnées dans la prophétie de Daniel prirent fin. Parce qu'alors, la restauration de l'Eglise et de l'état des Juifs à Jérusalem et en Judée prit fin dans ce dernier acte de réforme, enregistré au chapitre 13 de Néhémie, du verset 23 jusqu'à la fin du chapitre, exactement quarante-neuf ans après qu'Esdras la commença durant la septième année d'Artaxerxès Longue Main ». Ceci arriva en 408 av. J. C.

Jusqu'ici nous trouvons de l'harmonie. Appliquons le mètre à mesurer, qui est la prophétie, à d'autres parties de l'histoire. Les soixante-neuf semaines, ou quatre cent quatre-vingt-trois ans, devaient s'étendre jusqu'au prince-messie. Si nous démarrons de 457 av. J. C, elles se terminent en 27 de notre ère. Qu'arriva-t-il alors ?* Luc nous donne l'information suivante : « Tout le peuple se faisant baptiser, Jésus fut aussi baptisé ; et, pendant qu'il priait, le ciel s'ouvrit, et le Saint-Esprit descendit sur lui sous une forme corporelle, comme une colombe. Et une voix fit entendre du ciel ces paroles : Tu es mon Fils bien-aimé ; en toi j'ai mis toute mon affection. » (Luc 3 :21, 22). Après cela, Jésus alla dans la Galilée, prêchant l'Evangile de Dieu. Il disait : Le temps est accompli. » (Marc 1 :14, 15). Le temps mentionné ici devait être une période spécifique, définie et prédite ; mais on ne peut pas rencontrer d'autre période prophétique excepté celle des soixante-dix semaines de la prophétie de Daniel qui devaient s'étendre jusqu'au prince-messie. Le Messie était déjà venu, et de ses propres lèvres il annonça la fin de cette période qui devait être marquée par Sa manifestation.* A nouveau, nous trouvons ici une harmonie indiscutable. Mais, en plus, le Messie allait consolider l'alliance avec plusieurs, pendant une semaine. Ce serait la dernière semaine des soixante-dix, c'est-à-dire les sept dernières années des 490 ans. A la moitié de la semaine, la prophétie nous informe qu'il fera cesser le sacrifice et l'offrande. Les rites juifs, qui annonçaient la mort de Christ, ne cesseraient pas avant la crucifixion. A cette occasion, quand le voile du temple fut déchiré, ils prirent fin, bien qu'ils furent poursuivit jusqu'à la destruction de Jérusalem en l'an 70 de notre ère. Après les soixante-deux semaines, selon les écrits, le Messie devait être sacrifié. C'était comme si on disait :

Après soixante-deux semaines, au milieu de la soixante-dixième, le Messie sera offert, et il fera cesser le sacrifice et l'offrande. Donc, la crucifixion se situe à la moitié de la soixante-dixième semaine.

La date de la crucifixion.

Il est maintenant important de déterminer en quelle année se déroula la crucifixion. Il est indiscutable que notre Sauveur assista à chaque Pâques qui eut lieu durant son ministère public, et seulement quatre occasions sont mentionnées avant la crucifixion. Elles sont indiquées dans les passages suivants : Jean 2 :13 ; 5 :1 ; 6 :4 ; 13 :1. C'est durant la dernière Pâques citée, que Jésus fut crucifié. En nous basant sur les faits déjà établis, nous voyons donc où situer cette crucifixion. Comme il débuta son ministère durant l'automne de l'an 27, sa première Pâques fut celle de l'an 28 ; la deuxième en l'an 29 ; la troisième en l'an 30 et la quatrième et dernière, en l'an 31. Ceci nous donne trois ans et demi pour son ministère public, et il correspond exactement à la prophétie qui exige qu'il soit retranché à la moitié de la septième semaine. Comme cette semaine (d'années) commença pendant l'automne de l'an 27, la moitié de la semaine arriva trois ans et demi plus tard, au printemps de l'an 31, quand la crucifixion eut lieu. Le Dr. Hales cite les paroles suivantes d'Eusèbe, qui vécut en 300 après J.-C. : « Il est noté dans l'histoire, que notre Sauveur enseigna et fit des miracles durant trois ans et demi, ce qui représente la moitié d'une semaine (d'années). Jean l'évangéliste fait part de ceci à ceux qui savent prêter à son Evangile l'attention critique qu'il mérite. »

Au sujet des ténèbres surnaturelles qui survinrent à l'occasion de la crucifixion, Hales dit : « Il apparaît que les ténèbres qui couvrirent toute la terre de Judée lors de la crucifixion de notre Seigneur, de la sixième heure jusqu'à la neuvième heure, c'est-à-dire de midi jusqu'à trois heure de l'après-midi, furent surnaturelles par leur durée, et aussi par le moment, presque en pleine lune, quand la lune ne pouvait pas éclipser le soleil. Le moment où ceci arriva et le fait lui-même furent enregistrés dans un passage curieux et de valeur par un respectable consul romain, Aurelius Cassiodorus Senator, vers l'an 514 de notre ère : « Durant le consulat de Tibère César Auguste V et Ælius Séjan (784 U. C., 31 ap. J.-C.), notre Seigneur souffrit, la huitième calendes d'Avril (25 Mars), quand se produisit une éclipse du soleil comme on n'en a jamais vu depuis lors. »

« Le concile de Césarée, 196 ou 198 de notre ère, la Chronique Alexandrine, Maximus Monachus, Nicephorus Constantinus, Cedrenus, concordent aussi au sujet de l'année et du jour ; et au sujet de l'année, avec quelques jours de différence, Eusèbe et Epiphanius sont d'accord, suivis de Kepler, Bucher, Patinus, et Petavius, certains considérant la dixième des calendes d'Avril ; d'autres, la treizième. » (Voir commentaires sur Daniel 11 :22).

Voici treize auteurs dignes de confiances qui situent la crucifixion de Christ au printemps de l'an 31. Nous pouvons donc considérer cette date comme bien établie. Comme c'était la moitié de la semaine, il ne nous reste plus qu'à remonter de trois années et demie dans le temps pour savoir quand les soixante-neuf semaines se terminèrent, et avancer de trois années et demie pour obtenir la fin des soixante-dix semaines. En reculant de trois ans et demi à partir de la crucifixion qui eut lieu au printemps de l'an 31, nous aboutissons à l'automne de l'an 27, date à laquelle, comme nous l'avons déjà vu, les soixante-neuf semaines prirent fin et Christ commença son ministère public. En avançant de trois ans et demi après la crucifixion, nous arrivons à l'automne de l'an 34, qui est le grand point final de la période complète des soixante-dix semaines. Cette date est marquée par le martyr d'Etienne, le rejet formel de l'Evangile de Christ par le Sanhédrin juif, par la persécution de ses disciples, et par la décision des apôtres de se tourner vers les Gentils. Le moment où l'on peut s'attendre à ce que se produisent ces événements est, naturellement, à la complète expiration de la période réservée spécifiquement aux Juifs. Tels sont les événements que l'on peut s'attendre à voir prendre place quand la période spécifiée et qui leur est attribuée en tant que peuple particulier, est complètement expirée.

Il ressort des faits présentés, que si on fait partir la période des soixante-dix semaines depuis le décret donné à Esdras la septième année d'Artaxerxès, en 457 av. J.-C., il existe une parfaite harmonie sur toute la ligne. Les événements importants et définis de la manifestation du Messie lors de son baptême, le commencement de son ministère public, la crucifixion, le rejet de la part des Juifs et la prédication de l'Evangile aux Gentils, avec la proclamation du nouveau pacte ; toutes ces choses trouvent leur place exacte, et scellent la prophétie.

La fin des 2300 jours.

Nous en avons terminé avec les soixante-dix semaines ; mais il reste une longue période et d'autres événements qui doivent être pris en compte. Les soixante-dix semaines ne sont que les 490 premières années des 2300. Si nous enlevons 490 ans à 2300, il nous reste 1810 ans. Comme nous l'avons vu, ces 490 ans prirent fin à l'automne 34. Si nous ajoutons maintenant, à cette date les 1810 années restantes, nous arriverons au terme de toute la période. Donc, si depuis l'automne de l'an 34 nous comptons 1810 années nous parvenons à l'automne 1844. Nous voyons, donc, avec quelle rapidité et quelle certitude nous trouvons la fin des 2300 années une fois les soixante-dix semaines mises en place.

Pourquoi en 1844 ?

La question qui peut être posée ici est : comment les jours peuvent-ils s'étendre jusqu'à l'automne de 1844 s'ils commencent en 457 av. J.-C., puisqu'il faut seulement 1843 ans, en plus des 457 av. J.-C. pour arriver au total de 2300. Si nous prêtons notre attention à un fait, toute la difficulté disparaît : Il faut 457 années complètes avant Christ, et 1843 années complètes après, pour avoir 2300 ; ainsi, si la période avait commencée le premier jour de 457 av. J.-C., elle ne se terminerait pas avant le dernier jour de 1843. Il est évident pour tous que si une partie de l'année 457 s'écoule avant le commencement des 2300 jours, cette même partie de l'année 1844 doit s'écouler avant qu'ils ne se terminent. Informons-nous du moment de l'année 457 où nous devons commencer à compter. Du fait que les premiers 49 ans furent dédiés à la construction de la place et des murailles, nous déduisons que cette période doit démarrer, non pas du moment où Esdras quitte Babylone, mais à partir du moment où le travail commence réellement à Jérusalem. Ces travaux purent difficilement débuter avant le septième mois (automne) de 457, puisque Esdras n'arriva pas à Jérusalem avant le cinquième mois de cette année (Esdras 7: 9). Aussi, toute la période doit s'étendre jusqu'au septième mois du calendrier juif, soit à l'automne de 1844.

L'importante déclaration de l'ange à Daniel : « Deux mille trois cents soirs et matins ; puis le sanctuaire sera purifié » est enfin expliquée. Dans notre recherche de la signification du sanctuaire et de sa purification, et l'application du temps, nous avons trouvé non seulement que ce sujet peut se comprendre facilement, mais que l'événement signalé est maintenant en plein accomplissement. Arrêtons-nous ici un bref moment pour réfléchir sur la situation solennelle où nous nous trouvons.

Nous avons vu que le sanctuaire de l'ère chrétienne est le tabernacle de Dieu qui est dans les cieux, le tabernacle qui n'a pas été dressé par un homme, où le Seigneur exerce son ministère en faveur des pécheurs repentants, le lieu où entre le grand Dieu et son Fils Jésus-Christ, le « conseil de paix » prévaut pour le salut des hommes qui périssent (Zacharie 6 :13 ; Psaume 85 :11). Nous avons vu que la purification du sanctuaire consiste à éliminer les péchés qui y sont notés, et c'est l'acte final du ministère qui y est réalisé ; que l'oeuvre du salut se concentre maintenant dans le sanctuaire céleste ; et que lorsque le sanctuaire aura été purifié, l'oeuvre sera terminée. Alors, le grand plan du salut imaginé lorsque l'homme chuta, sera fini. La miséricorde n'intercédera plus, et on entendra la forte voix qui doit sortir du trône qui est dans le temple, qui dira : « C'en est fait » (Apocalypse 16 :17). Qu'arrivera-t-il alors ? Tous les justes obtiendront le don de la vie éternelle ; tous les impies seront condamnés à la mort éternelle. Aucune décision ne pourra être changée, aucune récompense ne pourra être perdue, et aucune destinée ne pourra être changée.

L'heure solennelle du jugement.

Nous avons vu (et c'est ce qui nous fait sentir la solennité du jugement qui s'approche de nos propres portes) que cette longue période, qui devait signaler le commencement de l'oeuvre finale qui devait s'accomplir dans le sanctuaire céleste, arrive à sa fin. Ces jours s'achèveront en 1844. Depuis cette date, cette oeuvre finale pour le salut de l'homme est en train de se poursuit. Elle implique l'examen du caractère de chaque homme, parce qu'elle consiste en la rémission des péchés de ceux qui sont trouvés dignes de ressusciter. Il est aussi décidé, parmi les vivants, ceux qui seront changés à la venue du Seigneur, et ceux qui, parmi les vivants et les morts, seront laissés pour qu'ils aient part aux scènes terribles de la seconde mort. Tous peuvent voir qu'une telle décision doit être prise avant que le Seigneur apparaisse.

Le destin de chacun sera déterminé par les actions qu'il aura faites étant dans son corps, et chacun sera récompensé en accord avec ses oeuvres (2 Corinthiens 5 :10 ; Apocalypse 22 :12). Dans l'oeuvre finale qui s'achève dans le sanctuaire, les annotations sont examinées, et les décisions se font en fonction de ce qu'on y trouve (Daniel 7 :9, 10). Il est naturel de supposer que le jugement doit commencer par les premiers membres de la famille humaine, que leurs cas ont été examinés en premier et qu'une décision a été prise, et ainsi successivement avec les morts, génération après génération, chronologiquement, jusqu'à ce que nous arrivions à la dernière, celle des vivants, avec laquelle l'oeuvre sera accomplie.

Personne ne peut savoir le moment où les cas de tous les morts auront été examinés et le moment où l'on passera à ceux des vivants. Mais cette oeuvre solennelle se réalise depuis 1844. La lumière des types, et la nature même de l'oeuvre font qu'elle ne peut pas durer longtemps. Dans ses sublimes visions des scènes célestes, Jean vit des millions d'assistants aidant notre Seigneur dans son oeuvre sacerdotale (Apocalypse 5). Ainsi, le ministère va de l'avant. Il ne cesse pas et n'est pas retardé, et bientôt il s'achèvera pour toujours.

Ici, nous nous trouvons donc en face de la dernière, la plus grande et la plus solennelle crise de l'histoire de notre race, crise qui est vraiment imminente. Le plan de la rédemption se termine. Les dernières et précieuses années de grâce arrivent presque à leur terme. Le Seigneur est sur le point de venir sauver ceux qui sont prêts et qui l'attendent, et anéantir les indifférents et les incrédules. Mais hélas ! que dirons-nous donc du monde ? Séduit par l'erreur, rendu fou par les plaisirs et paralysé par les vices, ses habitants n'ont aucun moment pour écouter la vérité solennelle, ni pour penser à leurs intérêts éternels. Que les fils de Dieu qui pensent à l'éternité, essaient avec diligence d'échapper à la corruption du monde par la concupiscence, et qu'ils se préparent à passer l'examen scrutateur de leur cas quand il sera présenté devant le tribunal céleste. Qu'ils soient diligents dans leur travail d'avertir les pécheurs de la colère qui vient, et de les conduire au Sauveur aimant qui intercède pour eux.

Nous recommandons à tous ceux qui étudient la prophétie de considérer avec soin le thème du sanctuaire et son service. Dans le sanctuaire, on voit l'arche du testament de Dieu, qui contient sa sainte loi. Ceci suggère une réforme dans notre obéissance à cette grande norme de moralité. L'ouverture du temple céleste, ou le commencement du service dans son second appartement, signale le principe de la proclamation faite par le septième ange (Apocalypse 11 :15, 19). L'oeuvre accomplie ici est le fondement du message du troisième ange d'Apocalypse 14, le dernier message de miséricorde pour un monde qui périt. Ce thème du sanctuaire donne de l'harmonie et de la clarté aux événements prophétiques passés qui, sans lui, resteraient dans l'obscurité la plus impénétrable. Il nous donne une idée définie de la position et de l'oeuvre de notre grand Souverain Sacrificateur, et fait ressortir le plan du salut dans ses distinctes et belles caractéristiques. Il nous place, comme aucun autre sujet ne le fait, devant les réalités du jugement, et nous montre la préparation nécessaire pour pouvoir subsister au jour qui s'approche. Il nous montre que nous sommes dans le temps de l'attente, et nous incite à veiller, parce que nous ne savons pas avec quelle rapidité l'oeuvre sera achevée et notre Seigneur viendra. Veillez, afin que sa venue soudaine ne vous trouve pas endormis.

Après avoir présenté les grands événements en relation avec la mission de notre Seigneur ici sur la terre, le prophète parle, dans la dernière partie de Daniel 9 : 27, de la destruction de Jérusalem par la puissance romaine ; et pour finir, de la destruction de cette même puissance, qu'une note dans la marge appelle « le dévastateur ».

Chapitre 10—Dieu Intervient Dans Les Affaires Du Monde

1 : « La troisième année de Cyrus, roi de Perse, une parole fut révélée à Daniel, qu'on nommait Beltschatsar. Cette parole, qui est véritable, annonce une grande calamité. Il fut attentif à cette parole, et il eut l'intelligence de la vision. »

Ce verset introduit la dernière vision du prophète Daniel qui ait été enregistrée, car l'instruction qui lui fût donnée à cette occasion se poursuit dans les chapitres 11 et 12. On suppose que la mort de Daniel se produisit peu après, vu qu'il avait, selon Prideaux, au moins quatre-vingt-dix ans.

2-3 : « 2 En ce temps-là, moi, Daniel, je fus trois semaines* dans le deuil. 3 Je ne mangeai aucun mets délicat, il n'entra ni viande ni vin dans ma bouche, et je ne m'oignis point jusqu'à ce que les trois semaines fussent accomplies. »

La tristesse de Daniel .

L'expression « trois semaines de jours » est employée ici pour la distinguer des semaines d'années qui ont été présentées dans le chapitre précédent.

Pour quelle raison, ce serviteur de Dieu âgé, s'humilia-t-il ainsi et affligea-t-il son âme ? Evidemment, pour mieux connaître le dessein divin concernant les événements qui devaient arriver à l'Eglise de Dieu. Le messager divin envoyé pour l'instruire dit : « dès le premier jour où tu as eu à coeur de comprendre » (verset 12). Il y avait donc quelque chose que Daniel ne comprenait toujours pas. Qu'était-ce ? C'était, sans aucun doute, une partie de la vision antérieure, celle de Daniel 9, et donc de Daniel 8, puisque le chapitre 9 est l'explication du précédent. En réponse à sa prière, il reçoit maintenant plus en détails l'information des événements inclus dans les grandes ébauches de ses visions antérieures.

L'affliction du prophète était accompagnée d'un jeûne qui, sans être une abstinence complète, consistait à consommer seulement les aliments les plus simples. Il ne mangea pas de pain délicat, ni des mets raffinés ; il n'ingéra ni viande ni vin ; il n'oignit pas sa tête, ce qui était pour les Juifs un signe de jeûne. Nous ne savons pas combien de temps aurait duré son jeûne si sa prière n'avait pas reçu de réponse ; mais le fait d'avoir persévéré trois semaines montre qu'il n'était pas une personne qui cessait ses prières avant d'avoir reçu ce qu'il demandait.

4-9 : « 4 Le vingt-quatrième jour du premier mois, j'étais au bord du grand fleuve qui est Hiddékel. 5 Je levai les yeux, je regardai, et voici, il y avait un homme vêtu de lin, et ayant sur les reins une ceinture d'or d'Uphaz. 6 Son corps était comme de chrysolithe, son visage brillait comme l'éclair, ses yeux étaient comme des flammes de feu, ses bras et ses pieds ressemblaient à de l'airain poli, et le son de sa voix était comme le bruit d'une multitude. 7 Moi, Daniel, je vis seul la vision, et les hommes qui étaient avec moi ne la virent point, mais ils furent saisis d'une grande frayeur, et ils prirent la fuite pour se cacher. 8 Je restai seul, et je vis cette grande vision ; les forces me manquèrent, mon visage changea de couleur et fut décomposé, et je perdis toute vigueur. 9 J'entendis le son de ses paroles ; et comme j'entendais le son de ses paroles, je tombai frappé d'étourdissement, la face contre terre. »

Le mot Syriaque 'Hiddékel' s'applique au fleuve Euphrate ; dans la Vulgate, comme dans la version grecque et l'arabique, la parole s'applique au Tigre. Aussi, certains concluent que le prophète eut cette vision au confluent de ces deux fleuves, près du Golfe Persique.

A cette occasion, un être très majestueux visita Daniel. La description qui nous en est faite ici est comparable à celle de Christ dans Apocalypse 1 :14-16. De plus, comme l'apparition eut sur Daniel un effet similaire à celui que Paul et ses compagnons expérimentèrent, quand le Seigneur se présenta à eux sur le chemin de Damas (Hébreux 9 :1-7), nous en déduisons que Christ lui-même apparut à Daniel. Dans le verset 13, on nous dit que Micaël vint assister Gabriel pour influencer le roi de Perse. Comme il est naturel qu'il se soit manifesté à Daniel à cette occasion !

10-12 : « 10 Et voici, une main me toucha, et secoua mes genoux et mes mains. 11 Puis il me dit : Daniel, homme bien-aimé, sois attentif aux paroles que je vais te dire, et tiens-toi debout à la place où tu es ; car je suis maintenant envoyé vers toi. Lorsqu'il m'eut ainsi parlé, je me tins debout en tremblant. 12 Il me dit : Daniel, ne crains rien ; car dès le premier jour où tu as eu à coeur de comprendre, et de t'humilier devant ton Dieu, tes paroles ont été entendues, et c'est à cause de tes paroles que je viens. »

Gabriel encourage Daniel.

Après que Daniel fût tombé devant la majestueuse apparition de Christ, l'ange Gabriel, qui est manifestement celui qui parle aux versets 11 à 13, mit sa main sur lui pour lui procurer sécurité et confiance. Il dit à Daniel qu'il était un homme bien-aimé. Quelle déclaration admirable ! Un membre de la famille humaine, de notre même race, aimé, non seulement dans le sens général que Dieu aima le monde entier quand il donna son Fils pour qu'il mourût en faveur de l'humanité, mais aimé comme individu, et très aimé. Une telle déclaration a certainement dû redonner confiance au prophète ! De plus, l'ange lui dit qu'il est venu dans le but de converser avec lui, et il désire mettre son esprit en condition de comprendre ses paroles. Le saint et bien-aimé prophète ainsi encouragé, continue cependant à trembler, devant l'ange.

« Daniel, ne crains rien », poursuit Gabriel. Il n'avait aucun motif d'avoir peur devant lui, bien qu'il fût un être céleste, car il lui avait été envoyé parce qu'il était très aimé et aussi en réponse à sa prière fervente. Aucun fils de Dieu, quelque soit l'époque à laquelle il appartient, ne doit sentir une crainte servile envers ses agents envoyés pour l'aider à obtenir le salut. Cependant, ils sont trop nombreux ceux qui tendent à considérer Jésus et ses anges comme de sévères ministres de la justice, plutôt que des êtres bons qui oeuvrent avec ferveur pour leur salut. La présence d'un ange, s'il leur apparaissait corporellement, les remplirait de terreur, et la pensée que Jésus doit bientôt venir les angoisse et les alarme. Recommandons leur d'avoir une plus grande mesure de cet amour parfait qui bannit toute crainte.

13 : « Le chef du royaume de Perse m'a résisté vingt et un jours ; mais voici, Micaël, l'un des principaux chefs, est venu à mon secours, et je suis demeuré là auprès des rois de Perse. »

Gabriel retardé par le roi de Perse.

Comme il n'est pas rare que les prières des fils de Dieu soient entendues malgré l'absence apparente de réponse ! C'est ce qui arriva dans le cas de Daniel. L'ange lui dit que depuis le premier jour qu'il a eu à coeur de comprendre, ses paroles furent entendues. Mais Daniel continua d'affliger son âme par le jeûne, luttant avec Dieu pendant trois semaines entières, sans savoir si sa prière avait été reçue. Pourquoi ce retard ? Le roi de Perse résistait à l'ange. La réponse à la prière de Daniel impliquait une certaine action de la part du roi. Il devait le pousser à accomplir cette action. Il se réfère, sans aucun doute, à l'oeuvre qu'il devait réaliser, et qui avait déjà commencé, en faveur du temple de Jérusalem et des Juifs, car son décret pour édifier ce temple était le premier d'une série qui finalement constituerait cet ordre remarquable de restaurer et réédifier Jérusalem, et dont la promulgation devait marquer le commencement de la grande période prophétique des 2300 jours. L'ange fut envoyé pour le pousser à aller de l'avant en accord avec la volonté divine.

Comme nous savons peu de choses sur ce qui arrive dans le monde invisible en relation avec les affaires humaines ! Ici, le rideau est levé pour un instant, et nous pouvons entrevoir les mouvements intérieurs. Daniel prie. Le Créateur de l'univers l'entend. Il donne à Gabriel l'ordre d'aller l'aider. Mais le roi de Perse doit agir avant que Daniel reçoive la réponse à sa prière, et l'ange se dirige rapidement vers le roi de Perse. Satan réunit sans aucun doute ses forces pour s'opposer à lui. Ils se rencontrent dans le palais royal de Perse. Tous les motifs d'intérêts égoïstes et la politique mondaine que Satan peut déployer sont sans doute utilisés avantageusement pour influencer le roi afin qu'il n'accomplisse pas la volonté de Dieu, tandis que Gabriel exerce son influence dans l'autre direction. Le roi lutte entre ses émotions contraires. Il hésite, il diffère. Les jours passent et Daniel continue de prier. Le roi persiste à refuser de céder à l'influence de l'ange. Trois semaines passent, et voici qu'un être plus puissant que Gabriel se joint à lui dans le palais du roi, et ensuite, tous les deux se dirigent vers Daniel, pour le mettre au courant du déroulement des événements. Depuis le début, dit Gabriel, ta prière a été entendue ; mais pensant ces trois semaines que tu dédiais à la prière et au jeûne, le roi de Perse résista à mon influence, ce qui m'empêcha de venir.

Tel fut l'effet de la prière. Depuis l'époque de Daniel, Dieu n'a pas érigé de barrières entre lui et ses enfants. Ils ont toujours le privilège d'élever des prières aussi ferventes et efficaces et être comme lui et Jacob, puissants avec Dieu et vaincre.

Qui était Micaël, qui vint en aide à Gabriel ? Ce nom signifie : « Celui qui est comme Dieu », et les Ecritures démontrent clairement que Christ est celui qui porte ce nom. Jude (verset 9) déclare que Micaël est l'archange, parole qui signifie « chef des anges », et dans notre texte, Gabriel le nomme « l'un des principaux chefs » (ou comme le dit une note marginale, « le principal prince ») ou le « chef prince ». Il ne peut pas y avoir plus d'un archange, il est donc incorrect d'utiliser ce mot au pluriel comme le font certains. Les Ecritures ne l'emploient jamais de cette façon. Dans 1 Thessaloniciens 4 :16, Paul dit que lorsque le Seigneur apparaîtra pour la seconde fois et qu'il ressuscitera les morts, on entendra la voix d'un archange. A qui appartient cette voix qu'on entend quand les morts reviennent à la vie ? C'est la voix du Fils de Dieu (Jean 5 :28). En mettant ces passages de l'Ecriture ensemble, ils nous démontrent que les morts sont ressuscités par la voix du Fils de Dieu et que la voix qu'on entend est celle de l'Archange, ce qui prouve que l'Archange est le Fils de Dieu ; et l'Archange s'appelle Micaël, donc, Micaël est le Fils de Dieu. Dans le dernier verset de Daniel 10, il est appelé « votre chef » et dans le premier verset de Daniel 12 : « le grand chef, le défenseur de ton peuple ». Ces expressions peuvent s'appliquer, d'une façon très appropriée, à Christ et à aucun autre être.

14 : « Je viens maintenant pour te faire connaître ce qui doit arriver à ton peuple dans la suite des temps ; car la vision concerne encore ces temps-là. »

L'expression « concerne encore ces temps-là », pénétrant loin dans le futur, et embrassant même ce qui doit arriver au peuple de Dieu dans les derniers temps, prouve clairement que les 2300 jours mentionnés dans cette vision ne peuvent signifier des jours littéraux mais des années (Voir les commentaires sur Daniel 9 :25 à 27).

15-17 : « 15 Tandis qu'il m'adressait ces paroles, je dirigeai mes regards vers la terre, et je gardai le silence. 16 Et voici, quelqu'un qui avait l'apparence des fils de l'homme toucha mes lèvres. J'ouvris la bouche, je parlai, et je dis à celui qui se tenait devant moi : Mon Seigneur, la vision m'a rempli d'effroi, et j'ai perdu toute vigueur. 17 Comment le serviteur de mon Seigneur pourrait-il parler à mon Seigneur ? Maintenant les forces me manquent, et je n'ai plus de souffle. »

Une des caractéristiques les plus remarquables de Daniel est la tendre sollicitude qu'il avait pour son peuple. Etant maintenant parvenu à comprendre clairement que la vision présageait de longs siècles de persécutions et de souffrance pour l'Eglise, il fut si affecté par ce qu'il avait vu que ses forces l'abandonnèrent, et il perdit aussi bien le souffle que la parole. La vision mentionnée au verset 16 est sans doute la vision antérieure, celle de Daniel 8.

18-21 : « 18 Alors celui qui avait l'apparence d'un homme me toucha de nouveau, et me fortifia. 19 Puis il me dit : Ne crains rien, homme bien-aimé, que la paix soit avec toi ! courage, courage ! Et comme il me parlait, je repris des forces, et je dis : Que mon Seigneur parle, car tu m'as fortifié. 20 Il me dit : Sais-tu pourquoi je suis venu vers toi ? Maintenant je m'en retourne pour combattre le chef de la Perse ; et quand je partirai, voici, le chef de Javan viendra. 21 Mais je veux te faire connaître ce qui est écrit dans le livre de la vérité. Personne ne m'aide contre ceux-là, excepté Micaël, votre chef. »

Le prophète est enfin fortifié pour entendre toute la communication que l'ange doit lui donner. Gabriel dit : « Sais-tu pourquoi je suis venu vers toi ? Comprends-tu mon dessein afin de ne plus jamais avoir peur ? Il lui annonce ensuite son intention de reprendre la lutte avec le roi de Perse dès la fin de sa communication. La parole hébraïque im, qui signifie « avec », est traduite dans la Septante par le grec metá, qui ne signifie pas « contre » mais « en commun, conjointement » ; c'est-à-dire que l'ange se tiendra du côté du royaume perse aussi longtemps qu'il convient à la providence de Dieu que ce royaume continue à exister. « Et quand je partirai –explique Gabriel, voici, le chef de Javan viendra ». Ou en d'autres termes : quand son appui au royaume sera retiré, et la providence de Dieu oeuvrera en faveur d'un autre royaume, le prince de la Grèce viendra et la monarchie perse tombera.

Gabriel annonce ensuite que seul le Prince Micaël et lui comprennent les sujets qu'il devait lui communiquer. Quand il les eut expliqué à Daniel, il y avait dans l'univers quatre êtres qui possédaient la connaissance de ces vérités importantes : Daniel, Gabriel, Christ et

Dieu. Quatre chaînons apparaissent dans cette chaîne de témoins : le premier, Daniel, est un membre de la famille humaine ; le dernier, c'est Jéhova, le Dieu de tous !

Chapitre 11—Le Panorama De L'avenir Dévoilé

1-2 : « 1 Et moi, la première année de Darius, le Mède, j'étais auprès de lui pour l'aider et le soutenir. 2 Maintenant, je vais te faire connaître la vérité. »

Nous entrons maintenant dans une prophétie d'événements futurs qui ne sont pas voilés par des images et des symboles, comme dans les visions de Daniel 2, 7 et 8, mais qui sont donnés en langage clair. Ici, les événements les plus remarquables de l'histoire mondiale, depuis l'époque de Daniel jusqu'à la fin du monde, sont présentés. Cette prophétie, comme dit Thomas Newton, peut être intitulée avec justesse : commentaire et explication de la vision de Daniel 8. Avec cette déclaration, le commentateur cité montre avec quelle clarté il percevait la relation qu'il y avait entre cette vision et le reste du livre de Daniel.

La dernière vision de Daniel interprétée.

Après avoir expliqué que durant la première année de Darius, il avait été à son côté pour l'encourager et le fortifier, l'ange Gabriel accorde son attention à l'avenir. Darius était mort, et Cyrus régnait. Il y aurait encore trois rois en Perse, sûrement les successeurs immédiats de Cyrus, qui furent : Cambyse, fils de Cyrus ; Esmerdis, un imposteur ; et Darius Hystaspe.

Xerxès envahit la Grèce.

Le quatrième roi après Cyrus fut Xerxès, fils de Darius Hystaspe. Il fut célèbre par ses richesses, comme l'avait annoncé la prophétie : « il amassera plus de richesses que tous les autres ». Il décida de conquérir la Grèce, et il organisa une puissante armée qui, selon Hérodote, comptait 5. 283. 220 hommes.

Xerxès ne se contenta pas seulement de mobiliser l'Orient, mais il obtint aussi l'appui de Carthage, en Occident. Le roi perse eut du succès contre la Grèce dans la fameuse bataille de Thermopyles ; mais la puissante armée ne put envahir le pays que lorsque les trois cents vaillants Parthes qui défendaient le passage furent trahis. Xerxès souffrit finalement une déroute désastreuse à Salamine, en 480 av. J.-C., et l'armée perse retourna dans son pays.

3-4 : « 3 Mais il s'élèvera un vaillant roi, qui dominera avec une grande puissance, et fera ce qu'il voudra. 4 Et lorsqu'il sera élevé, son royaume se brisera et sera divisé vers les quatre vents des cieux ; il n'appartiendra pas à ses descendants, et il ne sera pas aussi puissant qu'il l'était, car il sera déchiré, et il passera à d'autres qu'à eux. »

Xerxès fut le dernier roi de Perse à envahir la Grèce ; la prophétie laisse ainsi de côté neuf princes, de moindre importance, pour introduire le « vaillant roi », Alexandre le Grand.

Après avoir battu l'empire perse, Alexandre « devint le seigneur absolu de cet empire, la plus grande extension qu'aucun roi perse n'ait jamais possédé » Son royaume comprenait « la majeure partie du monde habité alors connu ». Avec quelle exactitude il est décrit comme étant « un vaillant roi, qui dominera avec une grande puissance, et fera ce qu'il voudra » ! Mais il épuisa son énergie par les orgies et les soûleries, et quand il mourut en 323 av. J.-C., ses projets vaniteux et ambitieux furent brutalement interrompus et totalement éclipsés. Les fils d'Alexandre n'héritèrent pas l'empire grec. Quelques années après sa mort, toute sa postérité était tombée victime des jalousies et de l'ambition de ses principaux généraux, qui déchirèrent le royaume en quatre parties. Que le passage, du plus haut sommet de la gloire terrestre aux plus grandes profondeurs de l'oubli et de la mort, est rapide ! Les quatre principaux généraux d'Alexandre : Cassandre, Lysimaque, Séleucos et Ptolémée, s'emparèrent de l'empire.

« Après la mort d'Antigonos [301 av. J.-C.], les quatre princes confédérés se partagèrent ses possessions ; et tout l'empire d'Alexandre fut divisé en quatre royaumes. Ptolémé obtint l'Egypte, la Libye, l'Arabie, Cælesyrie, et la Palestine ; Cassandre, la Macédoine et la Grèce ; Lysimaque, la Thrace, la Bithynie et quelques provinces au-delà de l'Hellespont et le Bosphore ; et Séleucos eut le reste. Ils furent les quatre cornes du bouc mentionné dans les prophéties du prophète Daniel, qui s'agrandirent après avoir brisé la première corne. Cette première corne représentait Alexandre, roi de Grèce, qui renversa le royaume des Mèdes et des Perses ; et les quatre cornes furent ces quatre rois, qui surgirent après lui et se partagèrent l'empire. Ils furent aussi les quatre têtes du léopard, desquels il est question dans les mêmes prophéties. Et ces quatre royaumes furent, selon le même prophète, les quatre parties du royaume du « vaillant roi » qui devait être « divisé vers les quatre vents des cieux », par ces quatre rois et pas par ses descendants, car aucun d'eux n'appartenait à sa postérité. Ainsi, avec ce dernier partage de l'empire d'Alexandre, toutes ces prophéties s'accomplirent. »

5 : « Le roi du midi deviendra fort. Mais un de ses chefs sera plus fort que lui, et dominera ; sa domination sera puissante. »

Le roi du midi.

Dans le reste de ce chapitre, il est souvent fait mention du roi du Nord et du roi du midi. Il est donc essentiel d'identifier clairement ces puissances pour comprendre la prophétie. Quand l'empire d'Alexandre fut divisé, ses différentes portions s'étendirent vers les quatre vents du ciel : le Nord, le Sud, l'Est et l'Ouest. Ces divisions étaient surtout perçues quand on les observait depuis la Palestine, partie centrale de l'empire. La division qui se trouvait à l'Ouest de la Palestine constituait le royaume de l'Ouest ; celle qui se situait au Nord, était le royaume du Nord ; celle située à l'Est, le royaume de l'Est ; et celle qui s'étendait au Sud, le royaume du Sud.

Les guerres et les révolutions qui surgirent à travers les siècles, changèrent souvent les limites géographiques, ou bien elles furent effacées et de nouvelles frontières apparurent. Mais, quels que soient les changement effectués, ces premières divisions de l'empire sont celles qui doivent déterminer les noms que depuis lors portèrent ces portions du territoire, ou nous n'aurons aucune base ni aucune norme pour prouver l'application de la prophétie. En d'autres termes, quelle que soit la puissance qui, à un moment déterminé occupe le territoire qui au début constitua le roi du Nord, cette puissance deviendra le roi du Nord tant qu'elle occupera ce territoire. Quelle que soit la puissance qui vient à occuper ce qui au début constituait le royaume du Sud, elle le sera aussi longtemps que durera ce roi. Nous parlons seulement de ces deux, parce que ce sont les deux seuls mentionnés dans la prophétie, et parce qu'en fait, tout l'empire d'Alexandre se résume finalement dans ces deux divisions.

Les successeurs de Cassandre furent très vite vaincus par Lysimaque, et leur royaume, qui comprenait la Grèce et la Macédoine, fut annexé à la Thrace. Lysimaque, à son tour, fut vaincu par Séleucos, et la Macédoine et la Grèce furent incorporées à la Syrie.

Ces faits préparent le terrain à l'interprétation du texte que nous étudions. Le roi du Sud, l'Egypte, devint forte. Ptolémée Sôtêr annexa l'Egypte, Chypre, la Phénicie, la Carie, Cyrène et plusieurs îles et villes. C'est ainsi que son royaume devint fort. Mais l'expression « un de ses chefs sera plus fort que lui » introduit ici un autre prince d'Alexandre. Il doit s'agir de Séleucos Nikatôr qui, comme nous l'avons déjà dit, en annexant la Macédoine et la Thrace à la Syrie, en vint à posséder les trois quarts du domaine d'Alexandre, et fonda un royaume plus puissant que celui de l'Egypte.

6 : « Au bout de quelques années ils concluront un pacte : la fille du roi du Sud épousera le roi du Nord pour rétablir l'entente. Mais elle ne conservera pas son pouvoir. Son mari lui-même ne restera pas en vie, et leur enfant non plus. Elle aussi perdra la vie, en même temps que son entourage, son père et son mari. » [Version en Français courant, 1997].

Le roi du Nord.

Il y eut de nombreuses guerres entre les rois d'Egypte et les Syriens ; surtout entre Ptolémée Philadelphe, second roi d'Egypte, et Antiochus Théos, troisième roi de Syrie. Ils finirent par faire la paix, à condition qu'Antiochus répudiât sa première épouse Laodice et ses deux fils, et qu'il se mariât avec Bérénice, fille de Ptolémée Philadelphe. Pour accomplir sa promesse, Ptolémée amena sa fille à Antiochus, et avec elle, il lui remit une immense dot.

« Elle ne conservera pas la force de son bras » ; c'est-à-dire, qu'elle ne pourra pas garder l'intérêt et la puissance d'Antiochus en sa faveur. C'est ce qui arriva ; car peu après, Antiochus fit revenir à la cour sa première épouse, Laodice et ses fils. La prophétie dit ensuite : « Il ne résistera pas [Antiochus], ni lui, ni son bras », c'est-à-dire sa postérité. Laodice, en récupérant la faveur et le pouvoir, craignit que l'inconstance d'Antiochus vint à la faire tomber à nouveau en disgrâce en appelant à nouveau Bérénice. Etant parvenue à la conclusion que seule la mort pouvait la protéger efficacement contre une telle éventualité, elle le fit empoissonner peu de temps après. Les fils qu'il eut de Bérénice ne lui succédèrent pas non plus dans le royaume, car Laodice arrangea les choses de telle façon qu'elle obtint le trône pour son fils aîné Séleucos Kallinikos.

« Elle aussi perdra la vie » [Bérénice]. Laodice ne se contenta pas d'empoisonner son époux Antiochus, mais elle fit tuer Bérénice et son fils encore enfant. «En même temps que son entourage ». Tous ses assistants et les femmes d'Egypte, en tentant de la défendre, furent mis eux aussi à mort. « Leur enfant non plus », mourut sur l'ordre de Laodice. « En même temps que son entourage », se réfère clairement à son époux et à ceux qui la défendirent.

7-9 : « 7 Un rejeton de ses racines s'élèvera à sa place ; il viendra à l'armée, il entrera dans les forteresses du roi du septentrion, il en disposera à son gré, et il se rendra puissant. 8 Il enlèvera même et transportera en Egypte leurs dieux et leurs images de fonte, et leurs objets précieux d'argent et d'or. Puis il restera quelques années éloigné du roi du septentrion. 9 Et celui-ci marchera contre le royaume du roi du midi, et reviendra dans son pays. »

Ce rejeton des mêmes racines de Bérénice, fut sont frère Ptolémée Evergète. Il succéda à son père sur le trône d'Egypte, et il y était à peine installé que, sentant l'ardent désir de venger sa soeur, il rassembla une armée immense et envahit le territoire du roi du nord, Séleucos Kallinicos, qui régnait avec sa mère en Syrie. Il eut l'avantage sur lui, jusqu'au point de conquérir la Syrie, la Cilicie, les régions qui étaient au-delà de la partie supérieure de l'Euphrate et vers l'est jusqu'à Babylone. Mais, à la nouvelle qu'une sédition avait éclatée en Egypte et exigeait son retour là-bas, il mit à sac le royaume de Séleucos en emportant 40 000 talents d'argent et des ustensiles précieux et 2 500 statues de leurs dieux. Parmi elles, il y avait des statues que Cambyse avait autrefois emportées d'Egypte en Perse. Les Egyptiens, complètement adonnés à l'idolâtrie, attribuèrent à Ptolémée le titre Evergète, «

le bienfaiteur », en reconnaissance pour leur avoir rendu leurs dieux qui avaient été tant d'années en captivité.

« Il nous reste encore des écrits –dit Thomas Newton, qui confirment plusieurs détails ». Appien nous informe que, Laodice ayant fait tuer Antiochus, et après lui Bérénice et son fils, Ptolémée, fils de Philadelphe, envahit la Syrie pour venger ces homicides, tua Laodice et avança jusqu'à Babylone. De Polybe, nous apprenons que Ptolémée, surnommé Evergète, furieux du traitement cruel que reçut sa soeur, pénétra en Syrie avec une armée, et prit la ville de Séleucie, qui fut par la suite longtemps gardée par des garnisons des rois d'Egypte. Ainsi, il entra dans la forteresse du roi du nord. Poly[3]nus affirme que Ptolémée se rendit maître de toute la région qui s'étend depuis le Mont Taurus jusqu'à l'Inde, sans guerre ni bataille mais par erreur on l'attribue au père au lieu du fils. Justin prétend que si Ptolémée n'avait pas été rappelé en Egypte à cause d'une sédition interne, il aurait pu posséder le royaume entier de Séleucos. Ainsi, le roi du sud pénétra dans le royaume du Nord, et ensuite retourna dans son propre pays. Egalement, il « dura plus longtemps que le roi du Nord » car Séleucos Kallinicos mourut en exil, d'une chute de cheval et Ptolémée Evergète lui survécut de quatre ou cinq ans. »

10 : « Ses fils se mettront en campagne et rassembleront une multitude nombreuse de troupes ; l'un d'eux s'avancera, se répandra comme un torrent, débordera, puis reviendra ; et ils pousseront les hostilités jusqu'à la forteresse du roi du midi. »

La première partie de ce verset parle des fils, au pluriel ; la dernière, d'un, au singulier. Les fils de Séleucos Kallinicos furent Séleucos Keraunos et Antiochus Mégas. Tous deux entreprirent avec beaucoup de zèle, la tâche de justifier et venger la cause de leur père et de leur pays. L'aîné de ses fils, Séleucos, fut le premier à accéder au trône. Il rassembla une grande multitude pour reprendre les territoires de son père ; mais il fut empoisonné par ses généraux après un règne court et sans gloire. Son frère Antiochus Mégas, qui était plus capable que lui, fut alors proclamé roi. Il prit en charge l'armée, récupéra la Séleucie et la Syrie, et se rendit maître de plusieurs places par des traités et d'autres par la force des armes. Antiochus fut vainqueur de Nicolas, le général égyptien, et pensait même envahir l'Egypte. Mais il y eut une trêve durant laquelle les deux partis négocièrent la paix, tout en se préparant pour la guerre. C'est certainement celui dont il est dit qu'il « se répandra comme un torrent, débordera, puis reviendra ».

11 : « Le roi du midi s'irritera, il sortira et attaquera le roi du septentrion ; il soulèvera une grande multitude, et les troupes du roi du septentrion seront livrées entre ses mains. »

Conflit entre le Nord et le Sud.

Ptolémée Philopatôr succéda à son père Evergète sur le trône d'Egypte, et il reçut la couronne peu après qu'Antiochus Mégas succédât à son frère dans le gouvernement de la Syrie. C'était un prince amoureux des commodités et du vice, mais la perspective d'une invasion de l'Egypte par Antiochus le réveilla. Les pertes qu'il avait souffertes et le danger qui le menaçait le rendit furibond. Il réunit une grande armée pour arrêter les progrès du roi de Syrie, mais le roi du Nord souleva lui aussi « une grande multitude ». L'armée d'Antiochus, selon Polybe, atteignit 62 000 fantassins, 6 000 cavaliers et 102 éléphants. Dans ce conflit, la bataille de Raphia, Antiochus fut défait, avec une perte d'environ 14 000 soldats morts et 4 000 prisonniers, et son armée fut remise aux mains du roi du Sud, en accomplissement de la prophétie.

12 : « Cette multitude sera fière, et le coeur du roi s'enflera ; il fera tomber des milliers, mais il ne triomphera pas. »

Ptolémée ne sut pas profiter de sa victoire. S'il avait profité de ses avantages, il se serait probablement rendu maître de tout le royaume d'Antiochus ; mais après avoir lancé seulement quelques menaces, il fit la paix pour pouvoir s'abandonner à nouveau à la satisfaction ininterrompue et incontrôlée de ses passions brutales. Ayant vaincu ses ennemis, il fut lui-même vaincu pas ses vices, il oublia le grand nom qu'il aurait pu acquérir et il consacra son temps aux banquets et à la sensualité.

Son coeur se grisa de ses succès, mais fut loin d'en être fortifié, car l'usage infâme qu'il fit de ses ressources fit que ses sujets se rebellèrent contre lui. Mais l'exaltation de son coeur se nota surtout dans ses transactions avec les Juifs. En venant à Jérusalem, il offrit des sacrifices et voulut entrer dans le lieu très saint du temple, malgré la loi et la religion des Juifs. Mais il en fut empêché avec de grandes difficultés, et il quitta le lieu explosant de colère contre la nation juive, et il commença immédiatement une persécution implacable contre les Juifs. A Alexandrie, où des Juifs résidaient depuis l'époque d'Alexandre, et jouissaient des mêmes privilèges que les citoyens les plus favorisés, 40 000 furent mis à mort selon Eusèbe, 60 000 selon Jérôme. La rébellion des Egyptiens et la tuerie des Juifs n'eurent certainement pas pour effet de fortifier Ptolémée sur son trône, mais contribuèrent plutôt à sa ruine.

13 : « Car le roi du septentrion reviendra et rassemblera une multitude plus nombreuse que la première ; au bout de quelque temps, de quelques années, il se mettra en marche avec une grande armée et de grandes richesses. »

Les événements prédits dans ce verset devaient arriver « au bout de quelques temps, de quelques années ». La paix conclue entre Ptolémé Philopatôr et Antiochus Mégas dura quatorze ans. Pendant ce temps, Ptolémée mourut de son intempérance et de sa débauche, et son fils Ptolémée Epiphane, qui avait alors cinq ans, lui succéda. Pendant ce temps, Antiochus arrêta la rébellion de son royaume, et se fit obéir des provinces orientales. Il fut ensuite libre pour n'importe quelle aventure quand le jeune Epiphane monta sur le trône d'Egypte. Pensant que cette opportunité était trop bonne pour être méprisée, il rassembla une immense armée, « plus nombreuse que la première », et se mit en marche contre l'Egypte avec l'espoir d'obtenir une victoire facile sur l'enfant roi.

14 : « En ce temps-là, plusieurs s'élèveront contre le roi du midi, et des hommes violents parmi ton peuple se révolteront pour accomplir la vision, et ils succomberont. »

Antiochus Mégas ne fut pas le seul à se lever contre l'enfant Ptolémée. Agathoclès, son premier ministre, qui s'était emparé de la personne du roi et manipulait les affaires du royaume à sa place, était si dissolu et orgueilleux dans l'exercice du pouvoir, que les provinces autrefois assujetties à l'Egypte se rebellèrent. L'Egypte, elle-même, fut perturbée par des séditions, et les Alexandrins se levèrent contre Agathoclès, le firent mettre à mort avec sa soeur, sa mère et ses associés. Au même moment, Philippe de Macédoine s'allia avec Antiochus pour se répartir les possessions de Ptolémée, chacun se proposant de prendre les parties les plus proches et les plus commodes. C'était un soulèvement contre le roi du Sud suffisant pour accomplir la prophétie et qui eut pour résultat, sans le moindre doute, les événements précis que la prophétie annonçait.

Mais un nouveau pouvoir intervient maintenant : « des hommes violents parmi ton peuple » ou littéralement, selon Thomas Newton, « les fils des destructeurs de ton peuple ». Là-bas, sur les rives du Tibre, il y avait un royaume qui nourrissait des projets ambitieux et de sombres desseins. Petit et faible au début, il crût en force et en vigueur avec une rapidité étonnante, et il s'étendit avec prudence ici et là pour essayer son habileté et tester son bras guerrier, jusqu'au moment où il prit conscience de son pouvoir ; alors, il leva la tête avec audace parmi les nations de la terre, et avec une main invincible, il s'empara du timon des affaires mondiales. Depuis lors, le nom de Rome se détache dans les pages de l'histoire, car elle est destinée à dominer le monde durant de longs siècles et à exercer une puissante influence parmi les nations jusqu'à la fin des temps, en accord avec les prophéties.

Rome parla, et la Syrie et la Macédoine ne tardèrent pas à s'apercevoir que leur rêve changeait d'aspect. Les Romains intervinrent en faveur du jeune roi d'Egypte, déterminés à le protéger de la ruine imaginée par Antiochus et Philippe. C'était en l'an 200 av. J.-C., et ce fut une des premières interventions importantes des Romains dans les affaires de la Syrie et de l'Egypte. Rollin nous relate succinctement cet événement de la façon suivante :

« Antiochus, roi de Syrie, et Philippe, roi de Macédoine, sous le règne de Ptolémée Philopatôr, avaient manifesté le zèle le plus énergique pour les intérêts de ce monarque, et ils étaient disposés à l'assister dans toutes les occasions. Mais à peine mort, et laissant derrière lui un enfant qui, d'après les règles de la bonté et de la justice leur enjoignaient de ne pas le molester dans la prise de possession du royaume de son père, ils s'unirent immédiatement par une alliance criminelle, et ils s'incitèrent mutuellement à éliminer l'héritier légitime et à se répartir ses territoires. Philippe devait recevoir la Carie, la Libye, le Cyrénaïque et l'Egypte ; et Antiochus, tout le reste. Ayant ceci en vue, le dernier entra en Cæ lesyrie et en Palestine, et en moins de deux campagnes il réalisa l'entière conquête de ces deux provinces, avec toutes leurs villes et leurs dépendances. Leur culpabilité, dit Polybe, n'aurait pas été si flagrante si, en tant que tyrans, ils s'étaient efforcés de couvrir leurs crimes par une quelconque excuse trompeuse ; mais loin de le faire, leur injustice et leur cruauté furent si éhontées qu'on leur appliquait généralement ce que l'on dit des poissons, à savoir que le grand mange le petit, bien qu'il soit de la même espèce. Quelqu'un se sentirait tenté –continue le même auteur, en voyant les lois de la société violées sans dissimulation, d'accuser ouvertement la Providence d'être indifférente et insensible aux crimes les plus horribles ; mais elle justifia pleinement sa conduite en châtiant les deux rois comme ils le méritaient, et elle fit d'eux un exemple pour en dissuader d'autres de suivre leur conduite à travers tous les siècles. Car, tandis qu'ils méditaient de déposséder un enfant faible et impuissant, en lui enlevant son royaume morceau par morceau, la Providence suscita contre eux les Romains qui bouleversèrent les royaumes de Philippe et d'Antiochus, et ils réduisirent leurs successeurs à presque d'aussi grands désastres que ceux qu'ils tentaient d'employer pour écraser l'enfant roi ».

« Pour accomplir la vision ». Les Romains sont, plus que n'importe quel autre peuple, le thème de la prophétie de Daniel. Leur première intervention dans les affaires de ces royaumes est mentionnée ici comme l'établissement ou la confirmation de la véracité de la vision qui précédait l'apparition d'une telle puissance.

« Ils succomberont ». Certains appliquent cette expression à « plusieurs » mentionné dans la première partie du verset, qui allaient s'allier contre le roi du Sud ; et d'autres, aux « hommes violents » du peuple de Daniel, les Romains. Elles s'appliquent aux deux cas. Si on se réfère à ceux qui s'allièrent contre Ptolémée, tout ce qu'il faut dire, c'est qu'ils chutèrent rapidement. Si on l'applique aux Romains, la prophétie signale simplement le moment de leur chute finale.

15 : « Le roi du septentrion s'avancera, il élèvera des terrasses, et s'emparera des villes fortes. Les troupes du midi et l'élite du roi ne résisteront pas, elles manqueront de force pour résister. »

L'éducation du jeune roi d'Egypte fut confiée, par le Sénat romain, à Marc Emilius Lepidus, qui lui donna pour tuteur Aristomène, ministre âgé et expérimenté de cette cour. Son premier geste fut de prendre des mesures contre les menaces d'invasion des deux rois confédérés, Philippe et Antiochus.

Il envoya donc Scopas, un fameux général d'Etolie qui servait alors les Egyptiens, dans son pays natal pour obtenir des renforts armés. Après avoir équipé une armée, il pénétra en Palestine et en Cœlesyrie (car Antiochus était alors en train de guerroyer avec Attale en Asie mineure) et il soumit toute la Judée à l'autorité de l'Egypte.

C'est ainsi que les événements se mirent en ordre pour l'accomplissement du verset que nous étudions. Renonçant à sa guerre contre Attale aux ordres des Romains, Antiochus prit rapidement des mesures pour reprendre la Palestine et la Cœ lesyrie des mains des Egyptiens. Scopas fut envoyé pour lui faire face. Près des sources du Jourdain, les deux armées se rencontrèrent. Scopas fut vaincu, poursuivit jusqu'à Sidon, et là étroitement assailli. Trois des généraux les plus compétents d'Egypte, avec leurs meilleures forces, furent envoyés pour lever le siège, mais sans succès. A la fin, Scopas, voyant dans le spectre de la faim un ennemi qu'il ne pouvait pas affronter, se vit obligé de se rendre à la condition déshonorante de sauver seulement sa vie. Il fut autorisé, lui et ses 10.000 hommes, à partir dépouillé de tout et indigents. C'est ainsi que la prédiction relative au roi du nord s'accomplit : « il s'emparera des villes fortes », car Sidon était, de par sa position et ses défenses, une des villes les plus fortes de cette époque. Les troupes du midi et l'élite du roi ne résistèrent pas ni le peuple choisi par le roi du Sud, c'est-à-dire Scopas et ses forces d'Etolie.

16 : « Celui qui marchera contre lui fera ce qu'il voudra, et personne ne lui résistera ; il s'arrêtera dans le plus beau des pays, exterminant ce qui tombera sous sa main. »

Rome conquiert la Syrie et la Palestine.

Bien que l'Egypte n'avait pas pu subsister devant Antiochus Mégas, le roi du Nord, Antiochus Asiaticus ne put résister aux Romains qui vinrent contre lui. Aucun royaume ne pût résister à la puissance naissante. La Syrie fut conquise et ajoutée à l'empire romain quand Pompée, en 65 av. J.-C., priva Antiochus Asiaticus de ses possessions et réduisit la Syrie en une province romaine.

La même puissance devait se détacher aussi en Terre Sainte et la « consumer ». Les Romains furent en relation avec le peuple de Dieu, les Juifs, par une alliance en 161 av. J.-C. Depuis lors, Rome occupa une place éminente dans le calendrier prophétique. Mais, cependant, elle n'acquit la juridiction de la Judée par une conquête effective qu'en l'an 63 av. J.-C.

Au retour de l'expédition de Pompée contre Mithridate Eupator roi du Pont, deux concurrents, fils du grand prêtre des Juifs de Palestine, Hyrcan et Aristobule, luttaient pour la couronne de Judée. Leur cause fut présentée à Pompée, qui ne tarda pas à percevoir l'injustice des prétentions d'Aristobule, mais il voulut différer sa décision sur ce sujet à son retour de l'expédition qu'il désirait depuis longtemps conduire à l'intérieur de l'Arabie. Il promit donc de revenir régler leurs problèmes de la façon la plus juste. Aristobule, comprenant les vrais sentiments de Pompée, se dépêcha de revenir en Judée, arma ses sujets et se prépara à se défendre vigoureusement, bien résolu à conserver à tout prix la couronne qui, selon ce qu'il prévoyait, allait être donnée à un autre. Après sa campagne d'Arabie contre le roi Aretas, Pompée fut au courant de ces préparatifs belliqueux et marcha contre la Judée. Quand il fut proche de Jérusalem, Aristobule commença à se repentir de sa conduite ; il sortit à la rencontre de Pompée pour tenter d'arranger les choses en promettant une entière soumission et une grande quantité d'argent. Pompée accepta cette offre et envoya Gabinius avec un détachement de soldats pour recevoir l'argent. Mais quand ce lieutenant arriva à Jérusalem, il trouva les portes fermées, et on lui dit du haut de la muraille que la ville ne ratifiait pas l'accord.

Pompée, qui ne voulait pas être trompé impunément, enchaîna Aristobule et marcha immédiatement contre Jérusalem avec toute son armée. Les partisans d'Aristobule voulaient défendre la ville ; ceux d'Hyrcan préférèrent ouvrir les portes. Comme ces derniers étaient majoritaires, ils prévalurent et on laissa entrer librement Pompée dans la ville, devant lequel, les adeptes d'Aristobule se retirèrent dans la forteresse du temple, tant résolus à défendre la place que Pompée se vit obligé de l'assiéger. Au bout de trois mois, on réussit à pratiquer une brèche suffisamment grande pour donner l'assaut, et le lieu fut pris à la pointe de l'épée. Dans la terrible tuerie qui suivit, 12 000 personnes périrent. C'était un spectacle émouvant –observe l'historien, que de voir les sacrificateurs qui, à cet instant, s'occupaient du service divin, continuer leur travail habituel d'une main calme et poursuivre fermement leur dessein, apparemment inconscients du tumulte sauvage, jusqu'à ce que leur propre sang se mêle à celui des sacrifices qu'ils offraient.

Après avoir achevé la guerre, Pompée fit démolir les murailles de Jérusalem, il transféra de nombreuses villes de la juridiction de Judée à celle de Syrie, et il imposa un tribut aux

Juifs. Pour la première fois, Jérusalem fut placée, par suite d'une conquête, entre les mains de Rome, la puissance qui devait retenir le « plus beau des pays » sous sa domination de fer jusqu'à ce qu'il soit complètement « consumé ».

17 : « Et il dirigera sa face pour venir avec les forces de tout son royaume, et des hommes droits avec lui, et il agira ; et il lui donnera la fille des femmes pour la pervertir ; mais elle ne tiendra pas, et elle ne sera pas pour lui. » [Version J. N. Darby, 1970].

Thomas Newton nous donne une autre traduction de ce verset, qui paraît en exprimer le sens plus clairement : « Il s'opposera aussi résolument pour rentrer par la force dans tout le royaume. »

Rome envahit le royaume du Sud.

Le verset 16 nous mène jusqu'à la conquête de la Syrie et de la Judée par les Romains. Rome avait antérieurement conquis la Macédoine et la Thrace. L'Egypte était la seule à rester de tout le royaume d'Alexandre qui n'avait pas été assujetti au pouvoir romain. Rome se décida alors à entrer par la force en terre d'Egypte.

Ptolémée Aulète mourut en 51 av. J.-C. Il laissa la couronne et le royaume d'Egypte à l'aînée de ses filles survivantes, Cléopâtre et à son fils aîné, Ptolémée XII, enfant de neuf ou dix ans. Il stipula dans son testament qu'ils devraient se marier et régner ensemble. Comme ils étaient jeunes, ils furent placés sous la tutelle des Romains. Le peuple romain accepta la responsabilité, et désigna Pompée comme gardien des tendres héritiers d'Egypte.

Très tôt, éclata entre Pompée et Jules César une dispute qui atteignit son comble à la bataille de Pharsale. Pompée vaincu, prit la fuite en Egypte. César le suivit immédiatement là-bas ; mais avant d'arriver, Pompée fut vilement assassiné à l'instigation de Ptolémée. César assuma alors la tutelle de Ptolémée et Cléopâtre. Il trouva l'Egypte bouleversée par des troubles internes, car Ptolémée et Cléopâtre étaient devenus hostiles l'un envers l'autre, cette dernière ayant été privée de sa participation au gouvernement.

Comme les difficultés augmentaient quotidiennement, César trouva sa petite troupe insuffisante pour maintenir sa position et ne pouvant pas abandonner l'Egypte parce que le vent du nord prévalait durant cette saison, il commanda à toutes les troupes d'Asie qu'il avait dans cette région, de venir le rejoindre.

Jules César décréta que Ptolémée et Cléopâtre devaient licencier leurs armées et comparaître devant lui pour régler leurs différents, et se soumettre à sa décision. Puisque l'Egypte était un royaume indépendant, ce décret fut considéré comme un affront à la dignité royale, et les Egyptiens furieux prirent les armes. César répondit qu'il agissait conformément au testament du père des princes, Ptolémée Aulète, qui avait confié ses enfants à la tutelle du sénat et du peuple de Rome.

Le sujet fut finalement porté devant lui, et des avocats furent nommés pour défendre la cause des parties respectives. Cléopâtre, connaissant la faiblesse du grand général romain, décida de comparaître devant lui en personne. Pour arriver jusqu'à lui sans être vue, elle recourut au stratagème suivant : elle se coucha sur un tapis, et son serviteur Sicilien Apolodore l'enveloppa dedans puis il attacha le fardeau avec une courroie, le mit sur ses épaules herculéennes et se dirigea au domicile de César. En affirmant qu'il apportait un présent pour le général romain, il fut admis en la présence de César et déposa sa charge à ses pieds. Quand César détacha ce paquet animé, la belle Cléopâtre se mit debout devant lui.

F. E. Adcock dit, au sujet de cet incident : « Cléopâtre avait le droit d'être entendue si César devait être le juge, et elle trouva le moyen d'atteindre la ville et avec un loueur de bateaux qui l'amenât à lui. Elle vint, elle vit et elle vainquit. Aux difficultés militaires qu'il y avait pour se retirer devant l'armée égyptienne, s'ajouta le fait que César ne voulait déjà plus partir. Il avait plus de cinquante ans, mais il conservait une virilité impérieuse qui provoquait l'admiration de ses soldats. Cléopâtre avait vingt-deux ans, elle était aussi ambitieuse et forte de caractère que César lui-même, une femme qu'il lui fut aussi facile de comprendre et d'admirer que d'aimer. »

César décréta finalement que le frère et la soeur occuperaient conjointement le trône, en accord avec la volonté de leur père. Pothinus, le premier ministre de l'état, principal instrument de l'expulsion de Cléopâtre, craignit qu'elle fût rétablie sur le trône. Il commença donc à réveiller des jalousies et de l'hostilité contre César, en insinuant parmi la populace qu'il se proposait de donner éventuellement tout le pouvoir à Cléopâtre. Une sédition ne tarda pas à éclater. Les Egyptiens tentèrent de détruire la flotte romaine. César répondit en brûlant la leur. Comme quelques-uns des bateaux incendiés furent poussés contre le quai, plusieurs édifices de la ville prirent feu, et la fameuse bibliothèque d'Alexandrie, qui contenait 400 000 volumes, fut détruite. Trois mille Juifs se joignirent à Antipater l'Iduméen. Les Juifs qui occupaient les passages des frontières avec l'Egypte, laissèrent passer l'armé romaine sans l'intercepter. L'arrivée de cette armée de Juifs sous les ordres d'Antipater, décida du litige.

La bataille décisive entre les flottes d'Egypte et de Rome eut lieu près du Nil, et la victoire de César fut complète. Ptolémée se noya dans le fleuve en tentant de s'échapper. Alexandrie et toute l'Egypte se soumit au vainqueur. Rome était entrée maintenant dans tout le royaume originel d'Alexandre et l'avait absorbé.

Dans le verset, il faut sans doute comprendre, par « hommes droits », les Juifs qui apportèrent leur aide, déjà mentionnée, à Jules César. Sans elle, il aurait échoué ; grâce à elle, il subjugua complètement l'Egypte en l'an 47 av. J.-C.

« La fille des femmes » fut Cléopâtre, qui devint la maîtresse de César et la mère de son fils. Son engouement pour la reine, le fit rester en Egypte plus longtemps que les affaires ne l'exigeaient. Il passait des nuits entières en banquets et en fêtes avec la reine dissolue. « Elle ne tiendra pas, et elle ne sera pas pour lui », avait dit le prophète. Plus tard, Cléopâtre s'unit à Antoine, l'ennemi d'Auguste César, et elle exerça tout son pouvoir contre Rome.

18 : « Il tournera ses vues du côté des îles, et il en prendra plusieurs ; mais un chef mettra fin à l'opprobre qu'il voulait lui attirer, et le fera retomber sur lui. »

La guerre que Jules César eut à soutenir en Syrie et en Asie Mineure contre Pharnace, roi du Bosphore Cimmérien, l'éloigna d'Egypte. « En arrivant là où se trouvaient les ennemis –dit Prideaux, sans leur accorder aucun répit et sans se reposer lui-même, il fondit immédiatement sur eux, et il obtint une victoire absolue, de laquelle il rendit compte à un de ses amis, en lui écrivant ces trois paroles : Veni, vidi, vici ! (Je suis venu, j'ai vu, j'ai vaincu) ». La dernière partie du verset se trouve entouré d'une certaine obscurité, et il y a divergence d'opinion au sujet de son application. Certains l'appliquent à une époque antérieure à la vie de César, et croient voir son accomplissement dans sa querelle avec Pompée. Mais d'autres événements antérieurs et ultérieurs de la prophétie nous obligent à chercher l'accomplissement de cette partie de la prédiction entre la victoire de César sur Pharnace et la mort de César à Rome, qui est présentée dans le verset suivant :

19 : « Il se dirigera ensuite vers les forteresses de son pays ; et il chancellera, il tombera, et on ne le trouvera plus. »

Après sa conquête de l'Asie Mineure, César mit en déroute les derniers fragments du parti de Pompée, Caton et Scipion en Afrique, Labienus et Varus en Espagne. De retour à Rome, « les forteresses de son pays », il fut nommé dictateur à vie. D'autres pouvoirs et d'autres honneurs lui furent concédés qui firent de lui le souverain absolu de l'empire. Mais le prophète avait dit qu'il « chancellerait, il tomberait. » Le langage employé implique que sa chute sera subite et inattendue, comme celle d'une personne qui trébuche accidentellement tandis qu'elle marche. Aussi, cet homme, de qui on dit qu'il avait combattu et gagné cinquante batailles, pris mille cités et asservi un million cent quatre-vingt-douze mille hommes, tomba, non pas dans la fureur de la bataille, mais au moment où il pensait que son sentier était plat et loin de tout danger.

« A la veille des Ides, César soupa avec Lépide, et pendant que les invités étaient assis devant leur vin, quelqu'un demanda : « Quelle est la meilleure mort ? » César qui était occupé à signer des lettres dit : « Une mort soudaine ». A midi, le jour suivant, malgré des rêves et des présages, il s'assit sur une chaise du sénat, entouré d'hommes dont il s'était occupé, qu'il avait promus ou sauvés. Là, il fut blessé et il lutta jusqu'à tomber mort au pied de la statue de Pompée. » C'est ainsi, qu'il chancela, il tomba et on ne le trouva plus, en 44 av. J.-C.

20 : « Puis il s'en élèvera un à sa place qui fera passer l'exacteur par la gloire du royaume ; mais en quelques jours il sera brisé, non par colère, ni par guerre. » [Version Darby, 1970]

Auguste, le percepteur d'impôts.

Octave succéda à son oncle Jules qui l'avait adopté. Il annonça publiquement cette adoption de son oncle, et prit son nom. Il s'unit à Marc Antoine et à Lépide pour venger la mort de Jules César. Les trois organisèrent une forme de gouvernement qu'ils appelèrent Triumvirat. Quand Octave fut fermement établi au gouvernement, le sénat lui conféra le titre de « Auguste », et les autres membres du Triumvirat étant déjà morts, il resta seul souverain suprême.

Il fut vraiment un percepteur. Luc, parlant de ce qui arriva à l'époque où naquit le Christ, dit : « En ce temps-là parut un édit de César Auguste, ordonnant un recensement de toute la terre » (Luc 2 :1) certainement dans le but de percevoir des impôts comme l'indiquent certaines versions. Durant le règne d'Auguste, « de nouvelles contributions furent imposées ; un quart du revenu annuel de tous les citoyens et un prélèvement sur le capital d'un huitième de tout homme libre ».

Il passa « par la gloire du royaume ». Rome atteignit le sommet de sa grandeur et de son pouvoir à l'époque d'Auguste. L'empire ne connut jamais une période plus splendide. La paix régnait, la justice était maintenue, le luxe était réfréné, la discipline était imposée et la connaissance stimulée. Pendant son règne, le temple de Janus fut fermé trois fois, ce qui signifiait que le monde était en paix. Depuis la fondation de l'empire romain, ce temple avait été fermé seulement deux fois. Durant cette période propice, notre Seigneur naquit à Bethléhem, en Judée. Environ dix-huit ans après le recensement mentionné, qui parurent être « quelques jours » aux yeux du prophète, Auguste mourut en l'an 14 de notre ère, à 76 ans. Il n'acheva pas sa vie en proie à la colère ou au cours d'une bataille, mais pacifiquement, dans son lit, à Nola, où il s'était rendu à la recherche du repos et de la santé.

21 : « Un homme méprisé prendra sa place, sans être revêtu de la dignité royale ; il paraîtra au milieu de la paix, et s'emparera du royaume par l'intrigue. »

Tibère « retranche » le Prince du pacte.

Tibère César succéda à Auguste sur le trône romain. Il fut nommé au consulat à l'âge de 29 ans. L'histoire nous dit que quand Auguste fut sur le point de désigner son successeur, son épouse Livie le pria de nommer Tibère, son fils qu'elle eut d'un mariage antérieur. Mais l'empereur dit : « Ton fils est trop vil pour porter la pourpre de Rome. » Il préféra Agrippa, citoyen romain vertueux et très respecté. Mais la prophétie avait prévue qu'un « homme méprisé » allait succéder à Auguste. Agrippa mourut, et Auguste se vit à nouveau dans la nécessité d'élire un successeur. Livie intercéda à nouveau en faveur de Tibère, et Auguste, affaibli par l'âge et la maladie, se laissa fléchir et consentit finalement à nommer ce jeune vil comme son collègue et successeur. Mais les citoyens ne lui accordèrent jamais l'amour, le respect et « la gloire du royaume » qui sont dus à un souverain intègre et fidèle.

Comme cette prophétie : que la gloire du royaume ne lui serait jamais concédée, s'est bien accomplie ! Mais il devait arriver pacifiquement, et obtenir le royaume par l'intrigue. Un paragraphe de l'Encyclopédia Americana nous montre comment ceci est arrivé :

« Pendant le reste de la vie d'Auguste, Tibère se conduisit avec beaucoup de prudence et d'habileté, et il acheva une guerre contre les Germains de telle façon, qu'il méritât un triomphe. Après la déroute de Varus et ses légions, on l'envoya arrêter le progrès des Germains victorieux et il agit dans cette guerre avec équité et prudence. A la mort d'Auguste, il lui succéda (14 ap. J.-C.) sans opposition à la souveraineté de l'empire, et cependant, avec sa dissimulation caractéristique, il feint de refuser, jusqu'à ce que le sénat servile le sollicitât plusieurs fois. »

La dissimulation d'une part, les intrigues du sénat servile d'autre part, et la prise de possession du royaume sans opposition, furent les circonstances qui accompagnèrent son accession au trône et accomplirent la prophétie.

Le personnage présenté dans le passage est appelé un « homme méprisé ». Etait-ce le caractère que Tibère montra ? Laissez-nous répondre par un autre texte de l'Encyclopédia Americana :

« Tacite relata les événements de ce règne, incluant la mort suspecte de Germanicus, la détestable administration de Séjan, l'empoisonnement de Drusus, avec tout l'extraordinaire mélange de tyrannie et occasionnellement de sagesse et de bon sens qui distinguèrent la conduite de Tibère, jusqu'à sa retraite infâme et dissolue (26 ap. J.-C.) sur l'île de Capri, dans la baie de Naples, pour ne jamais retourner à Rome... Le reste du règne de ce tyran n'offre rien d'autre qu'une nauséabonde narration de démonstrations de servilité d'un côté et de despotisme féroce de l'autre. Qu'il eût lui-même à endurer autant de disgrâces qu'il en infligeât aux autres, est évident dans le commencement d'une de ses lettres au sénat : 'Que vous écrirai-je, pères conscrits, ou que ne vous écrirai-je pas, ou pourquoi devrai-je même vous écrire ? Que les dieux et les déesses me tourmentent plus que, selon moi, ils ne le font chaque jour, si je puis ainsi dire.' 'Quelle torture mentale que celle qui put arracher une telle confession !' –observe Tacite, en se référant à ce passage. »

Si la tyrannie, l'hypocrisie, la débauche et l'ébriété ininterrompue sont des traits et des pratiques qui révèlent la vilenie d'un homme, Tibère a manifesté ce caractère à la perfection.

22 : « Les forces qui débordent seront débordées devant lui et seront brisées, et même le prince de l'alliance. » [Version Darby, 1970]

Thomas Newton présente la traduction suivante de ce passage comme étant plus fidèle que l'original : « Et les bras de celui qui inonde seront débordés devant lui, et ils seront brisés. » Ceci signifie : révolution et violence ; et en accomplissement de ceci, nous devons voir les bras de Tibère –l'inondation qui inonde- être inondés, ou, en d'autres termes, le voir endurer une mort soudaine. Pour montrer comment ceci arriva, nous citons à nouveau l'Encyclop³ dia Americana :

« Agissant comme un hypocrite jusqu'à la fin, il dissimula, autant qu'il le pût, sa faiblesse croissante ; il en arriva à simuler sa participation aux sports et aux exercices des soldats de sa garde. A la fin, il abandonna son île favorite, scène de ses plus répugnantes débauches, il s'arrêta dans une maison de campagne près du promontoire de Misène, où, le 16 Mars 37, il tomba dans un état de léthargie qui lui donnait l'aspect d'un mort. Caligula était en train de se préparer à prendre possession de l'empire avec une nombreuse escorte, quand son réveil soudain laissa tout le monde consterné. A ce moment critique, Macro, le préfet du prétoire, le fit étouffer avec des oreillers. Ainsi expira l'empereur Tibère, universellement exécré, à l'âge de 68 ans, en l'an 23 de son règne. »

Après nous avoir conduit jusqu'à la mort de Tibère, le prophète mentionne un événement qui allait se produire durant son règne et qui fut si important que nous ne pouvons pas passer outre. C'est le retranchement du « Prince-messie », qui devait confirmer l'alliance avec son peuple pendant une semaine (Daniel 9 : 25-27).

Selon l'Ecriture, la mort de Christ eut lieu pendant le règne de Tibère. Luc nous explique qu'en l'an 15 du règne de Tibère César, Jean-Baptiste commença son ministère (Luc 3 :1-3). Selon Prideaux, le Dr. Hales et d'autres, le règne de Tibère doit se compter depuis son ascension au trône pour régner conjointement avec Auguste, son beau-père, en Août de l'an 12 ap. J.-C. Sa quinzième année s'étendait donc du 26 Août au 27 Août. Christ avait six mois de moins que Jean, et on pense qu'il commença son ministère six mois plus tard., puisque les deux, en accord avec la loi du sacerdoce, commencèrent leur mission quand ils avaient trente ans. Si Jean commença son ministère au printemps, pendant la dernière partie de la quinzième année de Tibère, Christ aurait commencé son ministère à l'automne 27. Et c'est précisément le moment où les auteurs les plus autorisés placent le baptême de Christ, le point précis où les 483 ans qui devaient s'étendre de l'an 457 av. J.-C. jusqu'au Prince-messie, se terminent. Christ sortit alors pour proclamer que les temps étaient accomplis. A partir de ce point nous avançons de trois ans et demi pour trouver la date de la crucifixion, puisque Christ assista à quatre Pâques, et qu'il fut crucifié lors de la quatrième. Trois années et demi plus tard, en comptant depuis l'automne 27, nous amènent au printemps 31. La mort de Tibère se produisit six ans plus tard, en 37 ap. J.-C. (Voir les commentaires sur Daniel 9 :25-27).

23 : « Après qu'on se sera joint à lui, il usera de tromperie ; il se mettra en marche, et il aura le dessus avec peu de monde. »

Rome se ligue avec les Juifs.

Le pronom « lui » se référant à la personne avec laquelle l'union est faite, doit être le même pouvoir qui a été le thème de la prophétie depuis le verset 14, à savoir, l'empire romain. Cette vérité a été démontrée par l'accomplissement de la prophétie, à travers trois personnages: Jules César, Auguste et Tibère, qui gouvernèrent successivement l'empire.

Maintenant que le prophète nous a guidés à travers les événements de l'histoire séculaire de l'empire romain jusqu'à la fin des soixante-dix semaines de Daniel 9 : 24, il nous fait reculer jusqu'au moment où les Romains furent en relation directe avec le peuple de Dieu par la Ligue Juive, en 161 av. J.-C. A partir de ce point, on nous fait parcourir une série d'événements successifs jusqu'au triomphe final de l'Eglise et l'établissement du royaume éternel de Dieu. Etant gravement opprimés par les rois syriens, les Juifs envoyèrent une ambassade à Rome pour solliciter l'aide des Romains et s'unir avec eux en une « ligue d'amitié et une confédération avec eux ». Les Romains écoutèrent la pétition des Juifs, et ils leur accordèrent un décret rédigé en ces termes :

« 'Décret du sénat concernant une ligue d'assistance et d'amitié avec la nation juive. Il ne sera pas légal, pour qui que ce soit, assujetti aux romains, de faire la guerre à la nation juive ni d'assister ceux qui la lui font, que ce soit en leur envoyant du blé, des bateaux ou de l'argent ; et si une attaque était dirigée contre les Juifs, les Romains les aideraient autant qu'ils le peuvent ; et, si les Romains sont attaqués, les Juifs les aideraient. Et si les Juifs se proposent d'ajouter ou d'ôter quelque chose à ce pacte d'assistance, ceci se fera avec le consentement commun des Romains. N'importe quel rajout fait de cette façon, aura de la valeur.' Ce décret fut rédigé par Eupolemus, le fils de Jean, et par Jason, fils d'Eléazar, quand Judas était souverain sacrificateur de la nation, et Simon son frère, général de l'armée. Ce fut la première ligue que les Romains firent avec les Juifs, et elle fut administrée de cette façon. »

A cette époque, les Romains étaient un petit peuple, mais ils commençaient à agir avec duplicité, ou avec astuce, comme l'indique la parole. Et depuis cette époque, ils ne cessèrent de s'élever rapidement jusqu'à atteindre l'apogée du pouvoir.

24 : « Il entrera, au sein de la paix, dans les lieux les plus fertiles de la province ; il fera ce que n'avaient pas fait ses pères, ni les pères de ses pères ; il distribuera le butin, les dépouilles et les richesses ; il formera des projets contre les forteresses, et cela pendant un certain temps. »

Avant Rome, les nations entraient dans les provinces et les territoires riches, avec des intentions de guerre et de conquête. Rome allait maintenant faire ce que ses pères et les pères de ses pères n'avaient jamais fait, c'est-à-dire, faire des acquisitions par des moyens pacifiques. C'est alors que la coutume de léguer ses royaumes aux Romains commença. Rome entra ainsi en possession de grandes provinces.

Ceux qui devenaient ainsi dépendants de Rome n'obtenaient pas que peu d'avantages. Ils étaient traités avec bonté et indulgence. C'était comme si la proie et le butin étaient distribués parmi eux. Ils étaient protégés de leurs ennemis, et reposaient en paix et en sécurité sous l'égide du pouvoir romain.

La dernière partie de ce verset est traduite par Thomas Newton par 'il formera des desseins depuis les forteresses' au lieu de contre elles. C'est ce que firent les Romains depuis la puissante forteresse de leur ville assise sur sept collines. « Et cela pendant un certain temps » se réfère sans doute à un temps prophétique de 360 ans. A partir de quel moment ces années doivent-elles démarrer ? Probablement à partir de l'événement présenté dans le verset suivant.

25 : « A la tête d'une grande armée il emploiera sa force et son ardeur contre le roi du midi. Et le roi du midi s'engagera dans la guerre avec une armée nombreuse et très puissante ; mais il ne résistera pas, car on méditera contre lui de mauvais desseins. »

Rome en lutte contre le roi du Sud.

Les versets 23 et 24 nous conduisent de la ligue faite entre les Juifs et les Romains en 161 av. J.-C. jusqu'au moment où Rome eut la suprématie universelle. Le verset que nous considérons maintenant nous présente une vigoureuse campagne contre le roi du Sud, l'Egypte, et une grande bataille entre de puissantes armées. De tels événements ont-ils eu lieu dans l'histoire de Rome plus ou moins à cette époque ? Bien sûr que oui. Il y eut une guerre entre l'Egypte et Rome, et la bataille fut celle d'Actium. Considérons brièvement les circonstances qui conduisirent à ce conflit.

Marc Antoine, Auguste César et Lépide constituèrent un triumvirat qui jura de venger la mort de Jules César. Antoine devint le beau-frère d'Auguste en se mariant avec sa soeur Octavie. Il fut envoyé en Egypte pour traiter des affaires du gouvernement, mais il tomba, victime des charmes de Cléopâtre, la reine dépravée. La passion qu'il avait pour elle était si forte, qu'il épousa finalement tous les intérêts égyptiens, il répudia son épouse Octavie pour faire plaisir à Cléopâtre et il lui concéda province après province. Il célébra ses triomphes à Alexandrie au lieu de le faire à Rome, et il commit tant d'autres affronts contre le peuple romain qu'Auguste n'eut aucune difficulté à pousser le peuple à entreprendre une guerre vigoureuse contre l'Egypte. Cette guerre était dirigée ostensiblement contre l'Egypte et contre Cléopâtre, mais en réalité, elle allait contre Antoine qui était maintenant à la tête des affaires égyptiennes. La vraie cause de leur controverse, dit Prideaux, était qu'aucun des deux ne pouvait accepter d'avoir une seule moitié de l'empire romain. Lépide avait été démis du Triumvirat, et les deux se répartissaient le gouvernement de l'empire. Comme chacun était résolu à tout posséder, ils jetèrent les dés de la guerre pour sa possession.

Antoine rassembla sa flotte à Samos. Cinq cents bateaux de taille et de structure extraordinaires, qui avaient plusieurs ponts l'un sur l'autre, avec des tours à la proue et à la poupe, offraient un déploiement imposant et formidable. Ces bateaux portaient 125 000 soldats. Les rois de Libye, de Cilicie, de Cappadoce, de Paphlagonie, de Comagène et de Thrace, se trouvaient là, en personne, et ceux du Pont, de Judée, de Lycaonie, de Galatie et de Médie avaient envoyé leurs troupes. Le monde a rarement vu un spectacle militaire aussi splendide que cette flotte de bateaux de guerre quant elle déploya ses voiles et prit la mer. La galère de Cléopâtre leur était supérieure ; elle flottait comme un palais d'or sous une nuée de voiles pourpres. Ses pavillons et ses banderoles ondoyaient au vent et les trompettes et les autres instruments de musique de guerre faisaient résonner les cieux de notes joyeuses et triomphales. Antoine la suivit de près dans une galère d'une magnificence presque égale.

Auguste, de son côté, montra moins de pompe mais plus d'utilité. Le nombre de ses bateaux était à peine la moitié de celui d'Antoine et il avait seulement 80 000 fantassins. Mais ils étaient tous des hommes choisis, et à bord de sa flotte il n'y avait que des marins expérimentés ; tandis qu'Antoine n'ayant pas trouvé suffisamment de marins, se vit obligé de former les équipages avec des artisans de toutes catégories, des hommes sans expérience et plus capables d'occasionner des ennuis que de rendre un vrai service pendant la bataille. Comme une grande partie de la saison avait été occupée aux préparatifs, Auguste ordonna à ses bateaux de se réunir à Brindisi, et Antoine réunit les siens à Corcyre jusqu'à l'année suivante.

Au printemps, les deux armées se mirent en mouvement, sur terre et sur mer. Les flottes entrèrent enfin dans le golfe d'Ambracie dans l'Epire, et les forces terrestres se déployèrent sur chaque rive, bien en vue l'une de l'autre. Les généraux les plus expérimentés d'Antoine lui conseillèrent de ne pas risquer une bataille navale avec ses marins sans expérience, mais qu'il renvoie Cléopâtre en Egypte et qu'il se presse de pénétrer en Thrace et en Macédoine pour confier tout de suite le résultat [de la bataille] à ses forces terrestres qui étaient de vieilles troupes. Mais, comme si c'était une illustration du vieil adage : Quem Deus perdere vult, prius demenat (Celui que Dieu veut détruire, il le rend d'abord fou), entiché de Cléopâtre, il voulait seulement lui plaire quand, se confiant aux apparences, il crut sa flotte invincible et il donna l'ordre de se mette immédiatement en action.

La bataille éclata le 2 Septembre 31, à l'embouchure du Golfe d'Ambracie, près de la ville d'Actium. Ce qui était en jeu, entre ces deux rudes guerriers, Antoine et Auguste, c'était la domination du monde. Le combat, qui se maintint incertain pendant un long moment, fut finalement déterminé par la conduite de Cléopâtre. Effrayée par le vacarme de la bataille, elle prit la fuite alors qu'il n'y avait aucun danger, et elle entraîna à sa suite toute l'escadre égyptienne qui comptait soixante bateaux. Antoine, voyant ce mouvement et oubliant tout sauf sa passion aveugle pour elle, la suivit précipitamment, et offrit à Auguste une victoire qu'il aurait pu remporter lui-même si ses forces égyptiennes lui étaient restées fidèles, ou s'il avait été loyal à sa propre virilité.

Cette bataille marque sans doute le commencement du « temps » mentionné au verset 24. Comme durant ce « temps » des desseins allaient être imaginés depuis la forteresse, ou Rome, nous devons conclure qu'à la fin de cette période la suprématie occidentale allait cesser, ou qu'il se produirait un tel changement dans l'empire que cette ville ne serait plus considérée comme le siège du gouvernement. Depuis l'an 31 av. J.-C., un « temps » prophétique, ou 360 ans, devrait nous amener à l'année 330 de notre ère. Il faut remarquer ici que le siège de l'empire fut transféré de Rome à Constantinople par Constantin le Grand justement cette année là.

26 : « Ceux qui mangeront des mets de sa table causeront sa perte ; ses troupes se répandront comme un torrent, et les morts tomberont en grand nombre. »

Antoine fut abandonné par ses alliés et ses amis, ceux qui mangeaient son pain. Cléopâtre, comme nous l'avons déjà expliqué, se retira subitement de la bataille, emmenant avec elle soixante bateaux. L'armée terrestre, dégoûtée par l'engouement d'Antoine pour Cléopâtre, passa à Auguste, qui reçut les soldats à bras ouverts. Quand Antoine arriva en Libye, il vit que les troupes qu'il avait laissées à Scarpus pour garder la frontière, s'étaient déclaré en faveur d'Auguste, et en Egypte ses forces se rendirent. Furieux et désespéré, Antoine se donna la mort.

27 : « Les deux rois chercheront en leur coeur à faire le mal, et à la même table ils parleront avec fausseté. Mais cela ne réussira pas, car la fin n'arrivera qu'au temps marqué. »

Antoine et Auguste étaient autrefois des alliés. Cependant, sous le déguisement de l'amitié, tous deux aspiraient à la domination universelle et ils recouraient à l'intrigue pour arriver à leur fin. Leurs démonstrations d'amitié mutuelle n'étaient que des déclarations hypocrites. Ils se mentaient à la même table. Octavie, l'épouse d'Antoine et soeur d'Auguste, déclara au peuple de Rome, quand Antoine la répudia, qu'elle avait consenti à se marier avec lui uniquement dans l'espoir qu'il garantirait l'union entre Antoine et Auguste. Mais ce recours ne réussit pas. La rupture vint, et dans le conflit qui suivit, Auguste triompha d'une façon absolue.

28 : « Il retournera dans son pays avec de grandes richesses ; il sera dans son coeur hostile à l'alliance sainte, il agira contre elle, puis retournera dans son pays. »

On nous présente ici deux retours de campagnes de conquête. Le premier se produisit après les événements racontés dans les versets 26, 27, et le second, après que cette puissance se soit indignée contre la sainte alliance et qu'elle ait réalisé des exploits. Le premier eut lieu quand Auguste revint de son expédition d'Egypte contre Antoine. Il arriva à Rome avec d'abondants honneurs et richesses, parce qu'à « cette occasion on ramena d'Egypte une telle quantité de richesses à Rome quand le pays fut vaincu et qu'Octavien [Auguste] revint de là-bas avec son armée, que la valeur de l'argent baissa de moitié, et le prix des provisions et de toutes les marchandises vendables doublèrent. »

Auguste célébra ses victoires par un triomphe de trois jour –triomphe qui aurait été honoré par Cléopâtre elle-même parmi les captifs royaux si elle ne s'était pas fait piquer ingénieusement et fatalement par un aspic.

Rome détruit Jérusalem.

La grande entreprise suivante des Romains, après la conquête de l'Egypte, fut l'expédition contre la Judée, la prise et la destruction de Jérusalem. La sainte alliance est réellement le pacte que Dieu a maintenu avec son peuple, sous différentes formes, à travers les différentes ères du monde. Les Juifs rejetèrent Christ, et en accord avec la prophétie, qui disait que tous ceux qui ne voudraient pas entendre la Prophétie seraient retranchés de leur propre pays, ils furent dispersés parmi les nations de la terre. Bien que Juifs et Chrétiens souffrirent de la même façon sous la main oppressive des Romains, ce fut sans aucun doute lors de la conquête de la Judée surtout, que les exploits mentionnés dans le texte sacré furent flagrants.

Sous Vespasien, les Romains envahirent la Judée et prirent les villes de Galilée : Chorazin, Bethsaïda et Capernaüm, où Christ avait été rejeté. Ils détruisirent les habitants et ne laissèrent que ruines et désolation. Titus assiégea Jérusalem, et ouvrit une tranchée tout autour, selon ce qu'avait prédit notre Sauveur. Une terrible famine se produisit. Moïse avait prédit que des calamités terribles s'abattraient sur les Juifs s'ils s'écartaient de Dieu. Il avait été prophétisé que même les femmes délicates et tendres mangeraient leurs enfants en raison de la dureté du siège (Deutéronome 28 : 52-55). Pendant le siège de Jérusalem par Titus, cette prédiction se réalisa littéralement. En entendant les informations de ces actes inhumains, mais oubliant qu'il était celui-là même qui réduisait la population à de tels extrêmes, Titus jura qu'il détruirait pour toujours la ville maudite et son peuple.

Jérusalem tomba en l'an 70 de notre ère. Il était honorable que le commandant romain ait été déterminé à sauver le temple, mais le Seigneur avait dit : « Il ne restera pas ici pierre sur pierre qui ne soit renversée » (Matthieu 24 : 2). Un soldat romain, prit une torche enflammée et grimpant sur les épaules de ses camarades, la jeta par une fenêtre à l'intérieur de la belle structure. Elle ne tarda pas à brûler, et les frénétiques efforts des Juifs pour éteindre les flammes, malgré l'aide de Titus lui-même, furent tous vains. Voyant que le temple allait être détruit, Titus se précipita à l'intérieur, et en sortit le chandelier, la table des pains et le rouleau de la loi, qui était enveloppé d'un tissus d'or. Le chandelier fut déposé plus tard dans le temple de la paix, de Vespasien, et il fut reproduit sur l'arc de triomphe de Titus, où on peut encore voir son image mutilée.

Le siège de Jérusalem dura cinq mois. 1.100.000 de Juifs périrent et 97.000 furent faits prisonniers. La ville était si étonnamment fortifiée que quand Titus examina ses ruines il s'exclama : « Nous nous sommes battus avec l'aide de Dieu ». Elle fut complètement rasée, et les fondements même du temple furent défoncés par Tarentius Rufus. La guerre dura au total, six ans, et on dit que presque un million et demi de personnes tombèrent victimes de ses horreurs épouvantables.

C'est ainsi que cette grande puissance accomplit de grands exploits, et elle retourna dans son pays.

29 : « A une époque fixée, il marchera de nouveau contre le midi ; mais cette dernière fois les choses ne se passeront pas comme précédemment. »

L'époque fixée est probablement le temps prophétique du verset 24, qui a déjà été mentionné. Il prit fin, comme nous l'avons démontré, en l'an 330, date où la puissance en question allait à nouveau se diriger vers le sud, mais pas de la même manière que la fois précédente, lorsqu'elle alla en Egypte, ni comme après, quand elle se rendit en Judée. Celles-ci furent des expéditions qui lui apportèrent des conquêtes et la gloire. Celle-là conduisirent à la démoralisation et à la ruine. Le transfert du siège de l'empire à Constantinople fut le commencement de la chute de l'empire. Rome perdit alors son prestige. La partie occidentale resta exposée aux incursions des ennemis étrangers. A la mort de Constantin, l'empire romain fut divisé entre ses trois fils : Constance, Constantin II et Constant. Constantin II et Constant se battirent, et Constant, victorieux, obtint la suprématie de tout l'occident. Les barbares du nord firent de bonne heure des incursions et étendirent leurs conquêtes jusqu'à ce que la puissance impériale de l'occident disparut en 476.

30 : « Des navires de Kittim s'avanceront contre lui ; découragé, il rebroussera. Puis furieux contre l'alliance sainte, il ne restera pas inactif ; à son retour, il portera ses regards sur ceux qui auront abandonné l'alliance sainte. »

Rome mise à sac par les barbares.

Le récit prophétique continue en se référant à la puissance qui est son thème depuis le verset 16, c'est-à-dire Rome. Quels furent les navires de Kittim qui vinrent contre cette puissance, et quand eut lieu ce mouvement ? Quel pays ou puissance représente Kittim ? « C'est du pays de Kittim que la nouvelle leur est venue ». Adam Clarke a écrit cette note à ce sujet : « On dit ici que les nouvelles de la destruction de Tyr par Nébucadnetsar leur fut communiquées par Kittim, les îles et les côtes de la Méditerranée ; 'parce que quand les Tyriens –dit Jérôme au sujet du verset 6, virent qu'ils n'avaient aucun moyen d'échapper, ils prirent la fuite en bateaux, et cherchèrent un refuge à Carthage et dans les îles des mers Ionienne et Egée.' ... Comme aussi Jarchi dans le même lieu. » Kitto attribue la même région à Kittim, à savoir, la côte et les îles de la Méditerranée ; et le témoignage de Jérôme nous amène à une ville définie et célèbre de cette région, c'est-à-dire, Carthage.

L'empire romain eut-il à supporter une guerre navale qui aurait eu Carthage comme base des opérations ? Souvenons-nous des terribles attaques des Vandales contre Rome, sous le féroce Genséric, et nous répondrons par l'affirmative. A chaque printemps, il sortait du port de Carthage à la tête de ses forces navales bien disciplinées et en très grand nombre, pour semer la consternation dans toutes les provinces maritimes de l'empire. Telles sont les actions qui nous sont présentées dans le verset que nous étudions ; et c'est encore plus vrai quand nous considérons que la prophétie nous a conduits avec précision jusqu'à cette époque. Dans le verset 29, nous comprenons qu'il est fait mention du transfert du siège de l'empire à Constantinople. La révolution suivante qui se produisit au fil du temps, est celle que les irruptions des barbares du nord occasionnèrent, parmi lesquelles se détachèrent les Vandales et la guerre qu'ils firent, comme nous l'avons déjà mentionné. La carrière de Genséric se développa durant les années 428 à 477.

« Découragé, il rebroussera », peut se référer aux efforts désespérés tentés pour déposséder Genséric du territoire des mers ; le premier par Majorien, et ensuite par le pape Léon I, mais dans les deux cas, ce fut un échec total. Rome se vit obligée de se soumettre à l'humiliation de voir ses provinces dépouillées, et sa « ville éternelle » pillée par l'ennemi (Voir le commentaire sur l'Apocalypse 8 :8).

« Furieux contre l'alliance sainte ». Ceci se réfère sans aucun doute aux tentatives pour détruire l'alliance de Dieu par les attaques dirigées contre les Saintes Ecritures, le livre du pacte. Une révolution de cette nature eut lieu à Rome. Le Hérules, les Goths et les Vandales, qui conquirent Rome, embrassèrent la foi arienne et ils devinrent des ennemis de l'église catholique. Ce fut surtout dans le but de détruire cette hérésie, que Justinien décréta que le pape serait la tête de l'église et le correcteur des hérésies. Très vite, la Bible fut considérée comme un livre dangereux qui ne devait pas être lu par le commun peuple, mais tous les thèmes en contestation devaient être soumis au pape. La Parole de Dieu fut donc méprisée.

Un historien dit en commentant l'attitude de l'église catholique envers les Ecritures :

« Quelqu'un pourrait penser que l'église de Rome avait écarté ses fidèles à une distance respectueuse des Ecritures. Elle avait placé l'abîme de la tradition entre eux et la Parole de Dieu. Elle les éloigna davantage de la sphère du « danger » en pourvoyant un interprète infaillible dont le devoir consistait à veiller à ce que la Bible n'exprime pas un sentiment hostile envers Rome. Mais, comme si cela ne suffisait pas, elle a travaillé par tous les moyens à sa portée, à empêcher que les Ecritures arrivent d'une façon ou d'une autre aux mains de son peuple. Avant la Réforme, elle maintint la Bible « enfermée » dans une langue morte, et des lois sévères contre sa lecture furent promulguées. La Réforme libéra le précieux volume. Tyndale et Luther, le premier depuis sa retraite de Vildorfe aux Pays-Bas, et l'autre depuis le coeur des ombres épaisses de la forêt de Thuringe, envoyèrent la Bible aux pays dans les langues vernaculaires d'Angleterre et d'Allemagne. C'est ainsi qu'une soif des Ecritures se réveilla, et l'église de Rome jugea imprudent de s'y opposer ouvertement. Le Concile de Trente promulgua, au sujet des livres interdits, dix règles qui, bien qu'elles paraissaient satisfaire le désir croissant de lire la Parole de Dieu, étaient insidieusement rédigées pour la freiner. Dans la quatrième règle, le concile interdit à quiconque de lire la Bible sans licence de son évêque ou inquisiteur ; licence qui doit être basée sur un certificat de son confesseur qu'il n'est pas en danger de recevoir aucun dommage en la lisant. Le concile ajouta ces phrases catégoriques : 'Si quelqu'un ose lire ou avoir en possession ce livre, sans cette licence, il ne recevra pas l'absolution jusqu'à ce qu'il l'ait remise à son ordinaire. » Ces règles sont suivies de la bulle de Pie IV, dans laquelle il déclare que ceux qui les violent seront considérés coupables de péché mortel. Ainsi, l'église de Rome tenta de réguler ce qu'elle ne pouvait pas empêcher totalement. Le fait qu'aucun disciple du pape ne soit autorisé à lire la Bible sans licence n'apparaît pas dans les catéchismes et les autres livres d'un commun usage parmi les catholiques romains de ce pays ; mais il est incontestable qu'il fait partie de la loi de cette église. Et en accord avec elle, nous trouvons que la pratique uniforme des prêtres de Rome, depuis les papes jusque vers le bas [de la hiérarchie], est d'empêcher la circulation de la Bible ; de l'empêcher totalement dans les pays où, comme en Italie et en Espagne, elle exerce tout le pouvoir, et dans d'autres pays, comme le nôtre, autant que son pouvoir le permet. Son système uniforme est de décourager la lecture des Ecritures de toutes les façons possibles ; et quand elle ne s'enhardit pas à employer la force pour arriver à ses fins, elle n'a pas de scrupules à utiliser le pouvoir spirituel de l'église et à déclarer que ceux qui contrarient la volonté de Rome sur ce sujet, sont coupables de péché mortel. »

Les empereurs de Rome s'entendirent ou furent de connivence avec l'église de Rome – qui avait abandonné l'alliance qui constituait la grande apostasie- pour collaborer avec elle dans sa tentative de supprimer l'hérésie. L'homme de péché fut élevé sur son trône présomptueux par la déroute (en 538) des Goths ariens, qui possédaient alors Rome.

31 : « Des troupes se présenteront sur son ordre ; elles profaneront le sanctuaire, la forteresse, elles feront cesser le sacrifice perpétuel, et dresseront l'abomination du dévastateur. »

« Elles profaneront le sanctuaire, la forteresse », ou Rome. Si ceci s'applique aux barbares, tout s'est accompli littéralement ; parce que Rome fut mise à sac par les Goths et les Vandales, et le pouvoir impérial de l'occident cessa avec la conquête de Rome par Odoacre. Ou, s'il s'agit des gouverneurs de l'empire qui agissaient en faveur du pape contre le paganisme ou n'importe quelle religion qui se serait opposée au pape, il pourrait être question du transfert du siège de l'empire, de Rome à Constantinople, ce qui contribua dans une grande mesure à la décadence de Rome. Le passage serait alors parallèle à ceux de Daniel 8 : 11 et d'Apocalypse 13 : 2.

La papauté fait cesser le « perpétuel ».

Dans les commentaires sur Daniel 8 : 13, on a démontré que la parole « sacrifice » avait été rajoutée par erreur. Il faut lire « dévastation ». L'expression indique une puissance dévastatrice, de laquelle « l'abomination du dévastateur » n'est que la contrepartie, et au fil du temps, elle lui succède. Aussi, il semble clair que la désolation perpétuelle était le paganisme, et « l'abomination du dévastateur », la papauté. Mais quelqu'un peut se demander : Comment peut-il s'agir de la papauté puisque Christ parla d'elle en relation avec la destruction de Jérusalem ? La réponse est que Christ se référait évidemment à Daniel 9, qui prédit la destruction de Jérusalem, et pas au verset de Daniel 11, qui ne fait pas référence à l'événement cité. Au chapitre 9, Daniel parle de dévastations et d'abominations au pluriel. Plus d'une abomination, donc, piétine l'église ; c'est-à-dire que, pour autant que l'église est concernée, le paganisme et la papauté sont des abominations. Mais comme une distinction est faite entre l'une et l'autre, le langage doit être spécifique. L'une d'elles est la dévastation « perpétuelle », l'autre est essentiellement la transgression ou « abomination du dévastateur ».

Comment le « perpétuel » ou le paganisme fut-il délaissé ? Comme nous en parlons en relation avec l'établissement de l'abomination du dévastateur, ou papauté, il faut noter, non seulement le changement nominal de religion de l'empire –du paganisme au christianisme, comme la soi-disant conversion de Constantin- mais une éradication telle du paganisme de tous les éléments de l'empire que le chemin soit complètement ouvert pour que l'abomination papale se lève et impose ses exigences arrogantes. Un tel bouleversement se produisit, mais pas avant que se soient écoulés deux cents ans après la mort de Constantin.

Aux environs de l'an 508, nous voyons mûrir une crise importante entre le catholicisme et les influences païennes qui existaient encore dans l'empire. Jusqu'à la conversion de Clovis, roi des Francs, en 496, ceux-ci, comme d'autres nations de la Rome occidentale, étaient païens ; mais après cet événement, les efforts faits pour convertir les idolâtres au Catholicisme furent couronnés de succès. On dit que la conversion de Clovis fut l'occasion d'accorder au monarque Franc les titres de « Majesté très Chrétienne » et « fils aîné de l'église ». Entre cette époque et 508, grâce à des alliances, des capitulations et des conquêtes, les garnisons romaines de l'Ouest, l'Armorique, et aussi les Burgondes, et les Wisigoths furent soumis.

Depuis que ces succès furent complètement remportés, en 508 av. J.-C, la papauté triompha du paganisme, parce que, bien que ce dernier retardât sans aucun doute le progrès de la foi catholique, il n'avait déjà plus de pouvoir pour supprimer la foi des pontifes romains ni perturber leurs usurpations. Quand les puissances éminentes d'Europe renoncèrent à leur attachement au paganisme ce fut seulement pour perpétuer leurs abominations sous une autre forme ; car le christianisme manifesté dans l'église catholique n'était qu'un paganisme baptisé.

Le statut du siège de Rome était aussi original à cette époque. En 498, Symmaque accéda au trône pontifical alors qu'il n'était que récemment converti. Il parvint au siège pontifical après une lutte qu'il maintint avec son concurrent jusque dans le sang. Il reçut l'adulation comme successeur de Pierre, et il donna le ton de son entrée en fonction en prétendant excommunier l'empereur Anastase. Les plus serviles des flatteurs du pape commencèrent alors à soutenir qu'il avait été constitué juge à la place de Dieu, et qu'il était vice-régent du Très-Haut.

Telle était la tendance des événements à l'ouest. A la même époque, quelle était la situation à l'est ? Un fort parti papal existait maintenant dans toutes les régions de l'empire. Les adhérents à sa cause, à Constantinople, encouragés par les succès de leurs frères de l'ouest, considérèrent que le moment était arrivé d'ouvrir les hostilités en faveur de leur maître de Rome.

Remarquez, que peu après 508, le paganisme avait chuté de telle manière et le Catholicisme avait acquis une telle force, que pour la première fois l'église catholique put soutenir avec succès une guerre aussi bien contre les autorités civiles de l'empire que contre l'église d'orient qui avait embrassé, dans sa majorité, la doctrine monophysite, que Rome considérait comme une hérésie. Le zèle des partisans culmina dans un tourbillon de fanatisme et de guerre civile, qui balaya Constantinople, dans le feu et le sang. Le résultat fut l'extermination de 65 000 hérétiques. Une citation de Gibbon, extraite de son récit des événements survenus entre 508 et 518, démontrera l'intensité de cette guerre :

« Les statues de l'empereur furent brisées, et celui-ci dut se cacher dans une banlieue jusqu'à ce qu'au bout de trois jours, il osât implorer la miséricorde de ses sujets. Sans son diadème, et dans l'attitude d'un suppliant, Anastase se présenta sur le trône du cirque. Les catholiques, face à lui, lui répétèrent ce qu'était pour eux le « véritable Trisagion » ; ils exultèrent à son offre –qu'il fit proclamer par la voix d'un héraut, de renoncer à la pourpre ; ils écoutèrent l'avertissement qu'ils devaient d'abord se mettre d'accord sur le choix d'un souverain, puisque tous ne pouvaient régner ; et ils acceptèrent le sang de deux ministres impopulaires, que leur maître, sans vaciller, condamna aux lions. Ces séditions furieuses mais passagères étaient encouragées par le succès de Vitalien, qui, avec une armée de Huns et de Bulgares, idolâtres dans leur majorité, se déclara champion de la foi catholique. Par cette pieuse rébellion, il dépeupla la Thrace, assiégea Constantinople, extermina 65 000 chrétiens, jusqu'à ce qu'il obtienne le rappel des évêques, la satisfaction du pape, et l'établissement du concile de Chalcédoine, un traité orthodoxe, signé de mauvaise grâce par le moribond Anastase et exécuté plus fidèlement par l'oncle de Justinien. Tel fut le déroulement de la première des guerres religieuses qui ait été livrée au nom et par les disciples du Dieu de paix. »

Nous croyons avoir démontré clairement que le « continu » a été quitté vers 508. Ceci, arriva en vue de l'établissement de la papauté, qui fut un événement séparé et ultérieur, duquel le récit prophétique nous amène maintenant à parler.

La papauté dresse l'abomination du dévastateur.

« Elles feront dresser l'abomination du dévastateur ». Ayant démontré clairement ce que nous considérions comme étant la suppression du perpétuel ou paganisme, informons-nous maintenant du moment où l'abomination du dévastateur, ou papauté se leva. La petite corne qui avait des yeux comme ceux d'un homme ne tarda pas à s'apercevoir que le chemin pour son élévation et son progrès était préparé. Depuis l'an 508, son progrès vers la suprématie universelle se réalisa d'une façon sans pareille.

Quand Justinien était sur le point de commencer la guerre contre les Vandales en 533, une entreprise qui n'était pas de peu d'envergure et de difficultés, il voulut s'assurer l'influence de l'évêque de Rome qui avait atteint une position qui, à son avis, était de poids dans une grande partie de la chrétienté. Justinien se chargea donc de trancher la controverse qui existait depuis assez longtemps, entre les sièges de Rome et de Constantinople, au sujet de celui qui devrait avoir la préséance. Il donna la préférence à Rome dans une lettre adressée officiellement au pape, dans laquelle il déclarait, dans des termes sans équivoque, que l'évêque de cette ville devait être la tête de tout le corps ecclésiastique de l'empire.

La lettre de Justinien dit : « Justinien, vainqueur, pieux, chanceux, fameux, triomphateur, toujours Auguste, à Jean, le très saint archevêque et patriarche de la noble ville de Rome. Rendant honneur au siège apostolique et à Votre Sainteté, comme ce fut toujours notre désir, et honorant votre béatitude comme un père, nous nous hâtons de porter à la connaissance de Votre Sainteté tout ce qui appartient à la condition des églises, vu que ce fut toujours notre grand objet de sauvegarder l'unité de votre Siège Apostolique et la position des saintes églises, qui maintenant prévaut et demeure en sécurité et sans aucune perturbation inquiétante. Aussi, nous avons été scrupuleux pour assujettir et unir tous les prêtres d'orient dans toute leur extension au siège de Votre Sainteté. Quelles que soient les questions qui sont actuellement en litige, nous avons cru nécessaire de les porter à la connaissance de Votre Sainteté, si claires et indubitables qu'elles puissent être, quand bien même elles seraient fermement soutenues et enseignées par tout le clergé en accord avec la doctrine de Votre Siège Apostolique ; parce que nous ne permettons pas que rien de ce qui est en litige, aussi clair et indubitable qu'il soit, appartenant à l'état des églises, manque d'être porté à la connaissance de Votre Sainteté, en tant que tête de toutes les églises. Parce que comme nous l'avons dit antérieurement, nous avons du zèle pour augmenter l'honneur et l'autorité de votre siège à tous égards. »

« La lettre de l'empereur doit avoir été envoyée avant le 25 Mars 533. Parce que dans sa lettre portant la même date, dirigée à Epiphane, il parle d'elle comme l'ayant déjà envoyée, et il répète sa décision de soumettre au pape, 'tête de tous les évêques, véritable et efficace correcteur des hérésies', toutes les affaires touchant l'église »

« Au cours du même mois de l'année suivante, en 534, le pape répondit en reprenant le langage de l'empereur, en applaudissant ses hommages au Siège, et en adoptant les titres du mandat impérial. Il observe, parmi les vertus de Justinien, 'une qui brille comme une étoile : sa vénération pour le siège apostolique, auquel il a assujetti et uni toutes les églises, étant vraiment la Tête de toutes ; comme l'attestaient les règles des Pères, les lois des Princes et les déclarations de la piété de l'Empereur.'

« L'authenticité du titre reçoit une preuve incontestable des édits trouvés dans les ' Novell^3 ' du code de Justinien. Le préambule de la 9e déclare que 'comme la Rome la plus antique était fondatrice des lois, on ne doit pas mettre en doute que la suprématie du pontificat se trouve en elle.' La 131ª, sur les titres et les privilèges ecclésiastiques, chapitre II, déclare : 'Nous décrétons donc, que le très saint Pape de la Rome la plus antique est le premier de tous les sacerdoces, et que le très béat archevêque de Constantinople, la seconde Rome, occupera le second poste après le saint siège apostolique de la Rome la plus antique.' »

Jusqu'à la fin du VIe siècle, Jean de Constantinople nia la suprématie romaine, et il assuma le titre d'évêque universel ; sur quoi, Grégoire le Grand, indigné par cette usurpation, dénonça Jean et déclara, sans comprendre la vérité contenue dans sa déclaration, que celui qui assumait le titre d'évêque universel était l'antéchrist. En 606, Phocas supprima la prétention de l'évêque de Constantinople, et justifia celle de l'évêque de Rome. Mais Phocas ne fut pas le fondateur de la suprématie papale. « Il n'y a pas de doute que Phocas réprima la prétention de l'évêque de Constantinople. Mais les plus hautes autorités parmi les civiles et les analystes de Rome refusent l'idée que Phocas fût le fondateur de la suprématie de Rome ; ils remontent jusqu'à Justinien comme seul source légitime, et datent correctement le titre de l'année mémorable 533. »

George Croly ajoute : « En référence à Baronius, autorité établie parmi les analystes romains, je trouve que la concession de suprématie que Justinien fit au pape se situait formellement à cette période… Toute la transaction fut des plus authentiques et régulières, et concorde avec l'importance du transfert. »

Telles furent les circonstances qui accompagnèrent le décret de Justinien. Mais les dispositions de ce décret ne pouvaient pas être mises en pratique tout de suite ; parce que Rome et l'Italie étaient au pouvoir des Ostrogoths, qui étaient de foi arienne et qui s'opposaient énergiquement à la religion de Justinien et du pape. Il était donc évident que les Ostrogoths devaient être extirpés de Rome avant que le pape puisse exercer le pouvoir dont il avait été investi. Pour atteindre cet objectif, la guerre italienne débuta en 534. La direction de la campagne fut confiée à Bélisaire. Quand il s'approcha de Rome, de nombreuses villes abandonnèrent Vitigès, leur souverain Goth et hérétique, et s'unirent aux armées de l'empereur catholique. Les Goths, décidant de retarder les opérations offensives jusqu'au printemps, laissèrent Bélisaire entrer dans Rome sans opposition. Les députés du pape et le clergé, du sénat et du peuple, invitèrent le lieutenant de Justinien à accepter leur allégeance volontaire.

Bélisaire entra à Rome le 10 Décembre 536. Mais ce ne fut pas la fin de la lutte, parce que les Goths réunirent leurs forces et résolurent de contester la possession de la ville par un siège régulier, qu'ils commencèrent en Mars 537. Bélisaire craignit le désespoir et la trahison de la part du peuple. Plusieurs sénateurs et le pape Sylvestre, dont la trahison fut prouvée ou soupçonnée, furent exilés. L'empereur ordonna au clergé d'élire un nouvel archevêque. Après avoir invoqué solennellement le Saint-Esprit, ils élurent le diacre Vigile qui avait acheté la distinction honorifique par un pot-de-vin de deux cents livres d'or.

Toute la nation des Ostrogoths s'était réunie pour le siège de Rome, mais le succès n'accompagna pas leurs efforts. Leurs armées furent dévastées par des combats sanglants et fréquents sous les murailles de la ville, et par un siège d'un an et neuf jours ils assistèrent à la destruction presque complète de la nation. En Mars 538, comme de nouveaux dangers commençaient à les menacer, ils levèrent le siège, brûlèrent leurs tentes, et se retirèrent dans le tumulte et la confusion, en nombre à peine suffisant pour conserver leur existence comme nation ou leur identité comme peuple.

C'est ainsi que la corne ostrogothe, la dernière des trois, fut arrachée devant la petite corne de Daniel 7. Désormais, plus rien n'empêchait le pape d'exercer le pouvoir que Justinien lui avait conféré cinq ans auparavant. Les saints, les temps et les lois étaient entre ses mains, pas seulement en intention mais en fait. Et 538 doit donc être considéré comme l'année où « l'abomination de la désolation » prit place ou s'éleva, et le point de départ de la période prophétique des 1260 ans de la suprématie papale.

32 : « Mais ceux du peuple qui connaîtront leur Dieu agiront avec fermeté, et les plus sages parmi eux donneront instruction à la multitude. »

Le peuple qui connaît son Dieu.

Ceux qui abandonnent le livre de l'alliance, les saintes Ecritures, qui estiment plus les décrets des papes et les décisions des conciles que la Parole de Dieu, ceux-là, le pape les corrompra par ses mensonges. C'est-à-dire que leur zèle de partisans du pape sera encouragé par les gratifications de richesses, de positions et d'honneurs.

En même temps, il y aura un peuple qui connaîtra son Dieu, et qui sera ferme et accomplira des prouesses . Ce sont les chrétiens qui conservèrent la religion pure et vive sur la terre pendant les âges obscurs de la tyrannie papale et qui accomplirent des actes d'abnégation admirables avec un héroïsme religieux en faveur de leur foi. Les Vaudois, les Albigeois et les Huguenots occupent une place privilégiée parmi eux.

33 : « Il en est qui succomberont pour un temps à l'épée et à la flamme, à la captivité et au pillage. »

On nous présente ici la longue période de persécution papale contre ceux qui luttèrent pour soutenir la vérité et instruire leurs semblables dans les chemins de la justice. Le nombre des jours durant lesquels ils allaient tomber de cette façon, nous est donné dans Daniel 7 : 25 ; 12 : 7 ; Apocalypse 12 : 6, 14, ; 13 : 5 : La période est appelée « un temps, des temps, et la moitié d'un temps », « mille deux cent soixante jours » et « quarante-deux mois ». Toutes ces expressions sont les différentes façons de désigner les mêmes mille deux cent soixante ans de la suprématie papale.

34 : « Dans le temps où ils succomberont, ils seront un peu secourus, et plusieurs se joindront à eux par hypocrisie. »

Dans Apocalypse 12, où l'on parle de cette même persécution papale, nous lisons que la terre aida la femme en ouvrant sa bouche et en engloutissant le fleuve que le dragon avait lancé derrière elle. La Réforme protestante dirigée par Martin Luther et ses collaborateurs procura l'aide prédite ici. Les états allemands épousèrent la cause protestante, protégèrent les Réformateurs et réfrénèrent les persécutions que l'église papale accomplissait. Mais quand les Protestants reçurent cette aide et que leur cause devint populaire, beaucoup se joignirent à eux par hypocrisie, c'est-à-dire qu'ils embrassèrent leur foi pour des motifs indignes.

35 : « Quelques-uns des hommes sages succomberont, afin qu'ils soient épurés, purifiés et blanchis, jusqu'au temps de la fin, car elle n'arrivera qu'au temps marqué. »

Bien que freiné, l'esprit persécuteur ne fut pas détruit. Il surgissait à chaque opportunité. Ceci arriva surtout en Angleterre. La condition religieuse de ce royaume fluctuait ; parfois les Protestants dominaient, et parfois le pays tombait sous la juridiction papale, en accord avec la religion du monarque régnant. La « sanglante reine Marie » fut l'ennemi mortelle de la cause protestante, et des multitudes tombèrent victimes de ses persécutions implacables. Cette situation devait durer plus ou moins jusqu'au « temps marqué », ou jusqu'à « la fin », selon d'autres traductions. La conclusion naturelle que l'on peut en tirer est que quand le temps de la fin arrivera, ce pouvoir que l'Eglise de Rome posséda pour châtier les hérétiques, et qui a occasionné tant de persécutions, et qui a été freinée pendant un temps, lui sera complètement retiré. Il semblerait aussi évident que cette suppression de la suprématie papale signalerait le commencement de la période appelée ici « temps de la fin ». Si cette application est correcte, le temps de la fin commença en 1798 ; parce qu'alors, comme on l'a déjà noté, le pape fut renversé par les Français, et depuis lors, il n'a pas pu exercer tout le pouvoir qu'il avait auparavant. Il est évident qu'il est fait ici allusion à l'oppression de l'Eglise par le pape, parce que c'est l'unique passage, exception faite peut-être d'Apocalypse 2 :10, en relation avec un « temps déterminé », ou période prophétique.

36 : « Le roi fera ce qu'il voudra ; il s'élèvera, il se glorifiera au-dessus de tous les dieux, et il dira des choses incroyables contre le Dieu des dieux ; il prospérera jusqu'à ce que la colère soit consommée, car ce qui est arrêté s'accomplira. »

Un roi se glorifie au-dessus de tous les dieux.

Le roi dont il est question ici ne peut pas représenter la même puissance que nous avons étudiée, à savoir, la papale ; parce que les caractéristiques ne correspondent ni ne s'appliquent à cette puissance.

Nous avons, par exemple, la déclaration du verset suivant : « il n'aura égard à aucun dieu ». Ceci n'a jamais été attribué à la papauté. Ce système religieux n'a jamais laissé de côté ou rejeté Dieu ou Christ, bien qu'elle en donnât souvent une fausse image.

Trois caractéristiques doivent être remarquées dans la puissance qui accomplit cette prophétie : elle doit assumer le caractère décrit ici, au commencement du temps de la fin, lequel nous amène au verset précédent. Ce doit être une puissance obstinée et athée. Peut-être devrions-nous unir ces deux dernières caractéristiques en disant qu'elle sera obstinée dans l'athéisme.

La France satisfait la prophétie.

Une révolution qui répond exactement à cette description se produisit en France au temps indiqué par la prophétie. Les athées jetèrent les semences qui donnèrent leurs fruits logiques et néfastes. Voltaire avait dit, dans sa pompeuse bien qu'impuissante propre suffisance : « Je suis fatigué d'entendre répéter que douze hommes fondèrent la religion chrétienne. Je démontrerai qu'un seul homme suffit à la détruire. »En s'associant à des hommes comme Rousseau, d'Alembert, Diderot et d'autres, il entreprit la réalisation de sa menace. Ils semèrent du vent, et récoltèrent la tempête. De plus, l'Eglise catholique romaine était notoirement corrompue à cette époque, et le peuple souhaitait rompre le joug de l'oppression ecclésiastique. Leurs efforts culminèrent sous le « règne de la terreur » en 1793, pendant lequel la France méprisa la Bible et nia l'existence de Dieu.

Un historien moderne décrit ainsi ce grand changement religieux :

« Certains membres de la Convention avaient été les premiers à tenter de remplacer, dans les provinces, le culte chrétien par une cérémonie civique, à l'automne 1793. A Abbeville, Dumont, ayant déclaré à la populace que les prêtres étaient des 'Arlequins et des clowns en habit noir, qui montraient des marionnettes,' il établit le culte de la Raison et, avec un manque de cohérence hors du commun, il organisa un 'spectacle de marionnettes' selon sa propre description, avec des danses dans la cathédrale à chaque décade, et des fêtes civiques sur l'observance de laquelle il insistait beaucoup. Fouché fut le second fonctionnaire à abolir le culte chrétien. En parlant depuis le pupitre de la cathédrale de Nevers, il effaça officiellement tout ce qui est spirituel du programme républicain, promulgua le fameux ordre qui déclarait 'la mort, sommeil éternel', et il « ferma » ainsi le ciel et l'enfer…Dans son discours de félicitations à l'ex-évêque, le président déclara que comme l'Etre Suprême ne désirait pas d'autre culte que celui de la Raison, celui-ci constituerait dans le futur la religion nationale.' »

Mais il y a d'autres caractéristiques encore plus surprenantes qui furent accomplies par la France.

37 : « Il n'aura égard ni aux dieux de ses pères, ni à la divinité qui fait les délices des femmes ; il n'aura égard à aucun dieu, car il se glorifiera au-dessus de tous. »

La parole hébraïque traduite par femme est aussi rendue par épouse ; et Thomas Newton observe que ce passage serait mieux interprété si on disait « le désir des épouses ». Ceci paraîtrait indiquer que ce gouvernement, en même temps, tout en déclarant l'inexistence de Dieu, piétinerait la loi que Dieu donna pour régir l'institution matrimoniale. Et nous découvrons que l'historien, peut-être inconsciemment, et ceci est d'autant plus significatif, associa l'athéisme et l'esprit licencieux de ce gouvernement dans le même ordre qu'il se présente dans la prophétie. Il dit :

« La famille avait été détruite. Sous l'ancien régime, elle avait été le fondement même de la société... Le décret du 20 septembre 1792, qui établissait le divorce et qui fut mené plus loin par la Convention en 1794, donna avant quatre ans des fruits que la Législation même n'avait pas rêvé : un divorce pouvait être prononcé immédiatement pour la raison d'incompatibilité de caractère, de façon qu'il entrerait en vigueur au plus tard dans un an, si un des conjoints refusait de se séparer de l'autre avant la fin de cette période.

« Il y a eut une avalanche de divorces : fin 1793, soit quinze mois après la promulgation du décret, on avait accordé 5 994 divorces à Paris... Sous le Directoire, nous voyons les femmes passer de mains en mains par un processus légal. Quel était le sort des enfants qui naissaient de telles unions successives ? Quelques parents s'en débarrassaient : le nombre des enfants trouvés dans Paris durant l'an V s'éleva à 4 000, et à 44 000 dans les autres départements. Quand les parents gardaient leurs enfants, le résultat était une confusion tragi-comique. Un homme se maria avec plusieurs soeurs, l'une après l'autre ; un citoyen demanda aux Cinq Cents un permis pour se marier avec la mère des deux épouses qu'il avait déjà eues... La famille se dissolvait. »

« Il n'aura égard à aucun dieu ». En plus du témoignage déjà présenté pour démontrer combien l'athéisme qui régnait alors était total, lisez ce qui suit :

« L'évêque constitutionnel de Paris fut poussé à interpréter le rôle principal de la farce la plus impudente et scandaleuse qui n'ait jamais été jouée devant une représentation nationale.... Il fut amené, en pleine procession, à déclarer à la Convention que la religion que lui-même avait enseignée pendant tant d'années, était un sacerdoce qui n'avait aucun fondement dans l'histoire ni aucune vérité historique. Il nia, en termes solennels et explicites l'existence de la Divinité au culte de laquelle il avait été consacré, et il se compromit à l'avenir à rendre hommage à la liberté, à l'égalité, à la vertu et à la moralité. Ensuite il déposa sur la table ses ornements épiscopaux, et il reçut le baiser fraternel du président de la Convention. Plusieurs prêtres apostats suivirent l'exemple de ce prélat. »

« Hébert, Chaumette et leurs associés se présentèrent à la tribune, et déclarèrent que 'Dieu n'existe pas'.

On dit que la crainte de Dieu était si loin d'être le principe de la sagesse qu'elle était une folie. Tout culte fut interdit sauf celui de la liberté et de la patrie. L'or et l'argent qu'il y avait dans les églises furent confisqués et profanés. Les églises furent fermées. Les cloches furent brisées et fondues pour en faire des canons. On brûla publiquement la Bible. Les vases sacrés furent promenés par les rues sur un âne, en signe de mépris. Un cycle de dix jours fut établi à la place de la semaine, et on inscrivit en lettres détachées sur les sépultures que la mort était un sommeil éternel. Mais le blasphème le plus grand, si ces orgies infernales admettent une classification, allait être la représentation du comique Monvel, qui, en tant que prêtre de l'Illuminisme, dit : « Dieu ! Si tu existes, ... venge ton nom injurié. Je te défie. Tais-toi ; n'essaie pas de lancer ta foudre ; qui, après ça, croira à ton existence ? »

Tel est l'homme quand il est abandonné à lui-même, et telle est l'incrédulité quand elle se libère des restrictions de la loi, et exerce le pouvoir. Peut-on douter que ces scènes soient celles qui furent ce que l'Omniscient a prévues et inscrites dans la page sacrée quand Il indiqua qu'un royaume se glorifierait au-dessus de tous les dieux et les mépriserait ?

38 : « Toutefois il honorera le dieu des forteresses sur son piédestal ; à ce dieu, que ne connaissaient pas ses pères, il rendra des hommages avec de l'or et de l'argent, avec des pierres précieuses et des objets de prix. »

Nous trouvons une contradiction apparente dans ce verset. Comment une nation peut-elle mépriser tous les dieux, et cependant, honorer le « dieu des forteresses » ? Elle ne peut pas assumer les deux attitudes à la fois ; mais elle pourrait pendant un certain temps mépriser tous les dieux, et ensuite introduire un autre culte et adorer le dieu de la force. Y eut-il un tel changement en France, à cette époque ? Bien sûr. La tentative de faire de la France une nation sans dieu produisit une telle anarchie que les gouverneurs craignirent que le pouvoir leur échappât complètement, et ils sentirent qu'il était politiquement nécessaire d'introduire un culte. Mais ils ne voulurent pas commencer un mouvement qui augmentât la dévotion, ni développât un caractère vraiment spirituel parmi le peuple, mais seulement trouver un moyen qui pourrait les aider à se maintenir au pouvoir et qui leur donnerait le contrôle des forces de la nation. Quelques extraits de l'histoire le démontreront. La liberté et la patrie furent au début offertes comme objets d'adorations. La « liberté, égalité, vertu et moralité », précisément l'opposé de ce qu'ils possédaient en réalité ou manifestaient dans la pratique, furent les mots qu'ils employèrent ensuite pour décrire la divinité de la nation. En 1793 on introduisit le culte de la déesse Raison, et l'historien écrit :

« Une des cérémonies de cette époque insensée se détache sans égale par l'absurdité combinée à l'impiété. Les portes de la Convention s'ouvrirent devant un groupe de musiciens, derrière lequel le Corps Municipal entra en procession solennelle, en chantant un hymne de louange à la liberté et escortant, comme objet de leur culte futur, une femme voilée, qu'il appelaient la déesse de la Raison. Une fois introduite sur l'estrade, on lui ôta le voile en grande pompe, et on la plaça à la droite du président ; on vit alors qu'il s'agissait d'une danseuse de l'Opéra, dont les charmes étaient connus de la majorité des personnes présentes pour ses rôles sur la scène…. La Convention Nationale lui rendit un hommage public, en tant que représentante la plus conforme de cette Raison qu'elle adorait. Cette farce impie et ridicule eut un certain succès ; et l'installation de la déesse de la Raison se renouvela et fut imitée partout dans la nation où les habitants désiraient se montrer à la hauteur de la révolution. »

L'historien français moderne, Louis Madelin, écrit :

L'Assemblée, s'étant excusée de ne pas pouvoir rester, à cause de tout le travail qu'elle avait, une procession (de gens de toutes sortes) accompagna la déesse aux Tuileries, et obligea les députés à décréter en sa présence la transformation de Notre-Dame en Temple de la Raison. Et comme si cela ne suffisait pas, une autre déesse de la Raison, l'épouse de Momoro, membre de la Convention, fut installée à Saint-Sulpice la décade suivante. En peu de temps, ces Libertés et ces Raisons pullulèrent dans toute la France. Très souvent, elles étaient des femmes licencieuses, avec ici et là une déesse de bonne famille et de conduite décente. S'il est vrai que le front de quelques-unes de ces Libertés se ceignirent d'un ruban qui portait cette inscription : 'Ne me convertissez pas en Licence', nous pouvons dire que cette inscription était difficilement superflue dans n'importe quelle partie de la France, parce que généralement, les saturnales les plus répugnantes y régnaient. On dit qu'à Lyon, on donna à boire à un âne dans un calice… Payan pleura sur 'ces déesses, plus dégradées que celles de la fable ».

Tandis que le culte grotesque de la Raison paraissait rendre la nation folle, les dirigeants de la révolution passèrent à l'histoire comme « athées ». Mais on ne tarda pas à s'apercevoir que pour freiner le peuple on avait besoin d'une religion, avec des sanctions plus puissantes, que l'actuelle alors à la mode. Aussi, une forme de culte apparut, dans lequel « l'Etre Suprême » était objet d'adoration ; culte également inutile quant à apporter une réforme de la vie et une piété vitale, mais il s'appuyait sur le surnaturel. Et bien que la déesse de la Raison fut en vérité un « dieu étranger », la déclaration relative au « dieu des forteresses » peut se référer cette fois plus adéquatement à cette dernière phrase :

39 : « et il agira dans les lieux forts des forteresses, avec un dieu étranger : à qui le reconnaîtra il multipliera la gloire ; il les fera dominer sur la multitude et [leur] partagera le pays en récompense. » [Version Darby, 1970].

Le système du paganisme qui avait été introduit en France, illustré par l'adoration de la déesse de la Raison et régi par un rituel athée décrété par l'Assemblée Nationale à l'usage du peuple français, fut en vigueur jusqu'à la nomination de Napoléon par le Consulat de

France en 1799. Les adhérents à cette religion étrange occupaient les lieux fortifiés, les bastions de la nation, comme l'exprime ce verset.

Mais ce qui permet d'identifier l'application de cette prophétie à la France, encore plus que n'importe quel détail, c'est la déclaration faite dans la dernière partie du verset, à savoir que par intérêt, il « partagera le pays ». Avant la révolution, les terres de France appartenaient à l'église catholique et à quelques seigneurs de la noblesse. C'étaient de grandes propriétés qui selon la loi ne pouvaient pas être morcelées ni par les héritiers ni par les créanciers. Mais les révolutions ne connaissent pas la loi, et durant l'anarchie qui régna, comme on le verra dans Apocalypse 11, les titres de noblesse furent abolis et les terres furent vendues en petites parcelles au bénéfice du Trésor Public. Le gouvernement avait besoin de fonds, et ces grandes propriétés furent confisquées et vendues aux enchères, en parcelles divisées aux convenances des acheteurs. L'historien décrit comme suit cette transaction unique :

« La confiscation des deux tiers des terres du royaume, ordonnée par les décrets de la Convention contre les émigrants, le clergé et les personnes déclarées coupables par les tribunaux révolutionnaires... mit à la disposition du gouvernement des fonds supérieurs à 700 000 000 de livres sterling. »

Quand, et dans quel pays se produisit un tel événement en accord avec la prophétie ?

Quand la nation commença à revenir à elle, on exigea une religion plus rationnelle, et on abolit le rituel païen. L'historien décrit cet événement de la façon suivante :

« Une troisième mesure, plus audacieuse, fut l'abandon du rituel païen et la réouverture des églises pour le culte chrétien. Ceci fut totalement dû à Napoléon, qui dut s'opposer aux préjugés philosophiques de presque tous ses collègues. Dans ses conversations avec eux, il ne tenta pas de se présenter comme un croyant du christianisme, mais il se basa uniquement sur le fait qu'il était nécessaire de donner au peuple des moyens réguliers de culte partout où l'on voulait un état de tranquillité. Les prêtres qui acceptèrent de prêter serment de fidélité au gouvernement furent réadmis dans leurs fonctions ; et cette mesure sage fut suivie par l'adhésion, pour le moins, de 20 000 de ces ministres de la religion qui jusqu'alors languissaient dans les prisons de France. »

Ainsi s'acheva le règne de la terreur et la Révolution française. De ses ruines surgit Bonaparte, pour guider le tumulte vers sa propre élévation, pour se placer à la tête du gouvernement de la France et remplir de terreur le coeur des nations.

40 : « Au temps de la fin, le roi du midi se heurtera contre lui. Et le roi du septentrion fondra sur lui comme une tempête, avec des chars et des cavaliers, et avec de nombreux navires ; il s'avancera dans les terres, se répandra comme un torrent et débordera. »

De nouveaux conflits entre le roi du Sud et le roi du Nord.

Après un long intervalle, le roi du Sud et le roi du Nord réapparaissent. Jusqu'ici nous n'avons rien trouvé qui nous indique que nous devons chercher d'autres territoires pour ces deux puissances qui ne soient pas ceux qui peu avant la mort d'Alexandre constituèrent respectivement les divisions méridionale et septentrionale de son empire. Le roi du Sud était toujours l'Egypte, et le roi du Nord était la Syrie, mais il incluait aussi la Thrace et l'Asie mineure. L'Egypte continua à régir le territoire désigné comme appartenant au roi du Sud, et la Turquie pendant plus de quatre cents ans gouverna le territoire constitué, au début, par le domaine du roi du Nord.

Cette application de la prophétie évoque un conflit entre l'Egypte et la France, et entre la Turquie et la France, en 1798, soit l'année qui signale, comme nous l'avons déjà vu, le commencement du temps de la fin. Si l'histoire atteste qu'une guerre triangulaire de ce caractère éclata, la justesse de l'application sera prouvée de façon concluante.

Demandons-nous donc : Est-il vrai que dans le temps de la fin, l'Egypte « se heurta » avec la France et lui opposa une résistance comparativement faible, tandis que la Turquie « fondit sur lui comme une tempête », c'est-à-dire contre l'envoyé de France ? Nous avons déjà présenté certaines preuves que le temps de la fin commença en 1798 ; et aucun lecteur de l'histoire n'a besoin d'être informé qu'un état d'hostilité ouverte entre la France et l'Egypte se développa cette année-là.

L'historien formera son opinion sur la part que jouèrent dans l'origine du conflit les rêves de gloire qu'hébergeait le cerveau délirant et ambitieux de Napoléon Bonaparte ; mais les Français, ou du moins Napoléon, conçurent de faire que l'Egypte fût l'agresseur. « Dans une proclamation habilement rédigée, il [Napoléon] assura aux peuples d'Egypte qu'il était venu seulement pour châtier la caste gouvernante des Mamelouks, pour les dépravations qu'ils avaient fait souffrir à certains négociants français ; et loin de vouloir détruire la religion musulmane, il avait plus de respect pour Dieu, Mahomet et le Coran que les Mamelouks ; que les Français avaient détruit le pape et les Chevaliers de Malte qui faisaient la guerre aux musulmans ; donc, celui qui se placerait du côté des Français serait béni trois fois, et même ceux qui resteraient neutres seraient bénis, et ceux qui se battraient contre eux seraient trois fois malheureux. »

Le commencement de l'année 1798 trouva les Français élaborant de grands projets contre les Anglais. Le Directoire désirait que Bonaparte entreprenne de suite la traversée du canal et attaque l'Angleterre ; mais il voyait qu'aucune opération directe de cette classe ne pourrait pas être entreprise judicieusement avant l'automne, et il n'était pas disposé à risquer sa réputation naissante en passant l'été dans l'oisiveté. « Mais –dit l'historien, il voyait une terre lointaine, où il pourrait acquérir une gloire qui lui donnerait un nouvel attrait aux yeux de ses compatriotes par l'air romantique et mystérieux qui enveloppait le décor. L'Egypte, terre des Pharaons et des Ptolémées, serait un noble champ pour obtenir de nouveaux triomphes. »

Tandis que Napoléon contemplait des horizons encore plus vastes que les pays historiques de l'Orient, qui n'englobent pas seulement l'Egypte, mais aussi la Syrie, la Perse, l'Hindoustan et même jusqu'au Ganges, il n'eut pas de difficultés à convaincre le Directoire que l'Egypte était le point vulnérable où il pouvait blesser l'Angleterre, en interceptant son commerce oriental. En conséquence, sous le prétexte mentionné plus haut, la campagne d'Egypte fut entreprise.

La chute de la papauté, qui signalait la fin des 1260 ans et marquait, selon le verset 35, le commencement du temps de la fin, arriva en février 1798, quand Rome tomba aux mains du général Berthier. Le 5 Mars suivant, Bonaparte recevait le décret du Directoire relatif à l'expédition contre l'Egypte. Il sortit de Paris le 3 Mai, et il prit la mer à Toulon le 19, avec quatorze frégates (quelques-unes non armées), un grand nombre de bateaux de guerre plus petits, et environ 300 transporteurs. A bord, il y avait plus de 35 000 soldats, avec 1230 chevaux. Si nous incluons l'équipage, la commission de savants envoyés pour explorer les merveilles d'Egypte et les assistants, le total des personnes étaient de 50 000 ; et on l'a même fait monter jusqu'à 54 000. »

Le 2 Juillet il prit Alexandrie et la fortifia immédiatement. Le 21, la bataille décisive des Pyramides eut lieu, et les Mamelouks défendirent le terrain avec courage et désespoir, mais ils ne purent pas être à la hauteur des légions disciplinées des Français. Murad Bey perdit tous ses canons, 400 chameaux et 3000 hommes. Les pertes des Français furent comparativement peu nombreuses. Le 25, Bonaparte entra au Caire, capital de l'Egypte, et il attendit seulement la baisse des inondations du Nil pour poursuivre Murad Bey jusqu'en Haute Egypte où il s'était retiré avec sa cavalerie dispersée ; et il conquit ainsi tout le pays. En fait, le roi du Sud ne put offrir qu'une faible résistance.

Mais la situation de Napoléon commença à devenir précaire. La flotte française, qui était son unique moyen de communication avec la France, fut détruite par les Anglais commandés par Nelson, à Aboukir. Le 11 Septembre 1798, le sultan de Turquie, animé par une jalousie contre la France ingénieusement encouragée par les ambassadeurs anglais à Constantinople et exaspérée parce que l'Egypte, qui avait été pendant longtemps semi-dépendante de l'empire ottoman, se transformait en une province française, déclara la guerre à la France. Ainsi, le roi du Nord (la Turquie) « fondit sur lui » (la France) dans la même année que le roi du Sud (l'Egypte) « se heurta contre lui », « au temps de la fin ». C'est une autre preuve concluante que l'an 1798 est le début de cette période, et tout démontre que l'application donnée ici à la prophétie est correcte. Il semble impossible que tant d'événements, ayant les caractéristiques de la prophétie au même moment, et avec tant de précision, ne constituent pas l'accomplissement de la prophétie.

L'arrivée du roi du Nord, ou de la Turquie, fut « comme une tempête » en comparaison avec la manière dont se défendit l'Egypte. Napoléon avait écrasé les armées égyptiennes, et il se proposait de faire la même chose avec celles du sultan qui menaçaient de l'attaquer depuis l'Asie. Il commença sa marche du Caire vers la Syrie le 27 février 1799, avec 18 000 hommes. Il prit d'abord le fort El-Arish dans le désert, ensuite Jaffa (la Joppé de la Bible), il vainquit les habitants de Naplouse à Zeta, et fut à nouveau victorieux à Jafet. Pendant ce temps, un corps de l'armée turque s'était retranché à Saint-Jean-d'Acre, tandis que des nuées de musulmans se réunissaient dans les montagnes de Samarie, prêts à tomber sur les Français quand ils assiégeraient Saint-Jean-d'Acre. Au même moment, Sir Sidney Smith apparut devant Saint-Jean-d'Acre avec deux bateaux anglais, il renforça la garnison turque et captura le dispositif de siège que Napoléon avait envoyé par mer depuis Alexandrie. Très vite, apparut à l'horizon, une flotte turque qui, avec les bateaux anglais et russes qui coopéraient avec elle, constitua les «nombreux navires » du roi du Nord.

Le siège commença le 18 Mars. Napoléon fut appelé deux fois à l'abandonner pour sauver quelques divisions françaises qui étaient sur le point de tomber entre les mains des hordes musulmanes qui inondaient le pays. Deux fois, on fit une brèche dans la muraille de la ville, mais les assaillants furent reçus avec une telle fureur par la garnison, qu'ils se virent obligés de renoncer à la lutte malgré tous leurs efforts. Après avoir tenu pendant soixante-dix jours, Napoléon leva le siège, fit sonner la retraite pour la première fois de sa carrière, et le 21 Mai 1799 commença à rebrousser chemin vers l'Egypte.

Il « se répandra comme un torrent et débordera ». Nous avons trouvé des événements qui accomplissent de façon surprenante la prédiction concernant le roi du Sud, et concernant aussi l'attaque foudroyante du roi du Nord contre la France. Jusqu'ici l'histoire concorde de façon générale avec la prophétie. Mais nous arrivons à un point où les opinions des commentateurs commencent à diverger. A qui s'applique l'expression : « se répandra comme un torrent et débordera » ? A la France ou au roi du Nord ? L'application du reste du chapitre dépend de la réponse que nous donnons à cette question. A partir d'ici, il y a deux interprétations. Quelques-uns appliquent cette expression à la France, et ils tentent de trouver son accomplissement dans la carrière de Napoléon. D'autres l'appliquent au roi du Nord, et voient son accomplissement dans les événements de l'histoire de la Turquie. Nous parlons seulement de ces deux positions, nous ne parlons pas de celle qui parle de la papauté car elle est hors de considération. Si aucune des deux interprétations n'est libre de difficultés, comme il est inévitable de l'admettre, l'unique chose à faire est de choisir celle qui a les plus grandes évidences en sa faveur. Et il nous semble qu'il y a en faveur de l'une d'elles des évidences si prépondérantes qu'elles excluent l'autre et ne laisse aucune place au plus petit doute.

La Turquie devient le roi du Nord.

Quant à l'application de cette portion de la prophétie à Napoléon, ou à la France sous sa direction, nous ne trouvons pas d'événements dont nous pouvons recommander avec le plus petit degré d'assurance l'accomplissement de la partie restante de ce chapitre. En conséquence, nous ne voyons pas comment on pourrait lui donner une telle application. Elle doit donc être accomplie par la Turquie, à moins que l'on puisse démontrer que l'expression « roi du Nord » ne s'applique pas à la Turquie, ou qu'il y ait, en plus de la France ou du roi du Nord, une autre puissance qui exécute cette partie de la prédiction. Mais si la Turquie, occupant actuel du territoire qui constituait la partie septentrionale de l'empire d'Alexandre, n'est pas le roi du Nord de cette prophétie, alors nous nous trouvons sans point de départ pour nous guider dans l'interprétation. Nous présumons que tous reconnaissent qu'il n'y a pas lieu d'introduire un autre pouvoir ici. La France et le roi du Nord sont les seuls auxquels la prédiction peut s'appliquer. L'accomplissement doit se trouver dans l'histoire de l'une ou l'autre de ces puissances.

Quelques remarques faciliteront certainement l'idée que la dernière partie du verset 40, l'objet principal de la prophétie, passe de la puissance française au roi du Nord. Ce dernier vient d'être introduit comme arrivant comme une tempête avec des chars, des chevaux et beaucoup de navires. Nous avons déjà pris note du choc qui se produisit entre cette puissance et la France. Avec l'aide de ses alliés, le roi du Nord gagna la bataille ; et les Français, échouèrent dans leurs efforts, et retournèrent en Egypte. Le plus naturel est d'appliquer l'expression il « se répandra comme un torrent et débordera » à la puissance qui sortit vainqueur de cette lutte, c'est-à-dire la Turquie.

41 : « Il entrera dans le plus beau des pays, et plusieurs succomberont ; mais Edom, Moab, et les principaux des enfants d'Ammon seront délivrés de sa main. »

Abandonnant une campagne dans laquelle un tiers de leur armée avait été victime de la guerre et de la peste, les Français se retirèrent de Saint-Jean-d'Acre, et après une marche pénible de vingt-six jours ils entrèrent à nouveau au Caire, en Egypte. Ils abandonnèrent ainsi toutes les conquêtes qu'ils avaient faites en Judée ; et « le plus beau des pays », c'est-à-dire la Palestine, avec toutes ses provinces, retombèrent sous le gouvernement oppressif des turcs. Edom, Moab et Ammon, qui étaient hors des limites de la Palestine, au Sud et à l'orient de la Mer Morte et du Jourdain, restèrent hors de la ligne de passage des Turcs de Syrie en Egypte, et ils échappèrent ainsi aux ravages de cette campagne. Au sujet de ce passage, Adam Clarke note : « Ceux-ci et d'autres arabes, n'ont jamais pu [les Turcs] les subjuguer. Ils occupaient toujours les déserts, et ils recevaient une pension annuelle de quarante mille couronnes d'or des empereurs ottomans pour qu'ils laissent passer librement les caravanes de pèlerins qui se dirigeaient à la Mecque. »

42 : « Il étendra sa main sur divers pays, et le pays d'Egypte n'échappera point. »

Quand les Français se retirèrent en Egypte, une flotte turque débarqua 10 000 hommes à Aboukir. Napoléon attaqua immédiatement le site, vainquit complètement les Turcs et rétablit son autorité sur l'Egypte. Mais à ce moment de sévères problèmes dans les armées françaises en Europe, firent revenir Napoléon pour s'occuper des intérêts de son pays. Il laissa le commandement des troupes qui restaient en Egypte au général Kléber. Après une période d'activité infatigable en faveur de son armée, ce général fut assassiné au Caire par un Turc, et Abdallah Menou assuma le commandement ; mais toute perte était très grave pour une armée qui ne pouvait pas recevoir de renforts.

Pendant ce temps, le gouvernement Anglais, en tant qu'allié des Turcs, avait décidé d'enlever l'Egypte aux Français. Le 13 Mars 1801, une flotte anglaise débarqua des troupes à Aboukir. Les Français livrèrent la bataille le jour suivant, mais ils se virent obligés de se retirer. Le 18, Aboukir se rendit. Le 28, des renforts amenés par une flotte turque arrivèrent et le grand vizir s'approcha depuis la Syrie avec une grande armée. Le 19, Rosette se rendit aux forces combinées des Anglais et des Turcs. A Ramanieh, un corps de 4 000 Français fut mis en déroute par 8 000 Anglais et 6 000 Turcs. A Elmenayer, 5 000 Français se virent obligés de se retirer, le 16 Mai, parce que le vizir approchait du Caire avec 20 000 hommes. Toute l'armée française fut alors enfermée au Caire et à Alexandrie. Le Caire capitula le 27 Juin, et Alexandrie le 2 Septembre. Quatre semaines plus tard, le 1er Octobre, les préliminaires de la paix furent signés, à Londres.

« Le pays d'Egypte n'échappera point », disait la prophétie. Ce langage paraissait impliquer que l'Egypte allait rester soumise à une puissance de la domination de laquelle elle désirerait être libérée. La préférence des Egyptiens allait-elle aux Français ou aux Turcs

? Dans l'ouvrage de R. R. Madden sur les voyages en Turquie, en Egypte, en Nubie et en Palestine, il est dit que les Egyptiens considéraient les Français comme leurs bienfaiteurs ; que durant la courte période qu'ils passèrent en Egypte, ils laissèrent des traces d'amélioration ; et que, s'ils avaient pu établir leur domination, l'Egypte serait aujourd'hui un pays relativement civilisé. Etant donné ce témoignage, il est clair que le langage des Ecritures ne s'applique pas à la France, car les Egyptiens ne désiraient pas échapper de leurs mains ; bien qu'ils désiraient fuir des mains des Turcs, ils ne le purent pas.

43 : « Il se rendra maître des trésors d'or et d'argent, et de toutes les choses précieuses de l'Egypte ; les Libyens et les Ethiopiens seront à sa suite. »

Comme illustration de ce verset, citons une déclaration de l'historien au sujet de Méhémet Alí, le gouverneur turc d'Egypte qui assuma le pouvoir après la défaite des Français :

« Le nouveau Pacha se consacra à fortifier sa position afin de s'assurer définitivement le gouvernement d'Egypte pour lui et sa famille. D'abord, il vit qu'il devait exiger un large revenu de ses sujets, afin d'envoyer de telles quantités de contributions à Constantinople qu'elles apaiseraient le sultan et le convaincraient qu'il était dans son intérêt de soutenir le pouvoir du gouverneur d'Egypte. Agissant en accord avec ces principes, il employa de nombreuses méthodes injustes pour entrer en possession de grandes propriétés ; il nia la légitimité de beaucoup de successions ; il brûla des titres de propriété et confisqua des fonds ; enfin, il défia les droits universellement reconnus des propriétaires. A la suite de quoi, de nombreuses émeutes éclatèrent, mais Méhémet Ali y était préparé, et par sa terrible fermeté il créa l'apparence que la seule présentation des droits était une agression de la part des Cheikhs. Il augmenta constamment les impôts, et il donna la charge de les collecter aux militaires ; par ces méthodes il appauvrit les paysans à l'extrême. »

44 : « Des nouvelles de l'orient et du septentrion viendront l'effrayer, et il partira avec une grande fureur pour détruire et exterminer des multitudes. »

Le roi du Nord en difficulté.

Au sujet de ce verset, Adam Clarke a écrit une note qui mérite d'être citée : « On reconnaît en général que cette partie de la prophétie ne s'est toujours pas accomplie ». Cette note fut imprimée en 1825. Dans une autre partie de son commentaire il dit : Si on doit comprendre que, comme dans les versets antérieurs, il s'agit de la Turquie, cela peut vouloir dire que les Perses à l'est, et les Russes au Nord, mettront à ce moment-là le gouvernement ottoman dans une situation très embarrassante. »

Entre cette conjecture d'Adam Clarke, écrite en 1825, et la guerre de Crimée entre 1853 et 1856, il y a une coïncidence surprenante, dans la mesure où les puissances qu'il mentionne, les Perses à l'Est et les Russes au Nord, furent à l'origine du conflit. Les nouvelles qui arrivèrent de ces puissances perturbèrent la Turquie. Leur attitude et leurs mouvements incitèrent le sultan à la colère et à la vengeance. La Russie fut l'objet de l'attaque, étant la puissance la plus agressive. La Turquie déclara la guerre à son puissant voisin en 1853. Le monde vit avec étonnement comment un gouvernement se jetait précipitamment dans le conflit, gouvernement qui s'appelait depuis longtemps « le malade de l'Orient », et dont les armées étaient démoralisées, dont la trésorerie était vide, les dirigeants étaient vils et imbéciles, et dont les sujets étaient rebelles et menaçaient de se séparer. La prophétie disait qu'il sortirait « avec une grande fureur pour détruire et exterminer des multitudes ». Quand les Turcs entrèrent en guerre, un certain écrivain américain écrivit dans un langage profane en disant qu'ils « se battaient comme des démons ». Il est certain que la France et l'Angleterre accoururent pour aider la Turquie ; mais celle-ci entra dans la guerre de la manière décrite et obtint une victoire importante avant de recevoir l'aide des deux puissances nommées.

45 : « Il dressera les tentes de son palais entre les mers, vers la glorieuse et sainte montagne. Puis il arrivera à la fin, sans que personne lui soit en aide. »

Le roi du Nord arrive à sa fin.

Nous avons suivit la prophétie de Daniel 11 pas à pas jusqu'à son dernier verset. A voir comment les prophéties divines trouvèrent leur accomplissement dans l'histoire, notre foi est fortifiée par la réalisation finale de la parole prophétique de Dieu.

La prophétie du verset 45 se réfère à la puissance appelée roi du Nord. C'est la puissance qui domine le territoire possédé à l'origine par le roi du Nord. (Voir les pages 99 et 100).

Il est prédit que le roi du Nord « arrivera à la fin, sans que personne ne lui soit en aide ». Exactement comment, quand et où arrivera sa fin, c'est quelque chose que nous pouvons observer avec un solennel intérêt, sachant que la main de la Providence dirige le destin des nations.

Très vite, le temps résoudra ce problème. Quand cet événement se produira, quelle sera la suite ? Des événements d'un intérêt des plus importants pour tous les habitants du monde, comme le démontre immédiatement le chapitre suivant

Chapitre 12—Le Moment Crucial De L'histoire Approche

1 : « En ce temps-là se lèvera Micaël, le grand chef, le défenseur des enfants de ton peuple ; et ce sera une époque de détresse, telle qu'il n'y en a point eu depuis que les nations existent jusqu'à cette époque. En ce temps-là, ceux de ton peuple qui seront trouvés inscrits dans le livre seront sauvés. »

Dans ce verset, un temps bien arrêté est spécifié, non pas une année, un mois ou un jour déterminé, mais un temps défini par un certain événement avec lequel il est en relation. « En ce temps-là ». Quel temps ? Le temps auquel le verset final du chapitre antérieur nous a amené, l'époque où le roi du Nord plantera les tentes de son palais sur la montagne glorieuse et sainte. Quand cela arrivera, sa fin viendra ; et alors, selon ce verset, nous devons attendre que Micaël, le grand Chef, se lève.

Micaël se lèvera.

Qui est Micaël, et que signifie le fait qu'il se lève ? Micaël est appelé « l'Archange » dans Jude 9. Il s'agit du Chef ou de la Tête des anges. Il n'y en a qu'un. Qui est-il ? C'est celui dont la voix s'entend depuis le ciel quand il ressuscite les morts (1 Thessaloniciens 4 : 16). Dont la voix est en relation avec cet événement. La voix de notre Seigneur Jésus-Christ (Jean 5 : 28). Quand, basés sur ce fait, nous cherchons la vérité, nous arrivons à la conclusion suivante : la voix du Fils de Dieu est la voix de l'Archange ; aussi l'Archange doit être le Fils de Dieu. Mais l'Archange s'appelle Micaël ; donc Micaël doit être le nom donné au Fils de Dieu. L'expression que nous trouvons dans le verset 1 : « le grand chef, le défenseur des enfants de ton peuple », suffit à identifier le personnage mentionné ici, comme le sauveur des hommes. C'est « le Prince de la vie », le « Prince et Sauveur » (Actes 3 : 15 ; 5 : 31). C'est le grand Chef.

« Le défenseur de ton peuple ». Il s'abaisse à prendre les serviteurs de Dieu dans leur misérable état mortel, et à les racheter pour qu'ils soient des sujets de son futur royaume. Il est de notre côté, nous qui croyons. Ses enfants sont essentiels pour ses desseins futurs, une partie inséparable de l'héritage racheté. Ils doivent être les principaux agents de la joie que Christ entrevit, et qui le conduisit à supporter tous les sacrifices et toutes les souffrances qui marquèrent son intervention en faveur de la famille déchue. Quel honneur étonnant ! Attribuons-lui une gratitude éternelle pour sa condescendance et sa miséricorde envers nous ! A lui soient le règne, la puissance et la gloire pour toujours !

Venons-en maintenant à la seconde interrogation : Que signifie pour Micaël le fait de se lever ? La clé pour interpréter cette expression se trouve dans ces passages : « il y aura encore trois rois en Perse » ; « il s'élèvera un vaillant roi, qui dominera avec une grande puissance » (Daniel 11 : 2, 3). Il n'y a pas le moindre doute quant à la signification de l'expression de ces phrases. Elles veulent dire : assumer la royauté, régner. Dans le verset que nous étudions, cette expression doit dire la même chose. En ce temps-là se lèvera Micaël, il s'emparera du royaume, et commencera à régner.

Mais, Christ ne règne-t-il pas maintenant ? Oui, associé à son Père sur le trône de l'univers (Ephésiens 1 : 20-22 ; Apocalypse 3 : 21). Mais à sa venue, il remet ce trône, ce royaume à son Père (1 Corinthiens 15 : 24). Puis commence son règne, présenté dans le texte, quand il se lève, ou prend en charge son propre royaume, le trône promis depuis longtemps à son père David, et il établit un règne qui n'aura jamais de fin (Luc 1 : 32, 33).

Les royaumes de ce monde deviendront le royaume de « notre Seigneur et de son Christ ». Il laisse de côté ses vêtements sacerdotaux pour revêtir le manteau royal. L'oeuvre de miséricorde et le temps de grâce accordé à la famille humaine seront achevés. Alors celui qui sera souillé n'aura déjà plus l'espérance d'être purifié ; et le saint ne courra déjà plus le danger de tomber. Tous les cas auront été décidés pour toujours. A partir de ce moment jusqu'à ce que Christ vienne sur les nuées des cieux, les nations seront brisées comme par une verge de fer et détruites comme un vase de potier par un temps d'angoisse sans pareil. Une série de châtiments divins tomberont sur les hommes qui auront rejeté Dieu. Alors, le Seigneur Jésus-Christ apparaîtra dans le ciel « au milieu d'une flamme de feu, pour punir ceux qui ne connaissent pas Dieu et ceux qui n'obéissent pas à l'Evangile » (2 Thessaloniciens 1 : 8 ; voir aussi Apocalypse 11 : 15 ; 22 : 11, 12).

Les événements introduits par Micaël lorsqu'il se lève, sont phénoménaux. Il se lève, ou assume le règne, peu de temps avant de revenir personnellement sur cette terre. Comme il est donc important que nous sachions quelle position il occupe, afin de pouvoir suivre le processus de son oeuvre, et reconnaître l'approche du moment émouvant où son intercession en faveur de l'humanité prendra fin, et le destin de tous sera fixé pour l'éternité !

Comment pouvons-nous le savoir ? Comment devons-nous évaluer ce qui arrive dans le sanctuaire céleste ? La bonté de Dieu a été si grande qu'il a mis dans nos mains le moyen de le savoir. Il nous a dit que lorsque certains événements arriveraient sur la terre, des décisions importantes –en synchronisation avec eux, seront prises au ciel. Par le moyen de ces choses qui se voient, nous nous instruisons sur les choses qui ne se voient pas. Ainsi, à travers la nature, nous parvenons à voir le Dieu de la nature, par les phénomènes et les événements terrestres nous suivons les grands mouvements qui se réalisent dans le royaume céleste. Quand le roi du Nord plantera les tentes de son palais entre les mers, sur le mont glorieux et saint, alors Micaël se lèvera, ou recevra de son Père le royaume, comme préparatifs de son retour sur cette terre. On peut aussi exprimer cela de cette façon : Alors notre Seigneur cesse son travail de grand Souverain Sacrificateur, et le temps de grâce concédé au monde s'achève. La grande prophétie des 2300 jours nous indique avec exactitude le commencement de la partie finale de l'oeuvre que Christ doit réaliser dans le sanctuaire céleste. Le verset que nous étudions nous donne des indications grâce auxquelles nous pouvons découvrir approximativement le temps où elle s'achèvera.

Le temps d'angoisse.

Au même moment où Micaël se lèvera, il se produira un temps d'angoisse tel qu'il n'y en a jamais eu. Dans Matthieu 24 : 21 on nous parle d'une période de tribulation comme il n'y en a jamais eue et comme il n'y en aura jamais. Cette tribulation, qui fut l'oppression et la persécution de l'Eglise par le pouvoir papal, se trouve déjà dans le passé ; tandis que le temps d'angoisse de Daniel 12 : 1, est encore dans le futur, selon notre opinion. Comment peut-il y avoir deux temps de tribulation, séparés par de nombreuses années, et toutes deux plus importantes que toutes celles qu'il y eu dans le passé et qu'il devra y avoir après?

Pour éviter toute difficulté ici, notons avec attention cette distinction : la tribulation mentionnée dans Matthieu est une tribulation soufferte par l'Eglise. Christ parle ici de ses disciples, et de ceux dans un temps à venir. Ce seront eux qui seront affectés, et pour eux, les jours de la tribulation seront écourtés (Matthieu 24 : 22). Le temps d'angoisse dont il est question dans Daniel n'est pas un temps de persécutions religieuses, mais de calamités internationales. Il n'y a jamais eu une telle chose depuis que les nations existent ; il n'est pas parlé de l'église. C'est la dernière tribulation que souffrira le monde dans sa condition actuelle. Dans Matthieu il est fait allusion à un temps qui arrivera après cette tribulation ; parce qu'une fois qu'elle sera passée, le peuple de Dieu ne repassera pas par une autre période de souffrances semblable. Mais ici, dans Daniel, il ne s'agit pas d'un temps futur après l'affliction mentionnée, parce que celle-ci clôture l'histoire de ce monde. Elle inclu les sept plaies d'Apocalypse 16, et elle culmine par l'apparition du Seigneur Jésus, qui vient, enveloppé de nuages de feu, pour détruire ses ennemis. Mais tous ceux dont les noms se trouvent inscrits dans le livre de la vie seront exempts de cette destruction ; « le salut sera sur la montagne de Sion et à Jérusalem, comme a dit l'Eternel, et parmi les réchappés que l'Eternel appellera » (Joël 2 : 32).

2 : « Plusieurs de ceux qui dorment dans la poussière de la terre se réveilleront, les uns pour la vie éternelle, et les autres pour l'opprobre, pour la honte éternelle. »

Ce verset révèle l'importance du fait que Micaël se lève, ou le commencement du règne de Christ, parce qu'en ce temps-là il y aura une résurrection des morts. Est-ce la résurrection générale qui se produit quand Christ vient pour la seconde fois ? Ou est-ce que, entre le moment où Christ reçoit le royaume et sa manifestation sur la terre avec toute la gloire de son avènement (Luc 21 :27), il doit se produire une résurrection spéciale qui correspond à la description faite ici ?

Pourquoi ce ne peut pas être la première, c'est-à-dire celle qui se produira quand on entendra la dernière trompette ? Parce que ce sont seulement les justes, à l'exclusion de tous les impies, qui auront part à cette résurrection. Ceux qui dorment en Jésus sortiront alors, mais le reste des morts ne revivront pas avant mille ans (Apocalypse 20 :5). La résurrection générale de toute l'espèce, est donc divisée en deux grands événements. Lorsque Christ vient, seuls les justes ressuscitent ; et les impies ressuscitent mille ans après. La résurrection générale n'est pas une résurrection des justes et des impies en même temps. Chacune de ces deux catégories ressuscite séparément, et le temps qui sépare ces résurrections respectives est de mille ans, selon ce qui est clairement indiqué.

Mais, à la résurrection qui nous est présentée dans le verset que nous considérons, beaucoup de justes et des impies ressuscitent ensemble. Il ne peut donc pas s'agir de la première résurrection, qui inclu uniquement les justes, ni la seconde, qui ne se limite qu'aux impies. Si le texte disait : Beaucoup de ceux qui dorment dans la poussière de la terre se réveilleront pour la vie éternelle, alors le mot « beaucoup » pourrait s'interpréter comme incluant tous les justes, et cette résurrection serait celle des justes lorsque Jésus vient pour la seconde fois. Mais le fait que certains soient des méchants, et qu'ils ressuscitent pour la honte et le mépris éternels, empêche une telle explication.

Y a-t-il donc une résurrection spéciale ou limitée ? Nous est-il dit quelque part qu'un tel événement doit arriver avant la venue du Seigneur ? La résurrection prédite a lieu quand le peuple de Dieu est libéré du grand temps d'angoisse qui se termine avec l'histoire de ce monde ; et dans Apocalypse 22 : 11 il semble que cette délivrance a lieu avant l'apparition du Seigneur. Le moment épouvantable arrive où celui qui est injuste et souillé est encore injuste; et que le juste et saint se sanctifie encore. Les cas de tous sont décidés pour toujours. Quand cette sentence est prononcée sur les justes, ce doit être une libération pour eux, parce qu'ils sont alors placés hors de portée du danger et de la crainte du mal. Mais à ce moment-là, le Seigneur n'est toujours pas revenu, parce qu'il ajoute immédiatement : « Voici, je viens bientôt ».

Quand cette déclaration solennelle est prononcée, elle scelle les justes pour la vie éternelle et les impies pour la mort éternelle. Une voix sort du trône de Dieu disant : « C'en est fait ! » (Apocalypse 16 : 18). C'est évidemment la voix de Dieu à laquelle il est fait allusion si fréquemment dans les descriptions des scènes en relation avec le dernier jour. Joël parle de lui et dit : « De Sion l'Eternel rugit, de Jérusalem il fait entendre sa voix ; les cieux et la terre sont ébranlés. Mais l'Eternel est un refuge pour son peuple, un abri pour les enfants d'Israël. » (Joël 3 :16). Dans certaines versions de la Bible, au lieu de « refuge », on trouve « espérance ». Alors, quand on entend la voix de Dieu qui parle depuis le ciel, juste avant la venue du Fils de l'homme, Dieu est un refuge pour son peuple, ou, ce qui revient au même, il le libère. La dernière scène formidable est manifestée à un monde condamné. Dieu donne aux nations étonnées une autre preuve et une garantie de son pouvoir, et il ressuscite d'entre les morts une multitude d'êtres qui dorment depuis longtemps dans la poussière de la terre.

Nous voyons ainsi qu'il y a un moment et la place pour la résurrection de Daniel 12 : 2. Un verset du livre d'Apocalypse indique clairement qu'une résurrection de cette sorte doit se produire. « Voici, il vient avec les nuées [il s'agit bien du second avènement]. Et tout oeil le verra [les nations qui vivent alors sur la terre], et ceux qui l'ont percé [ceux qui ont pris une part active dans la besogne terrible de sa crucifixion] ; et toutes les tribus de la terre se lamenteront à cause de lui. » (Apocalypse 1 :7). Si une exception n'était pas faite pour leur cas, ceux qui crucifièrent le Seigneur devraient rester dans leur tombe jusqu'à la fin des mille ans et ressusciter conjointement aux impies. Mais ici, on nous dit qu'ils contempleront le Seigneur quand il viendra pour la seconde fois. Il doit donc y avoir une résurrection spéciale dans ce but.

Il est certainement très juste que quelques-uns de ceux qui se sont distingués par leur sainteté, qui ont travaillé et souffert pour l'espérance qu'ils avaient de la venue de leur Seigneur, mais qui sont morts sans le voir, ressuscitent un peu avant sa venue, pour assister aux scènes qui accompagneront sa glorieuse apparition ; ainsi, comme un bon nombre sortirent également du sépulcre au moment de sa résurrection pour contempler sa gloire et l'escorter (Matthieu 27 : 52, 53) triomphalement jusqu'à la droite du trône de la majesté dans les cieux (Ephésiens 4 : 8). Il y a aussi ceux qui se distinguèrent par la méchanceté, ceux qui firent tout pour bafouer le nom de Christ et pour injurier sa cause, surtout ceux qui lui donnèrent une mort cruelle sur la croix, et se moquèrent de lui pendant son agonie, certains de ceux-là ressusciteront, comme part de leur châtiment, pour contempler son retour sur les nuées des cieux, comme vainqueur céleste, avec une grande majesté et splendeur qu'ils ne pourront pas supporter.

Certains considèrent qu'il y a ici l'évidence de la souffrance éternelle et consciente des impies, parce qu'il explique que les impies ressusciteront pour la honte et le mépris éternel.

Comment pourraient-ils souffrir la honte et le mépris éternel à moins d'être conscients pour toujours ? En fait, cette honte implique qu'ils sont conscients, mais il faut noter que cela ne va pas durer éternellement. Ce qualificatif n'est pas introduit jusqu'à ce que nous arrivions au mépris, qui est une émotion ressentie par les autres pour les coupables, et il n'est pas nécessaire d'être conscient de ceux contre lesquels il est dirigé. La honte de leur impiété et de leur corruption tourmentera leur âme tant qu'ils seront conscients. Quand ils mourront, consumés par leurs iniquités, leur répugnant caractère et leurs oeuvres coupables n'exciteront que le mépris chez tous les justes, aussi longtemps qu'ils s'en souviendront. Le texte n'apporte donc aucune preuve que les impies aient à souffrir éternellement.

3 : « Ceux qui auront été intelligents brilleront comme la splendeur du ciel, et ceux qui auront enseigné la justice à la multitude brilleront comme les étoiles, à toujours et à perpétuité. »

Un héritage glorieux.

Certaines versions traduisent « maîtres » au lieu de « intelligents ». « Ceux qui auront enseigné la justice à la multitude brilleront comme les étoiles ». Il s'agit bien sûr de ceux qui enseignent la vérité, et en conduisent d'autres à sa connaissance, précisément à l'époque où les événements enregistrés dans les versets antérieurs doivent s'accomplir. En accord avec les méthodes de calcul des pertes et des gains du monde, il en coûte quelque chose d'enseigner la vérité à cette époque-ci. Il en coûte la réputation, les commodités et souvent les biens. Cela entraîne du travail, des croix, des sacrifices, la perte des amis, le ridicule et très souvent la persécution.

On pose souvent la question : Comment pouvez-vous garder le vrai jour de repos, et parfois perdre votre poste, réduire vos revenus, et aller jusqu'à courir le risque de perdre votre moyen de subsistance ? Oh, quelle myopie, que de faire de la désobéissance à ce que Dieu demande un sujet de considération pécuniaire ! Quelle conduite différente de celle des nobles martyrs qui n'aimèrent pas leur vie au point de craindre la mort ! Quand Dieu donne un ordre, nous ne pouvons pas oser désobéir. Si on nous demande : Comment pouvez-vous garder le sabbat, et accomplir les autres devoirs inclus dans l'obéissance à la vérité ? En réponse, nous devons seulement demander : Comment pouvons-nous oser ne pas le faire ?

Au jour qui approche, quand tous ceux qui auront cherché à sauver leur vie la perdront et ceux qui auront été disposés à tout risquer par amour pour la vérité et leur divin Seigneur, recevront la récompense glorieuse promise dans ce verset, et ressusciteront pour resplendir comme le firmament, et comme les étoiles pour toujours, on verra ceux qui auront été sages, et ceux qui, au contraire, auront choisi la cécité et la folie. Les impies et les mondains considèrent maintenant les croyants comme des insensés et des fous, et ils se félicitent d'avoir une l'intelligence supérieure en fuyant ce qu'ils appellent folie, et en évitant des pertes. Nous n'avons pas besoin de leur répondre, parce que ceux qui maintenant prennent cette décision voudront bientôt la changer, et ceci, avec une terrible mais vaine sincérité.

Pendant ce temps, le chrétien a le privilège de s'appuyer sur le conseil qu'offre cette merveilleuse promesse. Une conception de son ampleur peut nous être procurée uniquement par les mondes stellaires. Quelles sont ces étoiles à la ressemblance desquelles les enseignants de la vérité brilleront pour l'éternité ? Quelle clarté, quelle majesté et quelle durée sont enfermées dans cette comparaison ?

Le soleil de notre propre système solaire est une de ces étoiles. Si nous le comparons à ce globe sur lequel nous vivons (notre étalon de mesure le plus à portée de la main), nous découvrons que ce n'est pas une sphère de petites magnitude et magnificence. Notre terre a environ 12.000 kilomètres de diamètre, tandis que celui du soleil atteint 1.440.000 kilomètres. Il est 1.300.000 fois plus grand que notre globe. Et son poids équivaut à 332.000 mondes comme le nôtre. Quelle immensité !

Cependant, il est loin d'être le globe le plus brillant et le plus grand des cieux. La proximité du soleil, qui est à 155.000.000 de kilomètres de nous, lui permet d'exercer sur nous une présence et une influence déterminantes. Mais dans l'immensité de l'espace, si loin qu'ils paraissent des petits points de lumière, d'autres sphères de taille supérieure et d'une gloire beaucoup plus grande étincellent. L'étoile fixe la plus proche, Proxima Centauri, dans l'hémisphère Sud, se trouve à quarante billions de kilomètres. Mais l'étoile polaire et son système sont cent fois plus loin ; et elles resplendissent avec une clarté égale à celle de 2.500 soleils comme le nôtre. D'autres sont encore plus lumineuses, comme par exemple Arcturus qui émet une lumière équivalente à 158 de nos soleils ; Capella, 185 ; et ainsi successivement, jusqu'à ce que nous arrivions à la grande étoile Rigel, dans la constellation d'Orion, qui inonde les espaces célestes d'un éclat 15.000 fois supérieur à celui de l'énorme globe qui illumine et contrôle notre système solaire. Pourquoi n'est-elle pas plus lumineuse ? Parce que sa distance équivaut à 33.000.000 de fois l'orbite de la terre, qui est de 310.000.000 de kilomètres. Les chiffres sont bien faibles pour exprimer de telles distances. Il suffit de dire que sa lumière doit traverser l'espace à la vitesse de 310.000 kilomètres par seconde pendant une période de dix ans avant d'atteindre notre monde. Et il y a beaucoup d'autres étoiles qui se trouvent à des centaines d'années-lumière de notre système solaire.

Quelques-uns de ces monarques du firmament règnent seuls, comme notre propre soleil. Certains sont doubles, c'est-à-dire que ce qui nous parait être une étoile unique est en réalité composé de deux étoiles, deux soleils avec toute leur suite de planètes qui tournent les unes autour des autres. D'autres sont triples, quadruples, et au moins une est sextuple.

De plus, ils nous laissent voir les couleurs de l'arc-en-ciel. Certains systèmes sont blancs, d'autres bleus, d'autres rouges, jaunes ou verts. Dans certains, les différents soleils qui appartiennent au même système ont plusieurs couleurs. Le Dr. Burr dit : « Et, comme pour faire de la Croix du Sud l'objet le plus beaux de tous les cieux, nous y trouvons un groupe d'astres de cent de diverses couleurs : des soleils rouges, verts, bleus et vert bleuté, si étroitement accumulés qu'avec un puissant télescope ils ressemblent à un superbe bouquet, ou à un joyau fantastique. »

Les années passent, et toutes les choses terrestres acquièrent la patine de l'âge et l'odeur de la décadence. Mais les étoiles continuent à briller dans toute leur gloire comme depuis le commencement. Les âges et les siècles ont passé, des royaumes se sont élevés puis ont disparu. Nous remontons beaucoup plus loin que l'horizon sombre et indécis de l'histoire, nous arrivons au premier moment où l'ordre est donné à sortir du chaos, et « les étoiles du matin éclataient en chants d'allégresse, et que tous les fils de Dieu poussaient des cris de joie ? » (Job 38 : 7) et nous découvrons alors que les étoiles suivaient leur marche éternelle. Nous ne savons pas depuis quand elles le faisaient. Les astronomes nous parlent de nébuleuses qui se trouvent dans les limites les plus lointaines de la vision télescopique, dont la lumière nécessite dans leur vol incessant cinq millions d'années lumière pour atteindre cette planète. Cependant, ni leur splendeur ni leur force ne diminuent. Elles semblent toujours dotées de la fraîcheur de la jeunesse. Il n'y a pas en elles de mouvement vacillant qui révèle la décrépitude de la vieillesse. Elles continueront à briller avec une gloire ineffable durant toute l'éternité.

Ceux qui en conduisent beaucoup à la justice resplendiront de la même façon. Ils procureront même de la joie au coeur du Rédempteur. Et c'est ainsi que leurs années passeront pour toujours.

4 : « Et toi, Daniel, cache les paroles, et scelle le livre jusqu'au temps de la fin. Plusieurs courront çà et là, et la connaissance sera augmentée. » [Version Darby, 1970]

Le livre de Daniel scellé.

Les mots « paroles » et « livres » mentionnés ici, sont sans doute les choses qui furent révélées à Daniel dans cette prophétie. Ces choses devaient rester fermées et scellées jusqu'au temps de la fin ; c'est-à-dire, qu'elles ne seraient pas étudiées d'une façon spéciale, ni même comprises, jusqu'à cette époque. Le temps de la fin comme nous l'avons déjà démontré, commença en 1798. Comme le livre devait resté fermé et scellé jusqu'à cette date, il est donc clair qu'à ce moment-là, ou à partir de cette date, le livre serait ouvert. Les gens seraient en meilleure situation de le comprendre, et leur attention serait attirée d'une manière spéciale par cette partie de la Parole inspirée. Il n'est pas nécessaire de rappeler au lecteur ce qui a été fait depuis lors en référence à la prophétie. Les prophéties, surtout celles de Daniel, ont été examinées par beaucoup d'étudiants de ce monde où la civilisation a étendu sa lumière sur la terre. De façon que le reste du verset, étant une prédiction de ce qui devait arriver depuis que le temps de la fin a commencé, dit : « Plusieurs courront ça et là ». Que 'courir çà et là' se réfère au changement des gens d'un lieu à un autre, et aux progrès qui ont été faits dans les moyens de transport et de locomotion durant le siècle passé, ou qu'il signifie, comme certains le comprenne, que les prophéties seront parcourues, c'est-à-dire que la vérité prophétique sera étudiée avec soin et ferveur, ce qui est sûr c'est que nos yeux contemplent son accomplissement. Son application doit se trouver au moins dans l'une de ces méthodes ; et les deux aspects de notre époque actuelle se détachent notablement.

L'augmentation de la connaissance.

« Et la connaissance augmentera ». Il doit s'agir de l'augmentation de la connaissance en général, du développement des arts et de la science, ou une augmentation de la connaissance relative aux choses révélées à Daniel, qui devaient rester cachées et scellées jusqu'au temps de la fin. A nouveau, quelle que soit l'application que nous lui donnions, l'accomplissement est très notable et complet. Considérons les admirables exploits de l'homme, et les oeuvres formidables de ses mains, qui rivalisent avec les rêves les plus osés des mages du passé, mais qui se sont développés durant les cent dernières années. Pendant cette période, on a progressé plus dans toutes les branches de la science, dans le confort humain, dans la rapidité d'exécution des travaux, dans la transmission des pensées et des paroles , et dans les moyens de voyager rapidement d'un lieu à un autre et même d'un continent à un autre, que durant les trois mille dernières années.

Les machines agricoles.

Comparez la manière de moissonner de notre époque avec l'ancienne méthode manuelle qui se pratiquait à l'époque de nos grands-parents. Aujourd'hui une seule machine moissonne, bat et met les céréales en sac, prêts pour le marché.

Bateaux modernes et guerre mécanisée.

La guerre moderne emploie des bateaux cuirassés et des sous-marins, comme des avions bombardiers et de chasse auxquels on ne rêvait même pas au milieu du siècle passé. Les tanks et les camions, l'artillerie motorisée et d'autres équipements ont remplacé les animaux et les béliers du passé.

Le chemin de fer.

La première locomotive construite aux Etats-Unis a été fabriquée dans la Fonderie West Point, à New York, et entra en service en 1830. Actuellement, on a tellement progressé dans les chemins de fer, que les trains aérodynamiques atteignent la vitesse de 160 kilomètres heures.

Les transatlantiques.

A peine un siècle plus tard après le début de la navigation à vapeur, les plus grands transatlantiques peuvent traverser l'océan entre l'Europe et l'Amérique en quatre jours. Ils offrent tout le luxe qui se trouve dans les hôtels les plus magnifiques.

La télévision.

Puis en 1896, la radiotélégraphie vint ; un miracle. Vers 1921, cette découverte s'est développée dans la propagation radio diffusion. Maintenant la télévision –la transmission sans fils de ce qui ce voit et s'entend, et la projection d'images en mouvement par les ondes aériennes, est une réalité domestique.

L'automobile.

Il y a quelques années, l'automobile était inconnue. Maintenant, toute la population des Etats-Unis pourra voyager en même temps, en automobile. Certaines automobiles de course ont atteint des vitesses supérieures à cinq cents kilomètres à l'heure. D'énormes omnibus de passagers traversent les continents, et dans les grandes villes, des bus à deux niveaux ont largement remplacé les tramways électriques.

La machine à écrire.

Le premier modèle de machine à écrire moderne fut offert à la vente en 1874. Maintenant, les machines rapides et silencieuses pour le bureau ou de modèle portable, s'adaptent à toutes sortes d'écritures et de tabulations et partout, elles sont devenues une partie indispensable des centres d'affaires et des équipements de bureaux.

L'imprimerie moderne.

Pour avoir une idée du progrès fait dans cette branche il suffit de mettre en contraste la presse à main qu'utilisait Benjamin Franklin avec les rotatives à grande vitesse qui impriment les journaux à un rythme deux fois plus rapide qu'une mitraillette qui tire ses balles.

L'appareil photographique.

Le premier portrait d'un visage qui a été fait avec l'aide du soleil fut l'oeuvre du professeur John William Draper de New York, en 1840, au moyen du perfectionnement du processus de Niepce et Daguerre, les créateurs français de la photographie. Depuis 1924, grâce à l'amélioration des lentilles, et des émulsions des photographies ont été faites à partir de grandes distances et de vastes extensions, depuis des aéroplanes qui volaient à haute altitude. On peut faire des photographies d'objets invisibles à l'oeil nu au moyen des rayons X et infrarouges. La photographie en couleur a aussi fait de grands progrès. Depuis ses débuts, en 1895, la cinématographie est parvenue à exercer une puissante influence sur la vie de millions de personnes. Des films et des appareils photographiques en couleurs ont été perfectionnés et sont à des prix économiques qui les mettent à la portée des multitudes.

La navigation aérienne.

La conquête de l'air par l'homme a été réalisée par l'avion en 1903. C'est un des triomphes les plus remarquables de toute l'histoire. Des services transocéaniques de passagers et de courriers entre l'Amérique du Nord et du Sud, et l'Europe et l'Orient ont été institués.

Le téléphone.

La première patente de téléphone a été accordée à Alexander Graham Bell, en 1876. Depuis lors, des réseaux complexes de téléphones pour tous les continents relient les peuples et les personnes.

Les machines à composer.

Elles sont à l'origine d'une révolution dans l'art d'imprimer. La première machine qui composa mécaniquement des caractères fut patentée en Angleterre, en 1822, par le Dr. William Church. De toutes les machines qui ont été introduites depuis lors, celles qui s'utilisent le plus aujourd'hui, sont des machines qui fondent leurs propres caractères, comme la Linotype inventée par Mergenthaler, en 1878, et la monotype, inventée par Lanston en 1885.

Les ponts suspendus.

Le premier pont suspendu des Etats-Unis qui mérite d'être pris en considération fut construit sur le Niagara en 1855. Le Golden Gate Bridge [le pont de la Porte d'Or], qui franchit l'entrée de la baie de San Francisco, fut terminé en 1937 ; d'un coût de 35.000.000

de dollars, il a l'arche la plus grande du monde, soit 1.275 mètres. Des ponts similaires ont été construits dans tous les pays progressistes du monde.

Voici une liste partielle des progrès qui ont été faits dans la connaissance depuis que le temps de la fin a débuté en 1798 :

Illumination par le gaz, 1798 ; la plume en acier, 1803 ; les allumettes au phosphor, 1820 ; la machine à coudre, 1841 ; l'anesthésie par l'éther et le chloroformes, 1846 et 1848 ; les câbles transocéaniques, 1858 ; la mitraillette Gatling, 1861 ; le bateau de guerre blindé, 1862 ; les freins automatiques sur les trains, 1872 ; le sismographe, 1880 ; la turbine à vapeur, 1883 ; le rayon X, 1895 ; le radium 1898 ; le téléphone transcontinental, 1915.

Quelle galaxie de merveilles naquirent durant la même époque ! Comme les inventions scientifiques de notre ère sont admirables, ère sur laquelle se concentre la lumière de toutes ces découvertes et inventions ! Nous sommes sans aucun doute arrivés au moment où la science a augmentée.

Pour l'honneur du christianisme, notons dans quel pays et par qui ont été faites ces découvertes qui ont tant contribuer à rendre la vie plus facile et plus pratique. Ce fut dans les pays chrétiens, et par des hommes chrétiens. On ne peut pas mettre ces faits au crédit du Moyen Age, qui ne donna qu'un christianisme déguisé, ni au païens qui, dans leur ignorance ne connaissent pas Dieu, ni aux habitants des terres chrétiennes qui nient Dieu. En fait, l'esprit d'égalité et de liberté individuelle apportés par l'Evangile de Christ, quand il est prêché dans toute sa pureté, est ce qui libère les corps et les esprits des êtres humains, les invite à employer au maximum leurs facultés, et rend possible une ère de liberté de penser et d'action capable de produire ces merveilles.

L'augmentation de la connaissance biblique.

Mais si nous adoptons l'autre point de vue, et si nous interprétons la mention que la science a augmenté comme s'appliquant à l'augmentation de la connaissance biblique, il nous suffit de regarder la lumière admirable qui a brillé sur les Ecritures durant le dernier siècle et demi. L'accomplissement de la prophétie a été révélé à la lumière de l'histoire. L'emploi d'un principe d'interprétation sûr a conduit à la conclusion indiscutable que la fin de toutes choses est proche. En réalité le sceau a été ôté du livre, et la connaissance de ce que Dieu a révélé dans sa Parole a augmentée admirablement. Nous croyons que ce détail est celui qui accomplit d'une façon toute spéciale la prophétie, car c'est seulement dans une ère de facilité sans pareil, comme la nôtre, que la prophétie pouvait s'accomplir.

Que nous sommes au temps de la fin est démontré par Apocalypse 10 :1 et 2, où nous voyons un ange puissant descendre du ciel avec un petit livre ouvert dans la main. Le livre de cette prophétie ne pouvait déjà plus rester scellé. Il devait être ouvert et compris. Pour trouver les preuves que le petit livre qui devait être ouvert, est le livre ici fermé et scellé quand Daniel l'écrivit, et que cet ange délivre son message dans cette génération, voir les commentaires sur Apocalypse 10 : 2.

5-7 : « 5 Et moi, Daniel, je regardai, et voici, deux autres hommes se tenaient debout, l'un en deçà du bord du fleuve, et l'autre au delà du bord du fleuve. 6 L'un d'eux dit à l'homme vêtu de lin, qui se tenait au-dessus des eaux du fleuve : Quand sera la fin de ces prodiges ? 7 Et j'entendis l'homme vêtu de lin, qui se tenait au-dessus des eaux du fleuve ; il leva vers les cieux sa main droite et sa main gauche, et il jura par celui qui vit éternellement que ce sera dans un temps, des temps, et la moitié d'un temps, et que toutes ces choses finiront quand la force du peuple saint sera entièrement brisée. »

Quand arrivera la fin ?

La question : « quand viendra la fin de ces prodiges ? » se réfère sans aucun doute à tout ce qui a été mentionné avant, l'élévation de Micaël incluse, le temps d'angoisse, la libération du peuple de Dieu et la résurrection spéciale du verset 2. La réponse semble être donnée en deux parties. Premièrement, une période prophétique spécifique est signalée, puis une période indéfinie lui fait suite, avant que la fin de toutes ces choses arrive, comme dans Daniel 8 : 13, 14. Quand il s'interroge : « Pendant combien de temps s'accomplira la vision… Jusques à quand le sanctuaire et l'armée seront-ils foulés ? » la réponse mentionne une période définie de 2300 jours, suivie d'une période indéfinie qui engloberait la purification du sanctuaire. Dans le test que nous considérons, on nous indique la période d'un temps, des temps et la moitié d'un temps, soit 1260 ans, et ensuite une période indéfinie durant laquelle la destruction de la force du peuple saint allait continuer, avant la consommation.

Les 1260 ans signalent la période de la suprématie papale. Pourquoi cette période est-elle introduite ici ? Probablement parce que cette puissance est celle qui a tout fait, plus que n'importe quelle autre dans l'histoire du monde, pour disperser la force du peuple saint ou opprimer l'Eglise de Dieu. Mais que devons-nous comprendre par l'expression : « Quand la force du saint peuple sera-t-elle entièrement brisée » ? Qui doit accomplir cette oeuvre néfaste ? Dans d'autres versions cette phrase est traduite de cette façon : « et lorsqu'il aura achevé de briser la force du peuple saint… » et dans ce cas le pronom personnel « il » semble désigner « celui qui vit éternellement », c'est-à-dire Jéhova. Mais comme le dit judicieusement un éminent interprète des prophéties, en considérant les pronoms de la Bible nous devons les interpréter en accord avec les faits, et très souvent nous devons les mettre en relation avec un antécédent connu, plutôt qu'avec un nom exprimé. Donc, ici, la petite corne, ou l'homme de péché, après avoir été introduit par la mention particulière du temps de sa suprématie, les 1260 ans, doit être le pouvoir auquel se réfère le pronom « il ». Durant 1260 ans il opprima terriblement l'Eglise, il détruisit ou dispersa sa force. Une fois sa suprématie abandonnée, son inclination contraire à la vérité et à ses défenseurs, continue à faire sentir son pouvoir, dans la mesure de ses possibilités, mais jusqu'à quand ? Jusqu'au dernier événement présenté dans le verset 1, c'est-à-dire, la libération du peuple de Dieu. Une fois celui-ci libéré, les pouvoirs persécuteurs ne peuvent déjà plus l'opprimer, sa force n'est plus dispersée, on est arrivé au terme des merveilles prédites dans cette grande prophétie, et toutes ses prédictions se sont accomplies.

Ou, sans en altérer particulièrement le sens, nous pouvons rapporter le pronom « il » à l'être mentionné dans le serment du verset 7, « celui qui vit éternellement », c'est-à-dire Dieu, puisqu'il emploie les puissances terrestres pour châtier et discipliner son peuple, et dans ce sens, on peut dire qu'il disperse lui-même son pouvoir. Par son prophète, il dit de son peuple d'Israël : « J'en ferai une ruine, une ruine, une ruine… jusqu'à ce que vienne celui auquel appartient le juste jugement. » (Ezéchiel 21 : 32). Et encore : « Jérusalem sera foulée aux pieds par les nations, jusqu'à ce que les temps des nations soient accomplis. » (Luc 21 : 24). La prophétie de Daniel 8 : 13 est aussi significative : « Pendant combien de temps s'accomplira la vision… Jusques à quand le sanctuaire et l'armée seront-ils foulés ? » Qui les livre à cette condition ? Dieu. Pourquoi ? Pour discipliner, purifier et blanchir son peuple. Jusqu'à quand ? Jusqu'à ce que le sanctuaire soit purifié.

8-10 : « 8 J'entendis, mais je ne compris pas ; et je dis : Mon Seigneur, quelle sera l'issue de ces choses ? 9 Il répondit : Va, Daniel, car ces paroles seront tenues secrètes et scellées jusqu'au temps de la fin. 10 Plusieurs seront purifiés, blanchis et épurés ; les méchants feront le mal, et aucun des méchants ne comprendra, mais ceux qui auront de l'intelligence comprendront. »

Le livre scellé jusqu'au temps de la fin.

Le désir de Daniel de bien comprendre tout ce qui lui avait été montré, nous rappelle les paroles de Pierre quand il parle des prophètes qui sondent consciencieusement pour comprendre les prédictions relatives aux souffrances de Christ et la gloire qui suivra. Il nous dit qu'il « leur fut révélé que ce n'était pas pour eux-mêmes, mais pour vous, qu'ils étaient les dispensateurs de ces choses. » (1 Pierre 1 : 12). Combien peu de choses parmi celles qu'ils écrivirent, les prophètes purent-ils comprendre ! « Mais ce n'est pas pour autant que les prophètes refusèrent de les écrire. Si Dieu le demandait, ils savaient qu'au moment opportun, Dieu veillerait à ce que son peuple tire de leurs écrits tout le bénéfice qu'il voulait qu'il reçoive. »

Aussi, le langage adressé ici à Daniel lui indiquait que lorsque le moment opportun arriverait, les sages comprendraient la signification de ce qu'il avait écrit, et ils en tireraient profit. Le temps de la fin était le moment où l'Esprit de Dieu devait rompre le sceau du livre. C'était l'époque où les sages comprendraient, tandis que les impies, qui n'avaient aucun sens des valeurs éternelles, à cause de l'endurcissement de leur coeur par le péché, iraient en empirant et deviendraient de plus en plus aveugles. Aucun impie ne comprend. Ils appellent folie et présomption les efforts que font les sages pour comprendre, et demandent avec moquerie : « Où est la promesse de son avènement ? » Si quelqu'un demande : De quelle époque ou de quelle génération parle le prophète ? la réponse solennelle doit être : De la génération actuelle et de la génération au milieu de laquelle nous vivons. Ce langage du prophète est en train de s'accomplir d'une manière surprenante.

La rédaction du verset 10 semble singulière à première vue : « Plusieurs seront purifiés, blanchis et épurés. » Il se peut que quelqu'un demande : Comment peuvent-ils être purs et ensuite éprouvés ou épurés (comme l'implique la phrase), si c'est l'épreuve qui les purifie et les blanchit ? Le langage décrit sans aucun doute un processus qui se répète plusieurs fois dans l'expérience de ceux qui, durant ce temps reçoivent une préparation pour la venue du Seigneur et de son royaume. Ils sont purifiés et blanchis, en comparaison avec leur condition antérieure. Ensuite, ils sont à nouveau testés. Des épreuves plus grandes leurs sont imposées. S'ils les supportent, le processus de purification continue jusqu'à ce qu'ils atteignent un caractère plus pur. Après avoir atteint ce stade, ils sont éprouvés une autre fois, et sont purifiés et blanchis d'avantage. Le processus est poursuivi jusqu'à ce qu'ils développent un caractère qui résistera à l'épreuve du jour du jugement et qu'ils atteignent une condition spirituelle qui ne nécessite aucune autre épreuve.

11 : « Depuis le temps où cessera le sacrifice perpétuel, et où sera dressée l'abomination du dévastateur, il y aura mille deux cent quatre-vingt-dix jours. »

1290 jours prophétiques.

Une nouvelle période prophétique est introduite ici, qui selon l'autorité biblique doit représenter le même nombre d'années littérales. A cause du contexte, certains en ont déduit que cette période débute avec l'établissement de l'abomination de la désolation, soit, le pouvoir papal, en l'an 538 et en conséquence elle s'étendrait jusqu'en 1828. Nous ne trouvons rien, à cette date là, qui signale la fin d'une telle période, mais nous trouvons des preuves que la période en question débute avant l'établissement du pouvoir papal. Une étude de l'original hébreux nous indique que le passage devrait se lire ainsi : « Depuis le moment où sera ôté le continu pour dresser l'abomination du dévastateur, il y aura mille deux cent quatre-vingt-dix jours. »

L'année 508 ap. J.-C.

On ne nous dit pas directement à quel événement aboutissent les 1290 jours; mais dans la mesure où son point de départ est signalé par une action qui doit préparer le terrain à l'établissement de la papauté, il est naturel de conclure que leur aboutissement sera marqué par la fin de la suprématie papale. Si, en partant de 1798 nous remontons de 1290 ans dans le temps, nous arrivons à l'année 508. Cette période est mentionnée, sans l'ombre d'un doute, pour révéler la date où le continu fut ôté, et c'est la seule à la faire. Aussi, les deux périodes, celle de 1290 jours et celle de 1260 jours, terminent toutes deux en 1798. La dernière commence en 538, et la première en 508, c'est-à-dire trente ans avant. Plus loin, nous donnerons quelques citations historiques qui parlent en faveur de la date de 508.

Le baptême de Clovis.

« Quant aux écrits d'Anastase, ... il y en a un qu'il adressa à Clovis, roi des Francs, pour féliciter ce prince de sa conversion à la religion chrétienne. Parce que Clovis, premier roi chrétien des Francs, fut baptisé le jour de Noël 496, le même jour selon certains, où le pape fut ordonné. »

Thomas Hodgkin dit :

« Le résultat de cette cérémonie fut un changement dans les relations politiques de chaque état de la Gaule. Bien que les Francs se trouvaient parmi les tribus les plus incultes et les moins civilisées qui traversèrent le Rhin en direction de l'ouest, en tant que catholiques, la bienvenue du clergé catholique leur était assurée dans toutes les villes, et partout où allaient les ecclésiastiques, les provinciaux 'romains' –ou en d'autres termes, les laïcs qui parlaient latin- suivaient généralement. Immédiatement après son baptême, Clovis reçut une lettre enthousiaste de bienvenue au véritable troupeau, écrite par Avit, évêque de Vienne, l'ecclésiastique le plus éminent du royaume burgonde. »

Clovis, le premier prince catholique.

Il faut remarquer que Clovis était, à cette époque (496), le seul prince catholique du monde connu dans le sens qu'on donnait alors à la parole catholique. Anastase, empereur d'Orient, professait l'eutychisme. Théodoric, roi des Ostrogoths d'Italie ; Alaric, roi des Wisigoths, et maître de toute l'Espagne et de la troisième partie de la Gaule, ainsi que les rois des Burgondes, des Suèves et des Vandales, en Gaule, en Espagne et en Afrique, étaient tous des disciples zélés de Arius. Quand aux autres rois des Francs, établis en Gaule, ils étaient tous païens. Clovis ne fut pas seulement l'unique prince catholique du monde de cette époque, mais il fut le premier roi qui embrassa la religion catholique ; ce qui valut au roi de France le titre de 'Majesté chrétienne', et de 'Fils aîné de l'Eglise'. Mais si nous devions comparer la conduite et les actions de Clovis le catholique, avec celles du roi arien Théodoric, cette comparaison ne serait pas à l'honneur de la foi catholique. »

Les princes ariens mettaient les papes en danger.

Ephraim Emerton, qui fut professeur de l'université de Harvard, dit : « A l'époque où les Francs livrèrent la bataille de Strasbourg, les évêques de la ville de Rome en étaient venus à être considérés comme les dirigeants de l'église de ce qui avait été l'empire d'Occident. Ils étaient parvenus à se faire appeler papes, et ils faisaient tout leur possible pour dominer l'église d'Occident comme un roi habitué à gouverner son peuple. Nous avons vu quel respect un pape vénérable comme Léon inspire à de rudes destructeurs comme Attila et Genséric. Mais les papes avaient toujours été de dévots catholiques, opposés à l'arianisme d'où qu'il apparût. Au moment de la conversion du roi franc, ils se trouvaient en danger continuel de la part des Ostrogoths ariens qui s'étaient fermement installés en Italie. Théodoric n'avait pas dérangé la religion de Rome, mais un autre roi pouvait venir et tenter d'imposer l'arianisme à toute l'Italie. Le pape s'était donc beaucoup réjoui en apprenant qu'en se convertissant récemment, les Francs avaient acceptés la foi chrétienne. Il fut disposé à bénir toutes leurs entreprises comme étant l'oeuvre de Dieu, pourvu qu'elles soient dirigées contre les Ariens qu'il considérait comme des ennemis pires que les païens. C'est ainsi que débuta, entre le pape et le royaume franc, déjà vers l'an 500, une entente qui devait aboutir à une alliance et contribuer en grande partie à modeler toute l'histoire future de l'Europe. »

La conversion de Clovis fut un frein à l'Arianisme.

« L'événement qui intensifia les craintes de tous ces rois ariens, et qui ne laissa à aucun d'eux d'autre espérance que celle d'être le dernier à être dévoré, fut la conversion de Clovis au catholicisme, le roi païen des Francs. »

Une ligue barbare contre Clovis.

« Les rois barbares furent…. invités à s'unir en une 'ligue de paix', afin d'arrêter les agressions illicites de Clovis qui les mettaient tous en danger. »

« Former une telle confédération et unir toutes les vieilles monarchies ariennes contre cet état catholique ambitieux qui menaçait de tous les absorber, fut alors le but principal de Théodoric. »

Clovis commence une guerre religieuse.

« L'action diplomatique de Théodoric fut impuissante à empêcher la guerre, et il est même possible qu'elle stimulât Clovis à frapper rapidement avant qu'une coalition hostile puisse se former contre lui. Dans un rassemblement de sa nation (peut-être le 'Champs de Mars'), début 507, il déclara impétueusement : 'Je considère vraiment déplacé que ces Ariens dominent une très grande partie de la Gaule. Allons et vainquons-les avec l'aide de Dieu, et soumettons la terre.' Ce qu'il dit plut à la multitude, et l'armée réunie marcha vers le Sud jusqu'à la Loire. »

Clovis met les Wisigoths en déroute.

« La campagne suivante du roi franc eu beaucoup plus de succès et d'importance. Il était déterminer à prouver sa fortune contre le jeune roi des Wisigoths, dont la faiblesse personnelle et l'impopularité de ses sujets romains l'incitèrent à envahir l'Aquitaine. Il semblerait que Clovis choisit soigneusement comme casus belli les persécutions ariennes d'Alaric, qui, comme son père Eurico, était un mauvais seigneur pour ses sujets catholiques... En 507, Clovis déclara la guerre aux Wisigoths. »

« On ne sait pas pourquoi l'explosion fut retardée jusqu'à l'année 507. Que le roi des Francs fût l'agresseur est une chose certaine. Il trouva facilement un prétexte pour commencer la guerre en tant que champion et protecteur du christianisme catholique contre les mesures absolument justes qu'Alaric prit contre son clergé orthodoxe et traître... Au printemps 507, Clovis traversa soudainement la Loire et marcha sur Poitiers... A quinze kilomètres de Poitiers, les Wisigoths prirent positions. Alaric repoussa le début de la bataille parce qu'il attendait les troupes ostrogothes, mais comme celles-ci avaient été retardées par l'apparition d'une flotte byzantine dans les eaux italiennes, il décida de combattre, plutôt que de battre en retraite, comme le conseillait la prudence. Après un court combat, les Goths prirent la fuite. Durant la poursuite, le roi des Goths mourut, aux mains de Clovis, dit-on (507). La domination des Wisigoths en Gaule prit fin pour toujours avec cette déroute. »

« Il est évident, d'après le langage de Grégoire de Tours, que ce conflit entre les Francs et les Wisigoths fut perçu par le parti orthodoxe, autant à leur époque qu'aux ères antérieures, comme une guerre religieuse, de laquelle, du point de vue humain, dépendait la prédominance du credo catholique ou l'arianisme en Europe occidentale. »

« 508. Peu après ces événements, Clovis reçut de l'empereur grec Anastase les titres et la dignité de patricien romain ; bien qu'il semble qu'en les lui accordant l'empereur fût poussé plus par ses jalousie et par sa haine envers Théodoric l'Ostrogoth que par l'amour envers le Franc inquiet et usurpateur. La signification de ces titres antiques, attribués à ceux qui n'avaient aucune relation directe avec une partie de l'empire romain, n'a jamais été suffisamment expliqué... Le soleil de Rome s'était couché. Mais le crépuscule de sa grandeur reposait encore sur le monde. Les rois et les guerriers germains recevaient avec plaisir, et portaient avec orgueil, un titre qui les mettait en relation avec cette ville impériale, dont ils voyaient partout autour d'eux les vestiges de sa domination universelle et de son habileté dans le maniement des armes et dans les arts. »

«En 508, Clovis reçut à Tours les insignes du consulat que lui envoyait l'empereur d'Orient Anastase, mais le titre était purement honorifique. Clovis fit de Paris la capitale de son royaume et il y passa les dernières années de sa vie. »

Fin de la résistance arienne.

Le royaume Wisigoth avait disparu, mais la ligue des puissances ariennes sous Théodoric existait toujours. Alaric avait compté avec l'aide de Théodoric, mais elle lui fit défaut. L'année suivante, en 508, Théodoric attaqua Clovis et remporta la victoire, après quoi, il conclut inexplicablement la paix avec lui, et la résistance des puissances ariennes prit fin.

La signification des victoires de Clovis.

Le sommet que Clovis avait atteint en 508, et la signification de ses victoires pour le futur de l'Europe et de l'église, étaient si importants que les historiens ne peuvent s'abstenir de les commenter. « Sa conquête ne fut pas temporaire. Le royaume des Goths occidentaux et des Burgondes étaient devenus le royaume des Francs. Ils étaient finalement parvenus à devenir des envahisseurs qui allaient se fixer. Il était certain que les Francs, et pas les Goths, allaient diriger les futurs desseins de la Gaule et de l'Allemagne, et que la foi catholique, et pas l'arianisme, allait être la religion de ces grands royaumes. »

« Clovis fut le premier à unir tous les éléments à partir desquels le nouvel ordre social devait être formé, à savoir : les barbares, qu'il établit au pouvoir ; la civilisation romaine, à laquelle il rendit un hommage en recevant les insignes de patricien et de consul de l'empereur Anastase ; et finalement, l'église catholique, avec laquelle il forma une alliance fructueuse que poursuivirent ses successeurs. »

Il prépara l'alliance de l'église avec l'état.

« Deux religions et deux époques du monde s'unirent en Clovis. Quand il naquit, le monde romain était toujours une puissance ; sa mort annonça l'aube du Moyen Age. Il occupa le poste vacant de l'empereur d'Orient, et il prépara le chemin que Charlemagne perfectionna : la fusion de la civilisation romaine avec la germanique, l'alliance de l'église et de l'état. »

Clovis sauve l'église du paganisme et de l'Arianisme.

« Clovis avait démontré, dans toutes les occasions, qu'il était une implacable brute, un conquérant cupide, un tyran sanguinaire ; mais par sa conversion il avait préparé le triomphe du catholicisme ; il sauva l'église romaine de Charybde et Scylla, l'hérésie et le paganisme, il l'assit sur une roche au centre même de l'Europe, et affermit ses doctrines et ses traditions dans les coeurs des conquérants de l'Occident. »

Le fondement de l'église médiévale.

« Les résultats de l'occupation de la Gaule [par les Francs] furent si importants; l'empire qu'ils fondèrent, leur alliance avec l'église, leurs notions légales et ses institutions politiques, exercèrent une influence si décisive sur le futur que leur histoire mérite une considération à part... L'héritage politique de l'empire romain leur revint, il leur incomba l'honneur de le recueillir et de le transmettre, grossièrement c'est sûr, et beaucoup moins largement et effectivement, mais ce fut cependant une prolongation réelle de la politique que Rome avait pratiqué. Eux seuls présentaient cette unité que Rome avait établie, et aussi longtemps que cette unité fut préservée comme un fait établi, ce furent les Francs qui la maintinrent... Ce n'est qu'à la fin du Ve siècle que leur carrière débuta vraiment, et alors, comme cela arrive souvent dans des cas similaires, c'est le génie d'un seul homme, un grand chef, qui créa la nation... Clovis... apparaît comme un des grands esprits créateurs qui donnent une nouvelle direction au courant de l'histoire... Le troisième pas très important dans ce processus d'union fut aussi effectué par Clovis. Une institution, produite par le monde antique avant que les Germains n'y pénètrent, continua vivante, vigoureuse et avec une influence énorme, mais il est vrai, avec une puissance qui croissait lentement à travers tous les changements de cette période chaotique. Dans le futur, ce pouvoir devrait grandir encore davantage et exercer une influence encore plus importante et plus permanente que celle des Francs... C'était l'Eglise Romaine. Elle devait être la grande puissance ecclésiastique du futur. Il était donc essentiel de savoir si les Francs, qui allaient se développer dans le grand pouvoir politique du futur, allaient s'allier à cette autre puissance ou bien s'opposer à elle...

« Cette question, Clovis la résolut, peu de temps après avoir commencé sa carrière, en se convertissant au christianisme catholique... Dans ces trois sens, donc, Clovis exerça une influence créative sur le futur. Il unit les Romains et les Germains sur une base d'égalité, et les deux peuples conservèrent la source de leur force pour former une nouvelle civilisation. Il fonda une puissance politique qui devait unir en elle-même presque tout le continent, et mettre fin à l'époque des invasions. Il établit une alliance étroite entre les deux grandes forces qui contrôleraient le futur, les deux empires qui continuèrent l'unité que Rome avait créée, l'empire politique et l'empire ecclésiastique. »

Ainsi, en 508, la résistance unie qui s'opposait au développement de la papauté prit fin. La question de la suprématie entre les Francs et les Goths, entre la religion catholique et la religion arienne, était donc en faveur des Catholiques.

12, 13 : « 12 Heureux celui qui attendra, et qui arrivera jusqu'à mille trois cent trente-cinq jours ! 13 Et toi, marche vers ta fin ; tu te reposeras, et tu seras debout pour ton héritage à la fin des jours. »

Les 1.335 jours prophétiques.

Une autre période prophétique de 1335 jours est introduite ici. Pouvons-nous dire quand elle commence et quand elle prend fin ? Les seuls indices que nous avons pour répondre à cette question, est qu'elle est prononcée en relation directe avec les 1290 années, qui commencent en 508 comme nous l'avons montré plus haut. A partir de cela, il y aura selon les paroles du prophète, 1290 jours. La phrase qui suit dit : « Bienheureux celui qui attendra, et qui arrivera jusqu'à mille cent trente-cinq jours ». Mais, à partir de quand ? A partir du même point, sans l'ombre d'un doute, d'où partent les 1290 jours, à savoir l'an 508. A moins que nous ne les comptions depuis ce point de départ, il est impossible de les localiser, et nous devrions les exclure de la prophétie de Daniel quand nous leur appliquons la parole de Christ : « que celui qui lit comprenne » (Matthieu 24 :15, version Darby, 1970). A partir de cette date, ils s'étendent jusqu'en 1843, parce que 1.335 ajoutés à 508 nous donnent 1843. En les faisant partir du printemps de la première date, nous arrivons jusqu'au printemps de la dernière.

Mais comment savons-nous qu'ils se sont terminés, si à la fin des jours Daniel doit être debout pour son héritage puisque selon certains il est question de sa résurrection des morts ? Cette question est basée sur une double erreur: premièrement, il est dit que les jours à la fin desquels Daniel doit être debout pour son héritage, sont les 1.335 jours ; deuxièmement, qu'être "debout" pour son héritage est sa résurrection, affirmation qui ne peut être soutenue. L'unique chose promise pour la fin des 1.335 jours est une bénédiction pour ceux qui attendent et arrivent à cette époque ; c'est-à-dire pour ceux qui seront encore vivants. Quelle est cette bénédiction ? En regardant l'année 1843, la fin de ces années, que voyons-nous ? Nous voyons l'accomplissement remarquable de la prophétie dans la grande proclamation de la seconde venue de Christ. Environs 45 ans auparavant, commençait le temps de la fin ; le livre fut ouvert, et la lumière allait en augmentant. Vers 1843, la lumière qui était venue se déverser sur les divers thèmes prophétiques atteint son apogée. La proclamation se fit avec une grande puissance. La nouvelle et émouvante doctrine de l'établissement du royaume de Dieu secoua le monde. Une nouvelle vie fut impartie aux vrais disciples de Christ. Les incrédules étaient condamnés, les églises étaient éprouvées, et il se produisit un réveil qui n'a pas eu de pareil depuis lors.

Etait-ce la bénédiction ? Ecoutons les paroles du Sauveur : « Heureux sont vos yeux, parce qu'ils voient, et vos oreilles, parce qu'elles entendent ! » (Matthieu 13 :16). Il dit aussi à ses disciples, que les prophètes et les rois avaient désiré voir les choses qu'ils voyaient et ils ne les ont pas vues. Mais il leur dit : « Heureux les yeux qui voient ce que vous voyez !» (Luc 10 : 23, 24). Si aux jours de Christ une nouvelle et glorieuse lumière était une bénédiction pour ceux qui la recevait, pourquoi n'en serait-il pas de même en 1843 ?

On peut objecter que ceux qui participèrent à ce mouvement furent désappointés dans leur expectative ; il en fut de même pour les disciples de Christ, lors de sa première venue. Ils l'acclamèrent quand il entra triomphalement dans Jérusalem, espérant qu'il s'emparerait du royaume. Mais l'unique trône sur lequel il monta fut la croix, et au lieu d'être admis comme roi dans un palais, son corps inerte fut couché dans la tombe neuve de Joseph. Cependant, ses disciples étaient « bienheureux » pour avoir reçu les vérités qu'ils avaient entendues.

On peut aussi objecter que ce n'était pas une bénédiction de grande importance pour la signaler dans une période prophétique. Et pourquoi pas, puisque la période dans laquelle elle doit se produire, le temps de la fin, est introduit par une période prophétique ; puisque notre Seigneur, dans le verset 14 de sa grande prophétie de Matthieu 24, annonce ce mouvement d'une façon spéciale ; et puisqu'il est aussi présenté dans Apocalypse 14 : 6, 7, sous le symbole d'un ange qui volait au milieu du ciel avec l'annonce spéciale de l'Evangile éternel aux habitants de la terre ? Il est certain que la Bible donne beaucoup d'importance à ce mouvement.

Deux questions supplémentaires doivent être soulignées brièvement : Quels sont les jours dont il est question au verset 13 ? Que signifie le fait que Daniel doit être debout pour son héritage ? Ceux qui affirment que les jours sont les 1335 ans se voient induits à leur donner cette application parce qu'ils ne remontent pas au-delà du verset précédent, où sont mentionnés les 1335 jours ; tandis que pour interpréter ces jours si peu définis, ils devront prendre en considération toute l'étendue de la prophétie à partir de Daniel 8. Les chapitres 9, 10, 11 et 12 sont l'évidente continuation et application de la vision de Daniel 8 ; nous pouvons donc dire que dans la vision de Daniel 8, comme nous l'avons démontré et expliqué, il y a quatre périodes prophétiques : les 2300, les 1260, les 1290 et les 1335 jours. La première est la principale et la plus longue période ; les autres en sont des parties intermédiaires et des subdivisions. Maintenant, quand l'ange dit à Daniel, en terminant ses instructions, qu'il sera debout pour son héritage à la fin des jours, sans spécifier de quelle période il s'agit, l'attention de Daniel n'a-t-elle pas dû pas se diriger naturellement à la période principale la plus longue, les 2300 jours, plutôt que n'importe quelle autre de ses subdivisions ? Si tel est le cas, les 2300 jours sont ceux dont il est question. La traduction de la Septante semble aller clairement dans ce sens : « Mais toi, suis ton chemin et reposes-toi ; parce qu'il y a encore des jours et des saisons jusqu'au plein accomplissement [de ces choses] ; et tu te lèveras pour ton lot à la fin des jours. » Ceci nous rappelle certainement la longue période contenue dans la première vision, en relation avec laquelle les instructions subséquentes furent données.

Comme nous l'avons déjà démontré, les 2300 jours s'achevèrent en 1844, et nous amenèrent à la purification du sanctuaire. Daniel s'est-il levé pour recevoir son héritage ? Oui, en la personne de son Avocat, notre grand Souverain Sacrificateur, qui présente les cas des justes afin qu'ils soient acceptés par son Père. La parole traduite ici par « héritage » n'est pas une part réelle d'héritage ou un « lot » de terre, mais les « décisions » ou les « déterminations de la Providence ». A la fin des jours, le sort sera jeté, pour ainsi dire. En d'autres termes, une décision doit être prise en ce qui concerne ceux qui seront trouvés dignes d'entrer en possession de l'héritage céleste. Quand le cas de Daniel est présenté pour être examiné, il est trouvé juste, et il reste debout ; une place lui est assignée dans la Canaan céleste.

Quand Israël était sur le point d'entrer dans la terre promise, les sorts furent jetés, et un territoire fut assigné à chaque tribu. Les tribus furent en possession de leur « lot » ou « héritage » respectif longtemps avant de recevoir leur part réelle du pays. Le temps de la purification du sanctuaire correspond à cette période de l'histoire d'Israël. Nous sommes maintenant au seuil de la Canaan céleste, et les décisions qui assignent à certains une part dans le royaume sont en train d'être prises, tandis qu'elles en privent d'autres de cette part pour toujours. Le verdict assure à Daniel la portion d'héritage céleste qui lui revient. Tous les fidèles seront debout avec lui. Quand ce dévoué serviteur de Dieu –qui a rempli sa longue vie des plus nobles services à son Créateur, même lorsqu'il portait les plus lourds soucis de cette vie- entre en possession de sa récompense pour avoir fait le bien, nous aussi nous pourrons entrer avec lui dans le repos.

Nous mettrons fin à l'étude de ce livre en soulignant qu'il nous a procuré une grande satisfaction, à dédier notre temps et notre étude à cette prophétie merveilleuse, et à contempler le caractère de son auteur, un homme bien-aimé et le plus illustre des prophètes. Dieu ne fait acception de personne, et ceux qui manifestent un caractère comme celui de Daniel verront la faveur divine se manifester dans leur vie d'une façon tout aussi remarquable. Imitons ses vertus afin que, comme lui, nous puissions recevoir l'approbation de Dieu tandis que nous vivons sur cette terre, et que nous puissions demeurer parmi les créations de sa gloire infinie.

Autres livres publiés en gros caractères par ce même éditeur

1. Ce que tout adventiste du septième jour devrait savoir sur 1888, Wallenkamp.
2. Ce que tout adventiste devrait savoir sur Justified, Wallenkamp.
3. Les prophéties de l'Apocalypse, Uriah Smith.
4. L'éducation, Ellen G. White.
5. Conseils pour l'Eglise, Ellen G. White.
6. L'histoire de la rédemption, Ellen G. White.
7. Les terroristes secrets, Bill Hughes. * Première édition en français.
8. Le Vatican contre Dieu, Los Milenarios. * Première édition en français.
9. Profil de la crise à venir, Donald E. Mansell. * Première édition en français.
10. Se préparer à la crise finale, Fernando Chaij. * Première édition en français.
11. Le Christ et sa justice, Ellet J. Waggoner.
12. La voie consacrée vers la perfection chrétienne, Alonzo T. Jones.
13. Leçons de la vie de Daniel, Ellen G. White. * Première édition en français.
14. La Tragedie Des Siecles, Ellen G. White.

ET BIEN D'AUTRES CHOSES ENCORE SONT À VENIR

*Si vous souhaitez les acheter en gros (40% de réduction), ils sont dans des boîtes de 50 livres (peuvent être mélangés) et vous pouvez nous contacter à cette adresse email :

lsdistribution07@gmail.com

www.ingramcontent.com/pod-product-compliance
Lightning Source LLC
Chambersburg PA
CBHW080859010526
44118CB00015B/2199